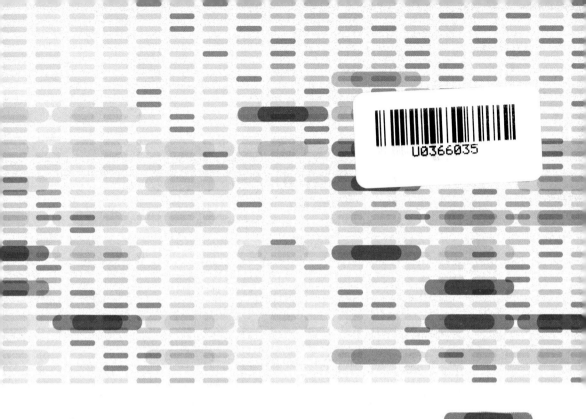

公司法与证券法
典型案例教学

崔香梅　主编

Case Studies in
Company & Securities Law

上海交通大学出版社
SHANGHAI JIAO TONG UNIVERSITY PRESS

内容提要

《公司法》与《证券法》是资本市场重要的基础法律,同时内容又有交叉。将两部法结合起来学习,有助于读者在资本市场的法律大框架下构建知识体系。本书紧跟法律修改步伐,选取最新审判实践作为研究对象,并吸收前沿理论,力求与时俱进。本书兼顾案例的典型性、新颖性与权威性,精选 20 个经典案例,按照学科的知识体系编排。本书由长期从事《公司法》与《证券法》教学的教师担任主编,参编者为在相关领域有一定研究基础和实务经验的一线法官、律师、投资者保护机构人员、公司法务工作者等。本书兼具理论性与实务性,可作为在校生以及实务工作者深度学习、研究《公司法》与《证券法》的参考书。

图书在版编目(CIP)数据

公司法与证券法典型案例教学/ 崔香梅主编. 一上海: 上海交通大学出版社, 2022.12
ISBN 978 - 7 - 313 - 27798 - 5

Ⅰ. ①公… Ⅱ. ①崔… Ⅲ. ①公司法-案例-中国-高等学校-教材②证券法-案例-中国-高等学校-教材 Ⅳ. ①D922.291.915②D922.287.5

中国版本图书馆 CIP 数据核字(2022)第 204599 号

公司法与证券法典型案例教学
GONGSIFA YU ZHENGQUANFA DIANXING ANLI JIAOXUE

主　编: 崔香梅
出版发行: 上海交通大学出版社　　　　　　地　　址: 上海市番禺路 951 号
邮政编码: 200030　　　　　　　　　　　电　　话: 021 - 64071208
印　　制: 常熟市文化印刷有限公司　　　　经　　销: 全国新华书店
开　　本: 710 mm×1000 mm　1/16　　　印　　张: 16.25
字　　数: 240 千字
版　　次: 2022 年 12 月第 1 版　　　　　印　　次: 2022 年 12 月第 1 次印刷
书　　号: ISBN 978 - 7 - 313 - 27798 - 5
定　　价: 68.00 元

前　言

《公司法》与《证券法》是我国资本市场的重要基础性法律,同时,二者在上市公司领域的规范内容存在着密切的关联。将《公司法》与《证券法》结合起来学习,有助于读者在资本市场的法律大框架下构建知识体系。《公司法》与《证券法》具有实践性较强的特征,通过典型案例研究法律的具体适用情形,有助于读者灵活掌握法律知识,提升运用法律解决实际问题的能力。

本书按照学科的知识体系编排所选典型案例,将案例研究与学科的核心知识点学习有机结合起来。本书采用案例分析形式,但不限于案例本身,包括案例相关的知识拓展。裁判案例分为"事实概要""裁判要旨""解析"三大部分,其中解析部分又包含本判决的意义、争议焦点分析以及相关知识点的介绍。

本书兼顾案例的典型性、新颖性与权威性,精选了 20 个经典案例,除 1 篇股票发行注册制改革的案例为行政决定外,其余 19 篇均为法院审结的案例。近三年,我国重要的商事立法修订频繁,2020 年 3 月新《证券法》实施,2022 年 1 月新《虚假陈述规定》实施;2019 年 11 月《九民纪要》发布,2021 年 12 月《公司法(修订草案)》面向社会公开征求意见。本书紧跟法律修改步伐,精心筛选经典案例,及时反映最新立法变化,吸收前沿理论研究成果,力求与时俱进。《证券法》部分选取的多为首例案件,其中由投资者保护机构提起的特别代表人诉讼案例、支持诉讼与示范判决相结合的案例等,是新证券法出台后的最新经典案例。《公司法》部分选取的多为最高人民法院近几年发布的公报案例、年度典型案例,其中法人格否认、对赌协议效力、股权转让、股权让与担保等问题,均体现了《九民纪要》中的裁判观点变化并以此为基础展开分析。

新《证券法》单独设立投资者保护专章,对投资者保护机构的职能进行了特别规定。本书选取中证中小投资者服务中心(以下简称投服中心)以上市公司股东身份提起的股东直接诉讼案件,从中可对《公司法》与《证券法》的交叉问题有更直观与清晰的认识。此外,在新《证券法》修订后,投服中心参与了全国首例通过判决形式结案的"示范判决+支持诉讼"案例。本书邀请了投服中心的专家参与编写。

本书以实体法内容为主,同时兼顾案例涉及的程序法内容。近年来,在金融审判实践中采用的证券纠纷示范判决,新《证券法》出台后,普通代表人诉讼制度的激活、特别代表人诉讼制度的创设等是法院解决证券群体性纠纷的重要途径。本书邀请了审理相关案件的金融法院的法官参与编写。

本书主编长期从事《公司法》与《证券法》的教学与研究,参编者为在相关领域有一定研究基础和实务经验的一线法官、律师、投资者保护机构人员、公司法务工作者等。本书兼具理论性与实务性,可作为在校生以及实务工作者深度学习、研究《公司法》与《证券法》的参考书。

本书的出版得到了上海交通大学研究生院的资助。研究生院从校双一流优质课程建设立项到教材培育与出版给予了全程指导。感谢凯原法学院的彭诚信院长、蒋红珍副院长、袁晔老师一直以来的支持和帮助。感谢上海金融法院的肖凯副院长、投服中心维权部总监鲁小木女士的支持。教材从策划到完稿历经两年,感谢万健健法官和吴幼铭先生的协助;张琪、王诚汇、张天禾、余阳岚等同学先后参与本书的筹备和校对。谢谢你们的辛勤付出。

书中不足之处,恳请专家和读者不吝赐教。

崔香梅

2022 年深秋

证 券 法 编

公司法编

- ◎ 公司人格
- ◎ 股东出资与公司资本
- ◎ 股权的转让与担保
- ◎ 公司治理
- ◎ 公司解散

案例1 多人公司法人格否认

——安徽无为县创见建筑劳务有限公司与王建等损害公司债权人利益责任纠纷案

上海市徐汇区人民法院(2019)沪 0104 民初 25271 号民事判决

上海市第一中级人民法院(2020)沪 01 民终 12108 号民事判决

【事实概要】

上海 A 有限公司(以下简称 A 公司)系多人公司,设立于 2010 年 8 月 10 日,设立时股东为上海晶奈工程设计有限公司(以下简称晶奈公司)和王建,二者分别持股 57.5％和 42.5％。2015 年 5 月 22 日,上海××发展有限公司(以下简称××公司)受让晶奈公司持有的 A 公司 57.5％的股权,王建同时担任××公司与晶奈公司的法定代表人及股东。2017 年 5 月 11 日,陈某受让××公司持有的 A 公司 57.5％的股权和王建持有的 A 公司 42.5％的股权,转让作价均为 0 元,其他股东放弃优先购买权。同时,A 公司法定代表人变更为陈某。

2010 年 9 月—2015 年 8 月,A 公司与晶奈公司以及 Z 公司(同样由王建担任法定代表人并持股)之间,分别存在数十笔钱款往来。2017 年 5 月 20 日,晶奈公司、Z 公司与 A 公司签订《债权转让协议》,约定:晶奈公司将对 A 公司债权中的 484 000 元转让给 Z 公司,Z 公司同意受让;对 Z 公司受让的 484 000 元债权,A 公司同意从 A 公司对 Z 公司的 484 000 元债权中抵扣,本次债权转让后,Z 公司与 A 公司双方互不相欠。

另查,2017 年 4 月 11 日,深圳皇嘉会计师事务所出具 2016 年度关于 A 公司的审计报告的预收账款项目中,王建为公司主要债权人之一,期末余额为 12 868 元;其他应付款项目中,王建为公司主要债权人之一,期末余额为 769 555.46 元。公司主要债权人中并无 Z 公司、晶奈公司。

2016 年 11 月 30 日,上海市普陀区人民法院作出(2015)普民四(民)初字第 845 号一审民事判决:A 公司支付安徽无为县创见建筑劳务有限公司(以下简称创见公司)工程款人民币 990 413 元并支付逾期付款利息。2017 年 12 月 7 日,上海市第二中级人民法院作出(2017)沪 02 民终 5773 号二审民事判决,维持原判。判决生效后,创见公司向上海市普陀区人民法院申请强制执行。

2018 年 4 月 26 日,上海市普陀区人民法院作出(2018)沪 0107 执 303 号执行裁定,由于被执行人 A 公司目前暂无财产可供执行,申请执行人亦无法提供可供执行的财产线索,终结该次执行程序。

创见公司以股东损害公司债权人利益责任为由起诉时任 A 公司股东王建,主张 A 公司与王建存在人格混同,王建作为 A 公司实际控制人过度支配和控制,A 公司资本显著不足,故 A 公司符合公司人格否认的情形,要求判令王建对 A 公司的 1 270 929.93 元债务承担连带清偿责任。①

【裁判要旨】

本案主要争议焦点为:王建与 A 公司之间是否符合公司人格否认的情形。②

一审法院认为,A 公司作为企业法人,是独立的民事主体,应当具有独立于股东的意思和财产。就本案来看,王建作为 A 公司初始股东,虽因公司业务需要,与 A 公司有多笔资金往来,但并无证据证明王建存在无偿使用公司资金或财产、用公司资金偿还股东债务或者将公司的资金供关联公司无偿使用,且不作财务记载的情形;亦不存在公司账簿与股东账簿不分、股东收益与公司盈利不加区分、公司财产记载于股东名下并由股东占有使

---

① 本案所涉自然人和公司的化名均与上海市第一中级人民法院民事判决书,(2020)沪 01 民终 12108 号相同。

② 本案裁判争议焦点有"(1)创见公司的请求是否已过诉讼时效;(2)王建与 A 公司之间是否符合公司人格否认的情形;(3)晶奈公司是否抽逃出资;(4)创见公司的请求金额是否应扣减其依判决应支付给 A 公司的 102 300 元。"由于本章节是围绕法人人格否认的认定展开,故根据本书的编写需要,争点 1、3 和 4 暂不评述。

用等人格混同的其他情形,故不予支持创见公司的主张。

二审法院撤销了一审判决,认为王建与 A 公司之间存在人格混同,其理由如下:一是王建称相应的资金往来均有财务记账,但经法院查明,王建无法提供相应的财务账册,且其提供的 2016 年度审计报告中所载的欠付王建的款项金额无法与双方资金往来明细相对应。因此,就在案证据而言,A 公司向王建转账,但未进行财务记载。二是庭审中,王建表示公司向其借款并未有相应的公司决议,且双方的借款为临时性,因此对于还款时间及利息等均无具体约定。目前只有清账时仅存的一张借条。因此,王建主张其与 A 公司的转账系借款缺乏充分的证据予以证明。三是创见公司指出 A 公司基本户留存资金少,有大额款项进入后即转入王建个人账户;王建个人账户转入 A 公司账户后,款项随即用于支付材料款、员工社保、员工工资等日常交易。对此,王建未提供反驳证据。结合 A 公司 2016 年度审计报告中未显示 A 公司有健全的财务制度,而 A 公司与王建之间的资金往来又缺乏原始财务记录,使得 A 公司与王建之间的财产难以从法律上进行区分。四是王建指出其向 A 公司的转账金额远大于 A 公司对其转账金额。法院注意到,A 公司与晶奈公司、Z 公司均存在资金往来,而王建又系晶奈公司、Z 公司的股东和法定代表人,因此不能单纯从 A 公司与王建之间的资金往来判断两者的结算情况。故二审法院对于王建与 A 公司之间存在人格混同的主张予以支持,判令王建对 A 公司债务承担连带责任。同时,二审法院未支持原告关于王建对 A 公司构成过度支配和控制及 A 公司存在资本显著不足的主张。

【解　析】

一、本判决的意义

本案作为 2019 年《九民纪要》出台后审理多人公司法人人格否认的案件,对《九民纪要》明确列举的实践中常见的三种"法人人格否认"的情形均有一定涉及,可以说是司法实践中《九民纪要》多人公司法人人格否认相关内容的运用的一个缩影。① 下文，笔者将以本案为出发点，针对《九民纪要》中列明的人格混同、过度支配和控制以及资本显著不足三种"法人人格否认"的情形进行具体的介绍和分析。此外，在分析具体情形之前，笔者也将首先明确具体情形适用范围的讨论前提，即法人人格否认的主体要件的范畴。

二、评析要点

（一）主体要件的扩张适用——股东、实际控制人、关联公司

《公司法》第 20 条第 3 款规定了公司人格否认制度，②即公司股东滥用公司法人独立地位和股东有限责任，逃避债务，严重损害公司债权人利益的，作为例外，公司的独立地位将可以被突破，由股东对公司债务承担连带责任。

单纯从该条文的字面解释，公司人格否认制度的适用对象被明确限定在"公司股东"的范围内，因此，有观点认为，从严格适用法律的角度而言，我国公司人格否认制度的适用以股东身份为必要前提（盛勇、罗叶、贾仁发，85 页）。③ 但在复杂的商业实务中，除了股东外，不以股东身份出现的实际控制人、关联公司等均有可能出现滥用公司法人独立地位和股东有限责任的

---

① 虽然《九民纪要》的内容并非仅适用于多人公司，但基于相关内容并未涉及《公司法》第 63 条一人有限公司人格否认的特别规定，并且最高人民法院民事审判第二庭明确指出"本纪要没有涉及一人公司的人格否定问题，因为在审判实践中这不是一个问题"（最高人民法院民事审判第二庭，第 148 页）。笔者认为《九民纪要》的相关内容是以多人公司为典型情形。

② 全国人民代表大会常务委员会于 2021 年 12 月 24 日发布《公司法（修订草案）》，将现行《公司法》第 20 条第 3 款独立出来，调整为《公司法（修订草案）》的第 21 条第 1 款，并新增"公司股东利用其控制的两个以上公司实施前款规定行为的，各公司应当对任何一个公司的债务承担连带责任"作为《公司法（修订草案）》第 21 条第 2 款，或将在法律规定层面明确"徐工集团工程机械股份有限公司诉成都川交工贸有限责任公司等买卖合同纠纷案"等案例中确立的关联公司之间同样可以适用公司人格否认的司法实践。

③ 此外，2008 年 2 月 25 日，在"揭开公司面纱——法人人格否认制度理论与实务"研讨会上，有学者明确指出，"《公司法》第 20 条第 3 款提到的'揭开公司面纱'制度，也就是法人人格否认制度，它的适用主体是'公司股东'，针对的是公司股东滥用公司法人人格的行为。如果滥用公司法人人格的不是股东，而是实际控制人，这就等于扩张解释了第 20 条第 3 款。至于能否扩张解释，我个人的观点是一定要慎重考虑，需要相对方认为'实际控制人'可能是一个股东，是在行使股东的权利。"（《中国审判》编辑部，第 68—73 页）。

情形,仅在"公司股东"的限定情形下适用公司人格否认制度恐怕难以完全适应实际的需求。在实践中,实际控制人利用自己对公司的控制力或投资人利用其控股的多个公司实施损害公司债权人利益的事件频繁出现,各级法院也开始在个案中对公司人格否认制度的适用对象进行扩张。

其中,最典型的当属最高人民法院 2013 年公布的 15 号指导案例"徐工集团工程机械股份有限公司诉成都川交工贸有限责任公司等买卖合同纠纷案"(以下简称"徐工集团案")①。江苏省高级人民法院(以下简称江苏高院)认为,案涉三家关联公司虽在工商登记部门登记为彼此独立的企业法人,但实际上在人员、业务、财务方面高度混同,导致各自财产无法区分,已丧失独立人格,构成人格混同;同时案涉公司之一承担了所有关联公司的债务又无力清偿,使其他关联公司逃避巨额债务,严重损害了债权人利益,该类行为的本质和危害结果与《公司法》第 20 条第 3 款规定的情形相当,故案涉三家公司应当承担连带清偿责任。从该案江苏高院的表述来看,一方面,江苏高院扩大了公司人格否认的适用范围,明确了关联公司之间同样可以适用公司人格否认的立场;另一方面,江苏高院援引《公司法》第 20 条第 3款时使用了"参照适用"的表述,也在一定程度上表明了关联公司适用公司人格否认制度实际超出了《公司法》第 20 条第 3 款条文本身所赋予的内涵。

最高人民法院在"柳振金、马永兰采矿权转让合同纠纷案"(以下简称"柳振金案")②中进一步指出,《公司法》第 20 条第 3 款"确立的公司人格否认制度主要适用于公司及公司股东之间,对于非公司股东但与公司存在关联或控制关系的主体是否适用未予明确。本院认为,公司人格否认制度旨在矫正有限责任制度在特定情形下对债权人利益保护的失衡。非公司股东但与公司存在关联或控制关系的其他主体通过操作或控制公司而损害公司债权人利益,与公司股东滥用公司人格损害债权人利益具有同质性,对此,应基于公平及诚信原则类推适用《公司法》第 20 条第 3 款规定予以规制,以实现实质公正"。最高人民法院从制度设立的目的出发,对《公司法》第 20

---

① 江苏省高级人民法院民事判决书,(2011)苏商终字第 0107 号。
② 最高人民法院民事判决书,(2020)最高法民终 185 号。

条第 3 款进行了扩张解释。根据最高人民法院在该案件中的说理,判断能否适用法人人格否认制度的重点在于是否利用了公司的有限责任制度而损害了公司债权人的利益,而并不局限于股东身份,除了该案件中关联公司的情形外,非股东身份出现的实际控制人也应当被涵盖在适用范围之内。[①]

《九民纪要》对否认公司人格的情形作了较为具体的说明,并明确"控制股东或实际控制人控制多个子公司或者关联公司,滥用控制权使多个子公司或者关联公司财产边界不清、财务混同,利益相互输送,丧失人格独立性,沦为控制股东逃避债务、非法经营,甚至违法犯罪工具的,可以综合案件事实,否认子公司或者关联公司法人人格,判令承担连带责任",明确表达了支持关联公司人格否认的立场。但在前述情形下,能否直接判令实际控制人承担连带责任,《九民纪要》并未给出明确的回应,仍有待今后法规及实务层面的进一步明确。[②] 笔者认为,如前述案件中法院所述,公司人格否认制度是对滥用公司独立人格行为的矫正,由滥用行为人承担相应责任并不违背公司人格否认制度的本意,在实际控制人滥用公司人格的情形下,应当允许参照适用《公司法》第 20 条第 3 款的规定,揭开公司的面纱,判令实际控制人承担连带责任。

将法人人格否认制度的适用主体扩张到实际控制人后,随之而来有待释明的问题是公司实际控制人的范围如何界定以及实务中应当如何就公司实际控制人进行举证。

首先,针对实际控制人的范围界定问题,《公司法》第 216 条第 2 项规定,实际控制人是指虽不是公司的股东,但通过投资关系、协议或者其他安

[①] 除该案件外,在"杜敏洪、杜觅洪买卖合同纠纷案"中,最高人民法院也表达了相同的立场,认为"尽管杜敏洪、杜觅洪非能盛公司股东,但《公司法》第 20 条规制股东滥用公司法人格之立法目的自应涵盖公司实际控制人滥用公司法人格之情形",明确判令非股东的实际控制人与公司承担连带清偿责任符合《公司法》第 20 条之立法目的。

[②] 司法实践中,已经出现一定数量的案例直接判令实际控制人承担连带责任。例如"佛山市南海能顺油品燃料有限公司、杜敏洪买卖合同纠纷案",最高人民法院民事判决书,(2019)最高法民终 30 号;"山东烟台塔山企业集团股份有限公司、烟台桃花源置业有限公司企业借贷纠纷案",以及山东省高级人民法院民事判决书,(2019)鲁民终 784 号,均认可债权人要求公司实际控制人承担连带责任的主张。

排,能够实际支配公司行为的人。① 该规定中就实际控制人与公司间的关系采用了"其他安排"这一兜底性的表述。因现行规定并未进一步明确"其他安排"的具体情形,故实际控制人的范围界定并不清晰。有学者指出,公司的实际控制人可能包括"通过间接持股的方式控制公司的人,例如通过持有母公司股份而间接控制子公司、孙公司,或者利用姐妹公司交叉持股而获得控制权;通过契约方式取得公司控制权的人,例如在关联企业、公司重组时通过托管协议、控制协议等契约方式取得公司控制权的人;通过各种方式取得投票权而控制公司的人,例如通过征集投票权、代理行使表决权、表决权信托等广义的契约方式取得公司控制权的人;通过亲属关系或者其他代理关系实际控制公司的人,例如那些实际出资人为了某种目的或者出于某种原因而隐去自己真实身份的隐名股东,虽然他们不是显名股东,但他们远比显名股东更具有实权"(朱慈蕴,42—43 页)。而就笔者目前的案例检索情况来看,前述学者的看法基本涵盖了实践中法院认定特定主体为公司实际控制人的各种情形,可以作为实际控制人范围界定的参考。

　　其次,在实际控制人的举证问题上,根据笔者目前检索到的案例情况来看,实践中,法院通常会结合多方面的证据进行综合认定:(1)通过银行转账汇款信息等判断相关主体是否通过控制公司财务实际支配公司;②(2)通过公司的法定代表人、控股股东、董事、监事等信息整合公司人员关系,判断是否存在通过亲属关系实际支配公司;③(3)通过签订的协议、合同等判断是否通过协议安排实际支配公司;④(4)通过公司出资情况、股权结构、资产

---

　　① 全国人民代表大会常务委员会于 2021 年 12 月 24 日发布的《公司法(修订草案)》第 295 条第 3 项,将实际控制人的定义修改为:"通过投资关系、协议或者其他安排,能够实际支配公司行为的人",删除了"不是公司股东"这一表述。这一修改是否可以理解为将可以实际支配公司行为的公司股东也纳入实际控制人的范畴,仍有待后续的立法及司法进一步明确。

　　② 例如"周某、桑某某、戴某某与上海九百股份有限公司与公司有关的纠纷上诉案",上海市第二中级人民法院民事判决书,(2012)沪二中民四(商)终字第 498 号。

　　③ 例如"上海欧宝生物科技有限公司诉辽宁特莱维置业发展有限公司企业借贷纠纷案",最高人民法院民事判决书,(2015)最高法民二终字第 324 号。

　　④ 例如"海通开元投资有限公司、周彩丽等股权转让纠纷案",江西省抚州市中级人民法院民事判决书,(2021)赣 10 民初 285 号。

证明等信息判断是否通过间接投资实际支配公司;①(5) 通过公司股东会决议等判断是否存在操纵股东会进而实际支配公司的情况。② 在相关案件中,证人证言同样属于具有参考价值的证据。

(二) 法人人格否认的具体情形

1. 人格混同的认定标准的发展历程

二审法院认定 A 公司与王建之间符合法人人格否认的主要理由在于,认为 A 公司与王建之间的资金往来的结算情况不明,A 公司与王建的财产未能实现相互独立,A 公司与王建之间存在人格混同的情形,这是对《九民纪要》确立的"人格混同"的判断标准的运用。具体而言,《九民纪要》第 10条规定:"认定公司人格与股东人格是否存在混同,最根本的判断标准是公司是否具有独立意思和独立财产,最主要的表现是公司的财产与股东的财产是否混同且无法区分""人民法院在审理案件时,关键要审查是否构成人格混同,而不要求同时具备其他方面的混同,其他方面的混同往往只是人格混同的补强",即明确财产混同是认定人格混同必要的实质性标准,业务混同、人员混同、场所混同不是认定人格混同的必要条件。事实上,《九民纪要》这一判断标准的形成和确立经历了一定的认识过程。

最高人民法院在"徐工集团案"中指出:"关联公司的人员、业务、财务等方面交叉或混同,导致各自财产无法区分,丧失独立人格的,构成人格混同",并提出了判断法人人格混同的三个标准,即人员混同、业务混同和财产混同。最高人民法院在此后的判例中也多次采用上述三个标准来对公司与股东的人格或者关联公司之间的人格是否存在混同进行判断和论证,例如在"朱孔文与临沂市源丰物资回收有限公司、临沂市昆和物资有限公司买卖合同纠纷案"③中,最高人民法院指出,"判断公司法人人格混同通常适用三个标准,即人员混同、业务混同、财产混同",并在论证案涉关联公司在人员、

---

① 例如"江苏泰瑞斯特新材料科技有限公司与江艳、常州常旺染织有限公司等借款合同纠纷案",江苏省高级人民法院民事判决书,(2017)苏民再 158 号。

② 例如"陈凯旭、杨朝勇等民间借贷纠纷案",最高人民法院民事判决书,(2021)最高法民申 241 号。

③ 最高人民法院民事裁定书,(2016)最高法民申 3168 号。

业务和财产三个方面都不存在混同的基础上认定案涉关联公司之间并不存在人格混同。[①]

虽然前述案例提出了人员混同、业务混同和财产混同三个判断人格混同的标准,但没有明确指出三个标准之间的关系。[②] 在"七台河宝泰隆圣迈煤化工有限责任公司与营口市大洋石化有限公司、营口华威石化有限公司等买卖合同纠纷案"[③]中,最高人民法院指出:"公司独立财产是独立承担责任的基础,审查公司之间人格混同的重要标准是审查是否存在人员混同、经营混同及财产混同,其中核心是财产混同。如两公司之间财产混同,无法区分,失去独立人格,则构成人格混同,对外债务应当承担连带责任。反之,如两公司之间财产相互独立,不存在混同,则对外不应承担连带责任。"可以认为,这是对于三个标准之间关系的初步回应,明确了财产混同在认定人格混同过程中的核心地位,但是仍未涉及人员混同和业务混同是否认定人格混同的必备要件这一问题。《九民纪要》的出台则明确了业务混同、人员混同、场所混同不是人格混同的判断标准,仅为人格混同的补强。

在"柳振金案"中,最高人民法院认为被告与其关联公司虽然在业务、人员方面存在一定的重合,但属于投资关联关系的正常表现,在没有证据证明被告与关联公司之间存在财产的混同的情况下,不能仅凭业务和人员的混同认定两者存在人格混同,并据此驳回了原告要求关联公司承担连带责任的诉讼请求。

2. 过度支配与控制的界定

尽管上诉人创见公司主张王建系公司实际控制人,进而认为其存在过度支配及控制 A 公司的情形,但由于创见公司并未提供任何证据,法院未就过度支配及控制作进一步阐述,仅简单说明本案并无证据证明王建存在

[①]　除该案例外,"山东建兴铁塔制造有限公司、山东省标志服装厂追偿权纠纷案",最高人民法院民事判决书,(2017)最高法民申 1162 号;"亿置投资有限公司、中国银行股份有限公司江门分行房屋买卖合同纠纷案",最高人民法院民事判决书,(2018)最高法民申 4021 号,也是从人员、业务和财产三个角度来论述和判断案涉公司是否存在人格混同的。

[②]　笔者认为,事实上,就"徐工集团案"的说理方式而言,将人员混同、业务混同和财产混同理解为三个并列的、具有同等地位的判断标准似乎更为合理。也有观点认为"徐工集团案"提出了法人人格混同的三个判断标准,认定人格否认,三个标准缺一不可(姚蔚薇* 尾注 5)。

[③]　最高人民法院民事裁定书,(2016)最高法民申 2011 号。

对其控制的公司进行利益输送、收益归一方损失却由另一方承担、从公司抽走资金再成立类似公司等情形。① 实际上,《九民纪要》第 11 条在解释"过度支配与控制"时,同样列举了以上情形。② 从《九民纪要》的表述来看,判断"过度支配与控制"的重点在于是否存在股东"操纵公司的决策过程",即公司缺乏、丧失独立意思,但其实际列举的具体情形似乎更多地体现在公司,特别是母子公司之间的财产混同。单就《九民纪要》而言,其中"过度支配与控制"与第 10 条所述"人格混同"的情形之间仍缺乏明晰的界限,有待法规及实务层面进一步明确。③

3. 资本显著不足的适用

针对原告提出的 A 公司存在资本显著不足的情形的主张,法院在否认时的说理较为简单,仅指出公司的注册资本为 400 万元,且实际缴付,并不存在资本数额与公司经营风险不匹配的情形。

相较于"人格混同"和"过度支配与控制","资本显著不足"的判断标准

---

① 法院对于"王建对 A 公司过度支配及控制"的主张的否认,体现了一人公司与多人公司法人人格否认案件中举证责任分配的差别,即不同于一人公司人格否认存在举证责任倒置的问题,对于多人公司法人人格否认的案件,举证责任适用民事诉讼法的一般原则——"谁主张谁举证"。虽然实践中个别地区针对这一问题存在一些变通,例如《上海市高级人民法院民事审判第二庭关于审理公司法人人格否认案件的若干意见》第 10 条第 2 款规定:"公司债权人能够提供初步证据证明股东滥用公司独立法人地位和股东有限责任。但确因客观原因不能自行收集公司账簿、会计凭证、会议记录等相关证据,申请人民法院调查取证的,法院应当依据《最高人民法院关于民事诉讼证据的若干规定》的规定,进行必要的审查",但整体上,针对多人公司法人人格否认案件,仍坚持"谁主张谁举证"的原则。

② 《九民纪要》第 11 条规定:"公司控制股东对公司过度支配与控制,操纵公司的决策过程,使公司完全丧失独立性,沦为控制股东的工具或躯壳,严重损害公司债权人利益,应当否认公司人格,由滥用控制权的股东对公司债务承担连带责任。实践中常见的情形包括:(1) 母子公司之间或者子公司之间进行利益输送的;(2) 母子公司或者子公司之间进行交易,收益归一方,损失却由另一方承担的;(3) 先从原公司抽走资金,然后再成立经营目的相同或者类似的公司,逃避原公司债务的;(4) 先解散公司,再以原公司场所、设备、人员及相同或者相似的经营目的另设公司,逃避原公司债务的;(5) 过度支配与控制的其他情形。"

③ "德州锦城电装股份有限公司诉北京斯普乐电线电缆有限公司股东损害公司债权人利益责任纠纷案",一审法院对"过度控制"作出了较为详细的解释,认为"过度控制"是指"股东通过对公司控制而实施了不正当的甚至非法的影响行为",其构成要件应包括:(1) 股东对从属公司进行了支配性、绝对性控制;(2) 这种控制行为不具有正当目的;(3) 股东控制行为与从属公司债权受损存在因果关系。将过度控制的判断要点置于股东控制与控制行为的不正当目的之上,对同类案件应当具有一定参考价值。

有较大的模糊性。司法实践中,不同法院对这一情形的认定和适用存在较大的差异。例如在"中国银河投资管理有限公司与合肥非凡投资咨询有限责任公司(以下简称非凡公司)、深圳市沃原投资咨询有限公司、深圳市莽原投资发展有限公司、罗雄华、马丽萍追偿权纠纷案"①与"湖南麟辉建设集团有限公司与湖南力邦湘博仓储管理有限公司等建设工程施工合同纠纷案"(以下简称"麟辉建设案")②中,股东均实缴了公司的注册资本,公司在实际运营中都出现了负债大幅超过股东投入的资本的情形。前一案例法院认为"公司出资已经到位,并通过验资,没有出资不实或不足的情形。公司作为具有独立意志的经营实体,有权自主决定资金借贷规模及投向,故非凡公司借贷规模与注册资本额的大小不是否认其法人人格的依据"。与之相对,后一案例法院认为,股东投入公司的资本额与公司经营的规模和隐含的风险相比明显不足,"意味着股东的目的在于利用公司独立人格和股东有限责任将其投资风险降到最低,并通过公司独立人格形式把过多的投资风险转嫁给公司债权人",从而认定法人人格否认的成立。③

《九民纪要》第 12 条对"公司资本显著不足"进行了定义,并指出要将资本显著不足与"公司采取'以小博大'的正常经营方式相区分,因此在适用时要十分谨慎,应当与其他因素结合起来综合判断";同时,最高人民法院民事审判第二庭指出,在这一情形的认定过程中需要注意以下几点:(1)投入资本与经营风险之间的不匹配需要达到"明显"的程度,"明显"要根据具体案情综合判断;④(2)在判断投入资本与经营风险之间是否"明显"不匹配时,

---

① 安徽省高级人民法院民事判决书,(2011)皖民二终字第 00111 号。
② 湖南省长沙市天心区人民法院民事判决书,(2013)天民初字第 1412 号。
③ 该案二审[湖南省长沙市中级人民法院裁定书,(2014)长中民三终字第 01939 号]以程序严重违法撤销了一审判决。
④ 笔者认为,在"明显"不匹配的认定过程中,需要考量的一个因素为公司所从事的行业性质,从事较高风险的经营活动的公司相较其他公司更加需要有一定数量的资本以应对资本市场的风险。这一点在此前的司法实践中也有所体现,例如"王晔与安徽腾龙创富金融信息服务有限公司、季少龙委托理财合同纠纷案",安徽省肥西县人民法院民事判决书,(2017)皖 0123 民初 4502 号,法院认为,"期货市场风云变幻,损益难测,高风险和高回报并存。公司从事的是期货代理业务,用专业知识代理原告操作期货资金账户,系属从事较高风险业务的经营活动。从公司所从事的行业性质和该行业容易发生的风险程度来看,公司应当具备一定数量的合理资本以应付资本市场的风险损失。"

还应该有时间要求,只有"明显"不匹配达到了一定的时间段,才能认定公司故意为之,否则,可能只是短期经营的原因,此时不宜轻易否定公司人格;(3)股东恶意利用公司独立人格和股东有限责任将投资风险转嫁给债权人(最高人民法院民事审判第二庭,156—157页)。

基于以上内容,我们不难看出,最高人民法院对于"资本显著不足"这一情形的适用持有非常谨慎的态度。① 适用公司法人格否认制度的事由,往往还需结合人格混同、过度支配和控制等其他滥用公司法人独立地位和股东有限责任的情况进行综合判定。前述"麟辉建设案"的裁判结果事实上存在一定问题,体现了一种从结果倒推"资本显著不足"的思维方式,即当公司出现严重资不抵债的情况时就视为公司资本显著不足,从而否认公司人格,这与《九民纪要》及其相关解读以及最高人民法院的观点明显是不符的。此外,根据最高人民法院的意见,针对多人公司需要明确的是,"在资本显著不足的场合,负责公司经营管理的股东都应该对公司债务承担连带责任。但是没有参加公司经营的股东,不应承担连带责任"(最高人民法院民事审判第二庭,157页)。

笔者认为,虽然明确了资本显著不足的单独适用需要遵循十分谨慎这一原则,但是《九民纪要》对于这一情形的适用标准仍是较为原则和抽象的,其适用的具体标准有待司法实践的进一步细化和明确。

参考文献

1. 盛勇、罗叶、贾仁发:《关联公司人格混同情形下法人人格否认问题之探讨》,《时代金融》2019年第32期。

---

① 事实上,在《九民纪要》之前的个别案例中,最高人民法院的这种审慎的态度即有所体现。例如"郑道红、黄淑兰、郑静与重庆瀛丹物业(集团)有限公司股东损害公司债权人利益责任纠纷案",最高人民法院民事裁定书,(2016)最高法民再382号指出:"一审、二审判决仅以中雄公司缴纳拍卖940万元保证金后所余不多,中雄公司参加竞买的资产底价1.86亿余元、成交价2.5亿余元,其资产负债率远高于正常水平,以及认为中雄公司及其股东未举证证明该公司有通过责任保险等其他方式清偿债务的可能性为由,认定中雄公司资本显著不足,缺乏充分的事实和法律依据"。另外,笔者并未能通过公开渠道检索到本案的裁判文书全文,但多篇实务文章对该案例进行了介绍(卢晶、宋庆宙 * 尾注6;广东海法律师事务所 * 尾注7)。

2.《中国审判》编辑部：《"揭开公司面纱"——法人人格否认制度理论与实务研讨》,《中国审判》2008 年第 4 期。

3. 最高人民法院民事审判第二庭编著：《〈全国法院民商事审判工作会议纪要〉理解与适用》,人民法院出版社 2019 年版。

4. 朱慈蕴：《将实际控制人纳入公司法人格否认适用中的法律思考》,《中国法律》2011 年第 4 期。

5. 姚蔚薇："禁止公司股东滥用权力——《九民纪要》关于公司人格否认的要点评析",https://mp.weixin.qq.com/s/VpgpfSG9dZebXHD‐ZxjTWA,最后访问日期：2022 年 8 月 17 日。

6. 卢晶、宋庆宙："《九民纪要》之公司法专章系列评析之四：公司人格否认制度评析",https://mp.weixin.qq.com/s/81GtebUCBJmWl0zUjjhnUg,最后访问日期：2022 年 8 月 17 日。

7. 广东海法律师事务所："最高院案例：注册资本显著不足,否定公司法人人格而判决股东承担连带责任",https://mp.weixin.qq.com/s/H40MDSRpS4ugDo0Qaup_vw,最后访问日期：2022 年 8 月 17 日。

作者：上海市方达律师事务所合伙人　孙海萍

案例 2　一人公司法人格否认

——北京斯普乐电线电缆有限公司、德州锦城电装股份有限公司、天
津市日拓高科技有限公司股东损害公司债权人利益责任纠纷案

北京市怀柔区人民法院 (2017) 京 0116 民初 8512 号民事判决

北京市第三中级人民法院 (2019) 京 03 民终 2577 号民事判决

【事实概要】

天津市日拓高科技有限公司(以下简称天津日拓公司)系一人有限责任公司。2013 年 11 月 30 日,股东由案外人威海市泓淋电子有限公司(以下简称威海泓淋公司)变更登记为德州锦城电装股份有限公司(以下简称德州锦城公司)。2014 年 3 月 26 日,德州锦城公司与案外人签订股权转让合同。威海泓淋公司系德州锦城公司的母公司。

德州锦城公司受让股权时,以 2013 年 10 月 31 日为评估基准日,天津日拓公司的股东全部权益为 13 865 290 元,账面净资产为 −21 754 015.94 元,双方确定的股权转让对价为 13 613 463.87 元;在德州锦城公司转让股权时,天津日拓公司偿还债权债务后的净资产 1 260.89 元,经双方协商确定,股权转让价格为 0 元。

天津日拓公司与北京福田戴姆勒汽车有限公司(以下简称福田公司)存在长期业务关系。2014 年 1 月 1 日,福田公司与天津日拓公司签订《汽车零部件(及材辅料)采购合同》,天津日拓公司向福田公司供货。2014 年 3 月 6 日,天津日拓公司向福田公司提交《变更申请函》,要求将福田公司的供应商由天津日拓公司变更为德州锦城公司;2014 年 3 月 21 日,福田公司出具《关于供应商信息变更的通知》,同意供应商变更为德州锦城公司。德州

锦城公司自认变更业务未向天津日拓公司支付对价,天津日拓公司也未作出书面股东决定。

另查,关联公司泓淋科技集团有限公司《董事会函件》记载,天津日拓公司具有生产自有汽车线束产品所需的资产,其客户基础与本集团专业技术和产能结合可以产生协同效应,能够进一步扩大新增汽车信号传输线业务的规模和利润。

德州锦城公司于2018年1月发布《公开转让说明书》披露:2013年11月,德州锦城公司与威海泓淋公司达成一致,同意将汽车线束业务全部归入德州锦城公司,发展以德州锦城公司为中心的汽车线束业务板块,与汽车线束相关的债权债务随之转移至德州锦城公司。鉴于上述情况,德州锦城公司同意受让威海泓淋公司持有的天津日拓公司100%的股权。

再查,2013年1月24日,北京斯普乐电线电缆有限公司(以下简称斯普乐公司)起诉天津日拓公司。2013年12月18日,北京市怀柔区人民法院作出一审判决,天津日拓公司给付斯普乐公司货款8 275 705.53元,并支付逾期付款利息。判决生效后,斯普乐公司申请强制执行。

2014年12月17日,执行案件因天津日拓公司财产正在处理中,且暂无其他财产可供执行,故终结本次执行程序。

斯普乐公司于2017年12月4日起诉德州锦城公司,要求判令德州锦城公司对天津日拓公司拖欠斯普乐公司货款本金8 275 705.53元及其利息,以及案件受理费70 966元承担连带清偿责任。

【裁判要旨】

本案的争议焦点:德州锦城公司是否构成对天津日拓公司过度控制,以及承担一人公司法人人格否认案件的证明责任。

一、对于过度控制的构成要件分析

公司法人人格否认在适用标准上主要包括资本显著不足、人格混同、过度控制、公司形骸化。其中,过度控制是指股东通过对公司控制而实施了不正当的甚至非法的影响行为,造成了从属公司债权人的损害。具体而言,过度控制的构成要件包括:① 股东对从属公司进行了支配性、绝对性控制。② 这种控制行为不具有正当目的,例如违反法律规定、滥用股东权利,或者仅有利于股东自身利益,而对从属公司不利。③ 股东控制行为与从属公司债权受损之间存在因果关系。

(一) 德州锦城公司是否进行了过度控制

德州锦城公司系天津日拓公司的一人法人股东。福田公司是天津日拓公司的长期客户资源。2014 年 1 月双方签订采购合同后,德州锦城公司在天津日拓公司未进行股东书面决议的情况下,将天津日拓公司的重要业务转移给自己,该行为已经属于不尊重从属公司独立意思和独立利益的过度控制行为。公司是法律拟制的主体,在法律上享有独立的权利义务,其独立的意思表示是维系自身利益的前提和基础。对于公司重要业务资源的转移,不仅关系公司自身利益,而且更涉及公司债权人的利益,属于公司的重要事项。在无证据显示天津日拓公司进行独立决策的情况下,母公司将子公司重要业务和客户资源移转给自己,属于利用支配性地位进行的过度控制行为。

(二) 控制行为是否具有正当目的

福田公司作为天津日拓公司的重要客户资源,天津日拓公司基于合同履行应当享有可得利益。德州锦城公司以母公司代替子公司承受合同预期利益,应当具有合理的理由和对价,但德州锦城公司没有支付任何对价,且对天津日拓公司是否已经陷于违约危机事实并未提供证据加以证明。同时在天津日拓公司涉诉期间,德州锦城公司在转移客户资源后立即转让公司股权。基于上述事实,德州锦城公司在福田公司供应商业务变更上不具有正当目的,属于滥用股东权利的行为。

(三) 股东控制行为是否造成债权人债权受损

德州锦城公司是从其关联公司受让天津日拓公司股权,当时的所有者权益尚有 13 865 290 元,但在天津日拓公司变更供货商后,德州锦城公司将股权转让给非关联方的股权对价仅为 0 元。股权价值与所有者权益具有高度关联。天津日拓公司的客户资源是公司的或有资产。截至本案终结辩论程序时,斯普乐公司的债权仍未受清偿。

二、公司法人人格否认案件中的举证责任和证明标准

《公司法》第 63 条规定仅限于针对一人公司财产混同的情形。针对其他否认公司人格的情形,债权人仍应当承担证明责任,但在一人公司情况下,作为债权人其举证难度大、证明成本高,应当结合案件具体情况适当减轻债权人的证明责任,即债权人只需要提供初步证据证明股东存在过度控制和滥用股东权利的行为即完成举证责任,此时应当由股东提供反驳性证据,证明其不存在滥用公司人格的情形,否则就承担败诉风险。针对德州锦城公司是否存在过度控制的问题,斯普乐公司提供了董事会函件、公开转让说明书、采购合同、变更函、通知等证据,初步证明了德州锦城公司未有正当目的(合理对价)就将从属公司的客户资产转移至自身。法院认为,债权人斯普乐公司已经完成了初步的举证责任,德州锦城公司应当就其具有合理对价、未实行过度控制行为进行反证,但庭审中,德州锦城公司并未提供充分证据予以证明,其应当承担举证不能的不利后果。

综上,德州锦城公司作为天津日拓公司的一人法人股东,其应当充分尊重子公司的独立意志,并保护子公司的债权人利益。但在本案中,德州锦城公司利用其对子公司的绝对控制权,在短暂持股期间将子公司的重要客户资源以无对价方式转移至自己名下,造成子公司偿债能力下降,进而损害子公司的债权受偿。法院认为德州锦城公司构成滥用公司法人独立地位和股东有限责任,严重损害公司债权人利益,其应当对天津日拓公司的债务承担连带清偿责任。

北京市怀柔区人民法院于 2018 年 12 月 13 日作出一审判决:德州锦城公司对天津日拓公司拖欠斯普乐公司的货款本金 8 275 705.53 元及其利息,以及案件受理费 70 966 元承担连带清偿责任。

德州锦城公司不服一审判决,提出上诉。2019 年 5 月 10 日,北京市第三中级人民法院作出二审判决,驳回上诉,维持原判。

【解　析】

一、本判决的意义

本案属于法人人格否认中典型的过度支配与控制的情形,判决将过度支配和控制与侵权责任理论相结合,从控制行为、正当目的、因果关系要件出发论述过度控制与支配的具体构成,同时提出一人公司背景下应减轻债权人证明责任的观点,对同类案件的处理具有借鉴意义。

二、公司法人人格否认制度在我国以成文法形式确立

法人人格否认,在英美法系又被称为"揭开公司面纱"(lifting the veil of the corporation)、"刺破公司面纱"(piercing the corporation's veil)(朱慈蕴 * 尾注 1,4 页),其本身是一个衡平法的原则,最早由美国法官桑伯恩在"美国诉密尔沃基冷藏运输公司案"(U. S. v. Milwaukee Refrigerator Transit Co.)中确立。一般规则是,公司被认为是法人实体,但是当有足够的理由认为相反情况存在时,法人的存在被用来损害公共利益,将错误行为合理化,保护欺诈或者保护犯罪,法律将把公司视为人的集合(朱慈蕴 * 尾注 2,113 页)。我国《公司法》第 20 条第 3 款"公司股东滥用公司法人独立地位和股东有限责任,逃避债务,严重损害公司债权人利益的,应当对公司债务承担连带责任"的规定,首次以成文法形式定义了法人人格否认制度。实践中,常见的法人人格否认的情形主要包括人格混同、过度支配与控制、资本显著不足等。本案即属于过度支配与控制的情形。

法人人格否认制度是对公司独立人格及股东有限责任的现代公司法基本原则的补充,是股东有限责任与债权人利益发生明显失衡时的事后救济,是在特定诉讼案件中对公司人格的一时一事的否定。

三、公司法人人格否认中过度支配与控制的认定

过度支配与控制是指公司控制股东对公司过度支配与控制,操纵公司的决策过程,使公司完全丧失独立性,沦为控制股东的工具或躯壳(最高人

民法院民事审判第二庭,153 页),即公司因控制股东滥用控制权后丧失了独立意志和独立财产,进一步造成公司债权人的利益受损,故需要否定公司独立人格,并追究控制股东的责任。《九民纪要》将法人人格否认归为侵权责任,本案亦系从侵权角度分析过度支配与控制。

（一）行为要件：过度支配与控制行为

滥用控制行为是司法审查的重心,而是否符合公司的独立意志及是否保障公司的独立财产是衡量相关行为的实质标准。《九民纪要》通过列举与兜底方式①将常见的母子公司或者子公司之间的利益输送、"金蝉脱壳"式的另立炉灶行为进行了直接认定,但实践中滥用控制权的行为不尽相同,本案实际上并非明显意义上的利益输送行为,即德州锦城公司在未有书面股东决议（一人公司的特殊规定）,也未支付合理对价的情况下,将天津日拓公司的重要业务资源转移,该行为并不符合天津日拓公司的利益,也无法体现天津日拓公司的独立意志,故应认定该行为系过度控制。

（二）主观要件：逃避债务的主观故意

《公司法》第 20 条第 3 款的规定中关于"滥用""逃避""损害"均表明股东在滥用控制权时具有明显的主观过错。在司法审查中该主观过错应以客观标准进行评价,诸如《九民纪要》中所列举的行为往往推定滥用控制权的股东存在主观过错。本案的背景为天津日拓公司在债务诉讼期间,德州锦城公司为取得天津日拓公司的业务资源受让及转让股权,其行为缺乏正当性。

（三）结果及因果关系要件：控制行为损害债权人利益

滥用控制行为导致公司偿债能力下降或者责任财产减少,进而使得公司债权人无法得到受偿。需要说明的是,相关债权的产生并非必须源于该滥用控制行为。

---

① 《九民纪要》第 11 条规定:"公司控制股东对公司过度支配与控制……实践中常见的情形包括:(1) 母子公司之间或者子公司之间进行利益输送;(2) 母公司或者子公司之间进行交易,收益归一方,损失却由另一方承担;(3) 先从原公司抽走资金,然后再成立经营目的相同或类似的公司,逃避原公司债务的;(4) 先解散公司,再以原公司场所、设备、人员及相同或者相似的经营目的另设公司,逃避原公司债务的;(5) 过度支配与控制的其他情形。"

四、一人公司法人人格否认的证明责任分析

《公司法》第 63 条规定："一人有限责任公司的股东不能证明公司财产独立于股东自己的财产的,应当对公司债务承担连带责任。"该条是《公司法》第 20 条第 3 款总则下的特别规定,本质上是一人公司财务混同情形下的举证责任倒置的特殊规定。

本案属于法人人格否认中的过度支配与控制情形,不能直接适用《公司法》第 63 条的规定,而是应适用《公司法》第 20 条第 3 款。但一审法院在第 20 条第 3 款规定项下,针对一人公司的特殊情形,提出减轻债权人举证责任的观点。考虑到本案审理层级的因素,减轻举证责任更多属于法官对具体案件的裁量。在司法实践中,一人公司人格否认的证明责任是否有特殊之处?

(一) 一人公司法人人格否认的现实意义

一人公司相较于有限责任公司、股份有限公司,缺乏股东会、董事会的内部制约,一人股东对于公司经营管理具有绝对的控制权,而根据境内外的司法实践,控制权越集中,滥用权利的道德风险越高,法人人格否认的裁判比例也越高:① 在美国,封闭公司的股东数量对法院是否"揭开面纱"具有重大影响。一人公司的此类诉案被揭开面纱的比例是 50%,股东为 2—3 人的公司为 46%,而股东人数在 3 人以上时只有 35%(李建伟,75 页)。② 在我国,有学者统计了 2006—2016 年的 471 个案例,其中一人公司被裁判认定法人人格否认的比例超过 66%,比非一人公司的比例高近 10%,并且一人公司中涉及财产混同的案件数占比达 70% 以上(宋朗,149 页)。因此,对于一人公司予以特别规定及聚焦财务独立有实际意义。

(二) 一人公司举证责任倒置的法理基础

民事诉讼中的一般原则为"谁主张谁举证",但是当原告与被告之间的举证能力明显不平衡且具有普遍意义的时候,法律应作出调整,将原告的部分证明责任转移至被告,以达到平衡双方诉讼能力的目的。《公司法》第 63 条恰恰具有上述的学理基础和实践基础:一方面,独立的公司财产是一人公司对外承担债务的基础,我国《公司法》亦对一人公司特别规定编制年度

财务会计报告及审计义务,因此,一人公司的财务独立是应然状态且公司应当保留相应的资金进出记录、账簿、审计材料等。基于此,一人公司的股东的举证能力和信息优势是显著的;另一方面,从上文的司法裁判经验可知,一人公司较其他公司的人格否认案件比例更高,且一人公司中涉财务混同因素的案件占比更高,因此平衡债权人与一人公司股东之间的诉讼能力是具有实践基础的。

(三) 一人公司举证责任倒置的裁判变化

目前在司法实践中,对于《公司法》第 63 条一人公司举证责任的运用既审慎又有所突破。

1. 以审慎为原则

2017 年 9 月 25 日前,太原市明兴发煤业有限公司(以下简称明兴发公司)股东为韵建明、赵桂萍夫妇。2017 年 9 月 25 日,该公司股东变更为韵建明一人。2016 年 12 月 28 日,在"元鑫公司起诉明兴发公司、韵建明、赵桂萍买卖合同纠纷案"中,最高人民法院作出(2016)最高法民终 577 号民事判决,认为青海元鑫矿业有限公司(以下简称元鑫公司)未能提交充分证据证明韵建明存在《公司法》第 20 条第 3 款规定的滥用公司人格、逃避债务、严重损害公司债权人利益的行为,故未支持元鑫公司请求韵建明对明兴发公司欠付煤炭货款承担连带责任的主张。2018 年 11 月 13 日,在"元鑫公司与明兴发公司、韵建明、赵桂萍买卖合同纠纷案"执行程序中,申请执行人元鑫公司向青海省高级人民法院提出执行异议,申请追加韵建明、赵桂萍为被执行人。2018 年 12 月 27 日,青海省高级人民法院作出(2018)青执异 193 号执行裁定,追加韵建明为被执行人。韵建明不服该裁定,提起案外人执行异议之诉。青海省高级人民法院在庭审过程中要求韵建明提交明兴发公司 2017 年、2018 年财务账册,韵建明以可能造成商业秘密泄露为由不予提交。

最高人民法院在(2016)最高法民终 577 号案中,因明兴发公司股东为韵建明、赵桂萍而非一人公司,仍要求债权人元鑫公司承担滥用公司人格、逃避债务、严重损害公司债权人利益行为的举证责任,并以未充分提供证据为由驳回元鑫公司对股东连带责任的诉请;而在后续执行案件中,因明兴发公司于 2017 年变更为一人有限责任公司后适用《公司法》第 63 条,要求唯一股东韵建明承担财务独立的证明,并因韵建明未能提供充分证据而支持追加股东作为执行人的请求。在"韵建明与元鑫公司、明兴发公司案外执行异议案"中,[①]最高人民法院仍坚持财务独立的举证责任倒置仅适用于一人有限责任公司,不适用于有限责任公司。

2. 突破适用:从形式一人公司向实质一人公司转变

2011 年 8 月 3 日,熊少平与沈小霞登记结婚。2011 年 11 月,熊少平、沈小霞出资成立江西青曼瑞服饰有限公司(以下简称青曼瑞公司),各持股50%。2015 年 6 月 24 日,经调解确认青曼瑞公司于 2015 年 7 月 31 日前一次性支付武汉猫人制衣有限公司(以下简称猫人公司)货款 2 983 704.65元。该案执行因未无可供执行的财产线索而终结执行程序。后猫人公司以青曼瑞公司符合一人公司的实质要件,请求追加熊少平、沈小霞为被执行人。湖北省武汉市中级人民法院判决驳回猫人公司的诉讼请求。湖北省高级人民法院认为,青曼瑞公司股权具有利益的一致性和实质的单一性,系实质意义上的一人公司,有必要参照一人公司举证责任倒置规则,将公司财产独立于股东自身财产的举证责任分配给熊少平、沈小霞,故判决撤销一审判决,并追加熊少平、沈小霞为武汉中院(2015)鄂武汉中执字第 00707 号执行案件的被执行人。

最高人民法院认为,青曼瑞公司的全部股权实质来源于同一财产权,并为一个所有权共同享有和支配,该股权主体具有利益的一致性和实质的单一性。一人公司举证责任倒置规则的原因系一人公司的股东既是所有者,又是管理者,缺乏内部监督,个人财产和公司财产极易混同,极易损害公司债权人利益,目的是强化一人公司的财产独立性,从而加强对债权人的保护。青曼瑞公司由熊少平、沈小霞夫妻共同设立、共同共有、共同管理,难以形成有效的内部监督,夫妻财产与公司财产亦容易混同,从而损害债权人利益,故应参照《公司法》第 63 条规定,将公司财产独立于股东自身财产的举证责任分配给股东熊少平、沈小霞,熊少平、沈小霞未举证证明其自身财产独立于青曼瑞公司财产,应承担举证不力的法律后果。二审法院支持猫人

---

① 最高人民法院民事判决书,(2019)最高法民终 1364 号。

公司追加熊少平、沈小霞为被执行人的申请并无不当。

"熊少平、沈小霞与武汉猫人公司、青曼瑞公司申请执行人执行异议之诉案"①应当是最高人民法院突破一人有限责任公司的法律规定,将学理上实质意义的一人公司纳入了《公司法》第63条的适用范围,本案对于夫妻公司、"人头"公司的法人人格否认的适用具有典型意义。

3.《公司法》第63条举证责任特别规定的适用范围

入选2016年《最高人民法院公报》案例的"应高峰诉嘉美德(上海)商贸有限公司、陈惠美其他合同纠纷案",②法院认定若债权人以一人公司的股东与公司存在财产混同为由起诉要求股东对公司债务承担连带责任,应实行举证倒置;而在其他情形下需遵循关于有限责任公司法人人格否认举证责任分配的一般原则,即折中的举证责任分配原则。目前司法实践中,一人公司举证责任的特别规定并未扩大适用于《公司法》第20条第3款的其他滥用情形。本案提出的减轻证明责任,仍是在坚持有限责任公司法人人格否认举证责任分配的一般原则下,针对一人公司的特殊性,裁判者对部分侵权责任构成要件的反证责任转移到一人公司的股东一方。

五、本案可供探讨的其他问题:责任适当性问题

首先,斯普乐公司的债权实际发生于德州锦城公司成为股东之前,法院认定客户资源属于或有资产并可带来收益,故滥用行为造成偿债能力下降,致使斯普乐公司债权无法清偿。需要注意的是,偿债能力的下降是定性表述,而在德州锦城公司在受让股权时,天津日拓公司的账面净资产为－21 754 015.94元,天津日拓公司本身的偿债能力就应被质疑,故滥用行为与损害后果之间的匹配程度存有疑问。

其次,对于德州锦城公司承担责任的核心行为——汽车线束业务转移及合并,本案的交易过程为威海泓淋公司(德州锦城公司的母公司,也是天津日拓公司唯一股东),在斯普乐公司已经起诉的情况下,与德州锦城公司

---

① 最高人民法院民事判决书,(2019)最高法民再372号。
② 上海市第一中级人民法院民事判决书,(2014)沪一中民四(商)终字第S1267号。

协商将汽车线束业务转移及合并,并通过股权转让方式,由威海泓淋公司以13 613 463.87 元转给德州锦城公司,德州锦城公司合并资源后以 0 元向案外人再次转让股权,实际的受益人系威海泓淋公司,本案的责任承担为德州锦城公司。如果整个交易系以资产买卖形式,威海泓淋公司以天津日拓公司股东身份通过书面决议的方式将天津日拓公司的汽车线束业务作价13 613 463.87 元转让给德州锦城公司,则是否该笔转让款项应当支付至天津日拓公司,而非由威海泓淋公司取得,本案的法人人格否认在一定范围内是否有不一样的认定? 当然,法院审理案件的范围限定于当事人的请求以及对责任人的选择。

参考文献

1. 朱慈蕴:《公司法人格否认法理研究》,法律出版社 1998 年版。

2. 朱慈蕴:《公司法人格否认:从法条跃入实践》,《清华法学》2007 年第 2 期。

3. 最高人民法院民事审判第二庭:《〈全国法院民商事审判工作会议纪要〉理解与适用》,人民法院出版社 2019 年版。

4. 李建伟:《公司法人格否认规则在一人公司的适用——以〈公司法〉第 64 条为中心》,《求是学刊》2009 年第 2 期。

5. 宋朗:《企业集团"债务连坐"风险及防范——来自 471 份判决书的经验证据》,《西南政法大学学报》2021 年第 1 期。

作者:上海市静安区人民法院法官　万健健

案例 3 对赌协议的效力及履行

——新余甄投云联成长投资管理中心、广东运货柜信息技术有限公司新增资本认购纠纷、买卖合同纠纷案

江西省新余市中级人民法院(2018)赣 05 民初 13 号民事判决

江西省高级人民法院(2019)赣民终 178 号民事判决

最高人民法院(2020)最高法民申 1191 号民事裁定

【事实概要】

2016 年 4 月 28 日,新余甄投云联成长投资管理中心(以下简称甄投中心,投资人)与龙科等(目标公司股东)、广东运货柜信息技术有限公司(以下简称运货柜公司)签订《增资协议》,约定甄投中心向运货柜公司增资 1 050 万元。同日,上述各方及案外人与任涛签订《增资协议的补充协议》,约定若有以下情形之一,运货柜公司承诺回购股权:"一、未完成承诺业绩指标,即运货柜公司未达成 2016 年实现归属于母公司的税后净利润 1.5 亿元,2017 年未实现归属于母公司的税后净利润 2.5 亿元,或 2016 年和 2017 年两年累计未实现归属于母公司的税后净利润 4 亿元的目的;二、2018 年 12 月 31 日前,运货柜公司未能完成上市。上述情形下回购公式为:回购款总额=甄投中心的实际投资款×(1+持股天数/365 天×15%)-回购日之前甄投中心已获得的股息、红利"。合同中同时约定回购价格应保证甄投中心本次投资的年投资收益率不得低于 15%。

2016 年 5 月 27 日,甄投中心向运货柜公司转款 1 050 万元,其中 761 421 元作为公司的注册资本,剩余的 9 738 579 元计入公司资本公积金。

2017 年 3 月 24 日,甄投中心向运货柜公司发出回购函,运货柜公司未

予履行回购义务,且运货柜公司表示其不能实现合同承诺的业绩指标,也不能实现公司上市的目标。

甄投中心以运货柜公司、龙科为被告,提起诉讼并请求:① 判令运货柜公司、龙科连带支付甄投中心股权回购款;② 判令龙科回购甄投中心所持运货柜公司0.75%的股权,并向甄投中心支付股权回购款。

另查明,《增资协议》《增资协议的补充协议》中没有关于龙科回购股权的约定。《增资协议的补充协议》中约定若运货柜公司无法履行回购义务时,则由案外人任涛承担无条件的全额连带回购责任。

【裁判要旨】

本案的争议焦点为:股权回购条款是否有效,运货柜公司是否需要承担相应的股权回购责任。[①]

一审裁判

"《增资协议的补充协议》中约定回购价格应保证甄投中心本次投资的年投资收益率不得低于15%。该约定可以使投资者可以取得相对固定的收益,该收益会脱离目标公司的经营业绩,直接或间接地损害公司利益和公司债权人利益;同时违反了有限责任公司注册资本确定之后,未经程序,不得随意减少和抽回的原则,该股权回购条款依法不能发生法律效力,甄投中心依据《增资协议的补充协议》的股权回购条款诉请运货柜公司承担股权回购责任不符合法律规定,不予支持。"

二审裁判

"关于运货柜公司回购上诉人股权内容的效力问题,暨运货柜公司应否支付股权回购款的问题。……《公司法》第35、142条的规定均是公司资本

---

① 本案裁判中涉及的法律争点还包括"原股东龙科应否承担股权回购责任",由于案涉《增资协议》及《补充协议》中没有龙科承担回购责任的相关约定,各级法院均不予支持,且该争点与"对赌协议的效力及履行"无涉,故不作展开。

维持原则的体现,除非基于法定情形,否则公司不得收购其股份。本案中《补充协议》第 2.1.1 条约定,在约定的条件成就时,甄投中心有权要求运货柜公司回购甄投中心持有的全部或部分股权,运货柜公司承诺予以回购,回购价格应保证甄投中心本次投资的年收益率不低于百分之拾伍(15%)……,该约定违反了上述《公司法》第 35、142 条的强制性规定;《补充协议》约定的回购款计算方式,使得甄投中心的投资可以取得相对固定的收益,该收益脱离了运货柜公司的经营业绩,损害了公司利益和公司债权人利益,同时亦属于违反公司法第 20 条规定的情形。因此,《补充协议》有关运货柜公司回购股权的内容应属无效。"

"上诉人认为其要求货运柜公司支付的该部分股权不是注册资本,是资本公积金部分,不存在减少注册资本的情形。对此,本院认为,股东向公司已缴纳的出资,无论是计入注册资本还是计入资本公积金,都已属于公司所有,是公司资产的构成部分,同样基于公司资本维持原则的要求,如果将资本公积金返还股东,将导致公司资本规模的减少,损害公司的财产和信用基础,损害公司债权人的利益,故股东不得任意要求公司予以返还。综上,甄投中心要求运货柜公司支付列入公司资本公积金部分的股权回购款不能成立,本院不予支持。"

再审裁定

虽然《公司法》第 142 条的规定是在股份有限公司的标题项下,但并未禁止适用于有限责任公司。关于股权回购协议是否有效的司法态度也很明显。《九民纪要》第 5 条明确:"投资方请求目标公司回购股权的,人民法院应当依据公司法第三十五条关于'股东不得抽逃出资'或者第一百四十二条关于股份回购的强制性规定进行审查。经审查,目标公司未完成减资程序的,人民法院应当驳回其诉讼请求。"可以看出,《九民纪要》在总结以往审判经验的基础上也认为《公司法》第 142 条可以适用于有限责任公司,故原判决适用该条认定《补充协议》的效力并无不当。

"具体到本案而言,针对甄投中心要求运货柜公司回购股权这一事项,原判决还需围绕运货柜公司是否完成减资程序进行审查。事实上,公司股权是否可以回购应当分两方面进行审理：一是《补充协议》的效力问题；二是基于合同有效前提下的履行问题。原判决并未说明《补充协议》存在符合合同无效的法定情形，合同本身应当认定为有效。至于《补充协议》约定的股权回购实际上是不是可以履行存在着多种可能性，而非一种必然性。股权回购是否经过三分之二以上有表决权的股东通过、目标公司是否已完成减资程序、债权人是否同意等事项均具有不确定性。原判决在上述事实未经审理的情形下直接认定合同本身必然无效确有不当。但鉴于甄投中心并未主张运货柜公司已完成减资程序，也未提交有关减资的证据，故原判决从实体结果处理上来说并无不当。"

【解　析】

一、本判决的意义

最高人民法院在本案中遵循了《九民纪要》的观点，改变了对赌纠纷第一案"海富案"所树立的"与公司对赌无效"的裁判立场，肯定投资方与目标公司订立的对赌协议原则有效，公司资本维持、债权人保护的考量不影响协议的效力认定，仅可能构成后续履行障碍。将对赌协议的"效力认定"与"实际履行"相区分的裁判思路，不仅对各级法院审理相关案件具有重要的指导意义，而且也为日后商事主体进行对赌交易设计提供了指引。

二、对赌协议的功能

对赌协议，又称为"估值调整机制"或"估值调整协议"（Valuation Adjustment Mechanism），其本质是投融资双方在交易过程中暂时搁置争议较大的价格条款，先根据双方达成合意的业绩目标确定一个价格，之后视该目标能否达成而重新调整双方利益（例如做出补偿或重新调整股权结构）的一种契约安排（张群辉，40—41页）。条款中给融资企业设定的业绩目标能否达成具有不确定性，导致投融资双方的利益分配具有不确定性，与赌博结果相类似，因此被称为对赌协议。实践中，对赌协议的签订主体主要有三种情况：一是投资方与融资企业（目标公司）对赌；二是投资方与企业的原股东对赌；三是投资方同时与企业及企业的原股东对赌。其中，投资方一般表现为私募股权投资机构或者风险投资机构（PE/VC），融资方通常为新近设立的高科技公司等具有光明前景但缺少资金来源的公司，或者是一些已经设立但在公司运营过程中出现资金障碍而没有足够、充分的资金获取渠道的公司（张群辉，41 页）。

由于对赌协议是针对未来不确定事项而进行的结构性安排和风险合理分配，涉及复杂的商业判断，投资方往往会根据融资企业的状况设置不同的业绩目标，主要包括两种类型：一是财务绩效，即以目标企业能否在规定时间内达成约定数额的净利润等财务指标作为对赌内容；二是上市指标，即以目标企业能否在约定时间内上市作为对赌条件，最终视业绩目标能否达到会触发的一系列权利义务的调整，例如现金补偿、股权回购等。

作为一种投融资领域的契约安排，对赌协议日益盛行具有现实合理性。一方面，它可以帮助融资企业更快筹集到生产经营所需的资金；另一方面，能够有效降低私募股权投资者原本巨大的商业风险。归根结底，对赌协议的结构性安排使得达成股权交易的可能性增大，从总体上增加了社会福利（彭冰，192 页）。具体而言，对赌协议的主要功能如下：一是有助于解决目标公司"估值难"的问题。融资企业作为资金的需求方，一般为具有高成长性但缺少资金的民营企业。相比于企业当下价值，投资者更看重其良好的发展前景和未来可能带来的高收益，因此，往往以高溢价的形式投入融资企业。但由于目标公司极大的不稳定性，以及盈利预测的相对主观性，投资过程中的一大难题便是给被投资企业估值。为了搁置企业估值的争议、促进交易的尽快达成，对赌协议应运而生。通过对估值进行"多退少补"的约定，将估值建立在之后企业的实际经营状况之上，解决了目标公司"估值难""融资难"的问题。二是有助于降低投资者的投资风险。融资企业一般都会因规模小、未上市而缺乏像股票市场那样使其信息公开化的渠道（刘迎霜，124 页）。不确定性、信息不对称和代理成本是投资方与融资方在交易中所面临的显著问题，会造成投资风险的加剧以及投资意愿的减弱。对此，对赌协议通过一定的条款设计，使得在融资企业价格被高估时，由融资方给予投资方一定补偿；当融资企业的价格被低估时，则由投资方给予融资方补偿，从而解决投融资双方信息不对称的问题，极大地降低了投资风险，回应了市场需求和现实需要。由此可见，对赌协议合理分配了双方的风险，并公平保障了双方的权益，是一个经过深思熟虑的双方利益保障机制。

三、对赌协议的效力认定

关于对赌协议在我国现行法律制度下的合法性问题，长期以来争议不断。鉴于对赌协议的主体及承担补偿义务的方式均可能影响对赌协议的效力认定，下文将区别不同情形进行分析。

（一）原股东承担股权回购及现金补偿义务的情形

对赌协议中经常出现该类型条款：若融资企业未在约定时间内上市，或未达到约定的业绩指标，则原股东需要回购投资者持有的融资企业的全部或部分股权，或者给予投资人一定数额的现金补偿。由于投资者与原股东对赌时各方处置自身财产的行为不涉及公司资产，不会影响目标公司、其他股东及债权人利益，且已被最高人民法院在司法裁判中认定为有效，因此理论和实践中已基本达成一致，对其有效性认定不存在争议。

（二）目标公司承担股权回购义务的情形

为保护公司独立财产，维护公司注册资本，我国《公司法》对股权回购行为作出了严格限制。当对赌协议约定目标公司承担股权回购义务时，该对赌协议是否有效，要看股权回购是否属于《公司法》第74、142条规定的允许回购情形。

首先，对于股份有限公司而言，《公司法》原则上禁止股份回购，但有六种例外的情形（《公司法》第142条），其中包括通过"减少公司注册资本"的方式进行股份回购的情形（《公司法》第142条第1款第1项），但要经过股东大会的决议（同条第2款）。同时，《公司法》177条对减资程序进行了规定，包括"编制资产负债表及财产清单""自作出减少注册资本决议之日起十日内通知债权人，并于三十日内在报纸上公告""债权人自接到通知书之日起三十日内，未接到通知书的自公告之日起四十五日内，有权要求公司清偿债务或者提供相应的担保"。可见，通过减资程序的股份回购，公司的注册资本和股东出资保持一致;同时,通过设定对债权人的通知和公告程序,保护了债权人的利益。因此,股份有限公司通过减资方式进行股份回购并不存在法律障碍。

其次,对于有限责任公司而言,《公司法》列举了三种股权回购情形(《公司法》第74条)。有观点认为,受限于该条的封闭式规定,私募股权交易文件中约定有限责任公司回购的内容应视为违背强行法而无效(罗文峰、李明致,195页)。但从条文表述上看,《公司法》第74条仅规定了股东对公司重大事项的异议回购请求权,并未明确禁止股权回购的其他情形存在。基于有限责任公司的人合性特征,以及公司治理的现实需要,有限责任公司在回购自己股权方面理应较股份有限公司享有更大的自由(刘小勇,79页)。因此,有限责任公司亦可通过减少注册资本的方式回购股权。总之,无论股份有限公司还是有限责任公司,均可通过合法的减资程序进行股权回购。此时,不能以该类股权回购违反了《公司法》规定为由,认定"回购对赌"条款无效。

(三) 目标公司承担现金补偿义务的情形

通过对赌协议取得公司股权的投资人作为公司的现有股东,不能滥用股东权利损害公司或者其他股东的利益(《公司法》第20条第1款)。目标公司向对赌协议的投资人约定承担现金补偿义务,属于公司财产向股东的单向流动。在司法实务中,此类对赌协议被法院判决无效的理由通常为,该协议违反了《公司法》第20条第1款规定。[①] 法院认定对赌协议无效的理由分为两种:一是协议使得投资者取得了相对固定的收益,脱离了公司的实际经营业绩;二是协议减损了公司资本,不当减少了公司资产。然而,这两种理由都存在如下问题。

---

① 参见"厦门金泰九鼎股权投资合伙企业与骆鸿、江西旭阳雷迪高科技股份有限公司公司增资纠纷案",厦门市中级人民法院民事判决书,(2014)厦民初字第137号;"浙江实地东辰股权投资合伙企业与罗丽娜、杭州开鼎企业管理有限公司等新增资本认购纠纷、买卖合同纠纷案",杭州市中级人民法院民事判决书,(2015)浙杭商终字第1276号;"合肥高特佳创业投资有限责任公司与深圳市龙日投资控股有限公司、黄日光、深圳市龙日园艺景观有限公司合同纠纷案",深圳市南山区人民法院民事判决书,(2015)深南法民二初字第159号等。

首先,现金补偿是目标公司对于投资人估值溢价款的补偿,属于交易对价的一部分,而非一种"固定收益"。投资方以高溢价的形式进行投资,获得远低于其实际投资额的股权份额,在业绩目标未实现时,即目标公司价值低于投资时的估值,业绩补偿系针对投资交易对价的调整,不存在使投资者获得相对固定的收益而脱离公司实际经营业绩的问题。

其次,认为对赌协议会损害公司资本因而违反了资本维持原则的观点,混淆了"资本"与"资产"的概念(赵宇,135页)。资产(现金+固定资产等)=所有者权益(股本+资本公积+盈余公积+未分配利润)+负债(长期负债+流动负债)。公司向股东进行现金补偿,使得公司资产减少,未必损害公司股本(例如可以从未分配利润中取得)。另外,资本维持原则规制的是公司资本不当外流,而非禁止一切资本减少的行为,合法履行的对赌协议未与资本维持原则相抵触。

(四)目标公司为原股东的股权回购(或现金补偿)承担连带责任的情形

实践中,还存在目标公司为对赌协议中公司原股东的回购义务、现金补偿义务提供担保的情形。对于该种合同的效力问题,不仅需要判断是否违反公司的资本维持原则,还需要结合公司对外担保的效力规定进行综合判断。对于目标公司为对赌协议中的公司股东提供担保的效力问题,与一般的公司对外担保情形无异,应适用《公司法》第16条规定,只要满足公司对外担保的法定要求,该担保即对目标公司发生效力。

综上,目标公司介入的对赌协议的效力认定应符合《公司法》关于资本维持原则和债权人保护的要求,同时,对赌协议作为一个合同,其效力判断应当遵守《合同法》①的基本规则,满足合同生效要件。

四、《九民纪要》前司法裁判立场的变化——合同效力的认定逐渐宽松

关于对赌协议效力的司法认定,在《九民纪要》发布前有三个重要的典

---

① 《民法典》出台后,原《合同法》相关规定已被《民法典》吸收,为了与本案的裁判时间保持一致,笔者根据《合同法》规定进行说明。在研究必要的范围内,将《合同法》规定与《民法典》的规定进行对应说明。

型案例值得关注,即"苏州工业园区海富投资有限公司与甘肃世恒有色资源再利用有限公司增资纠纷案"(以下简称"海富案")、"强静延与曹务波、山东瀚霖生物技术有限公司股权转让纠纷案"(以下简称"瀚霖案")和"江苏华工创业投资有限公司与扬州锻压机床股份有限公司、潘云虎等请求公司收购股份纠纷案"(以下简称"扬锻案")。在立法未发生实质性变化、案情涉及的争议点基本相似的情况下,上述各案的裁判结果却出现了明显的差异。以下通过对三起典型案例的比较,解析对赌协议效力背后的裁判逻辑和裁判理念的异同。

(一)"海富案"的审慎立场

苏州工业园区海富投资有限公司(以下简称海富公司,投资人)与甘肃世恒有色资源再利用有限公司(以下简称世恒公司,目标公司)、香港迪亚有限公司(以下简称迪亚公司,目标公司股东)共同签订了《增资协议书》,约定由海富公司以人民币2 000万元对世恒公司进行增资,占世恒公司增资后总注册资本的3.85%,迪亚公司占96.15%。《增资协议书》对财务业绩约定了对赌条款,即世恒公司2008年净利润不低于人民币3 000万元。若世恒公司达不成上述指标,海富公司有权要求世恒公司予以现金补偿,若世恒公司未能履行补偿义务,海富公司有权要求迪亚公司进行现金补偿。后因世恒公司未能完成业绩指标涉诉。

最高人民法院再审后认为,《增资协议书》中关于现金补偿的约定,使得海富公司的投资可以取得相对固定的收益,该收益脱离了世恒公司的经营业绩,损害了公司利益和公司债权人利益,该部分条款因违反《公司法》第20条和《中外合资经营企业法》第8条的规定而无效。但是,在《增资协议书》中,原股东迪亚公司对于投资人海富公司的补偿承诺并不损害公司及公司债权人的利益,不违反法律法规的禁止性规定,是当事人的真实意思表示,是有效的。[①]

该案素有"对赌协议第一案"之称,一度确立了业内"与公司对赌无效,与股东对赌有效"的裁判规则。

---

① 参见最高人民法院民事判决书,(2012)民提字第11号。

(二)"瀚霖案"的灵活判断

强静延等人(投资人)与山东瀚霖生物技术有限公司(以下简称瀚霖公司,目标公司)、曹务波(目标公司股东)签署《增资协议书》,强静延向瀚霖公司增资 3 000 万元,其中 400 万元作为瀚霖公司的新增注册资本,其余 2 600 万元作为瀚霖公司的资本公积金,强静延持有瀚霖公司 0.86% 的股权。同时约定:如果目标公司未能在 2013 年 6 月 30 日前完成合格 IPO,强静延有权要求曹务波以现金方式购回强静延所持的目标公司股权,回购价格为强静延实际投资额再加上每年 8% 的内部收益率溢价;瀚霖公司为曹务波的回购提供连带责任担保。

最高人民法院再审后认为,案涉协议约定由瀚霖公司为曹务波的回购提供连带责任担保的担保条款合法有效,瀚霖公司应当依法承担担保责任,理由如下:强静延已对瀚霖公司提供担保经过股东会决议尽到审慎注意和形式审查义务;强静延投资全部用于公司经营发展,瀚霖公司全体股东因此受益。瀚霖公司提供担保有利于自身经营发展需要,并不损害公司及公司中小股东权益,应当认定案涉担保条款合法有效,瀚霖公司应当对曹务波支付股权转让款及违约金承担连带清偿责任。①

在该案中,目标公司瀚霖公司并未直接参与对赌,而是以担保人身份为股东曹务波的回购义务承担连带担保责任。最高人民法院的裁判则侧重于对公司为股东提供担保的程序和效力进行论证,并未正面论述投资与固定收益之间的关系。"瀚霖案"肯定了目标公司为股东所签署对赌协议项下义务提供担保的效力,为"与公司对赌无效"的僵化认识赋予了新的生命力,对于灵活理解对赌协议及相关担保的效力问题具有重要意义。

(三)"扬锻案"的探索突破

江苏华工创业投资有限公司(以下简称华工公司,投资人)与扬州锻压机床股份有限公司(以下简称扬锻公司,目标公司)及潘云虎等人(目标公司股东)签订《增资扩股协议》,华工公司向扬锻公司投资 2 200 万元。同日,各方签订《补充协议》,并约定:若扬锻公司在 2014 年 12 月 31 日前未能在

---

① 参见最高人民法院民事判决书,(2016)最高法民再 128 号。

境内资本市场上市,则华工公司有权要求扬锻公司回购其所持有的全部扬锻公司的股份,扬锻公司应以现金形式收购;潘云虎等人与扬锻公司承担连带责任。后扬锻公司未能在 2014 年 12 月 31 日前在境内资本市场完成上市,华工公司要求扬锻公司以现金形式回购华工公司持有的全部公司股份,双方涉讼。

江苏省高级人民法院再审后认为,扬锻公司及全部股东对股权回购应当履行的法律程序及法律后果是清楚的,即扬锻公司及全部股东在约定的股权回购条款激活后,该公司应当履行法定程序办理工商变更登记,该公司全体股东负有履行过程中的协助义务及履行结果上的保证责任。"我国《公司法》并不禁止有限责任公司回购本公司股份,有限责任公司回购本公司股份不当然违反我国《公司法》的强制性规定。有限责任公司在履行法定程序后回购本公司股份,亦不会损害公司股东及债权人利益,亦不会构成对公司资本维持原则的违反。"[1]

该案的一审与二审判决严格遵守"海富案"确立的"与公司对赌无效"的裁判规则,而江苏省高级人民法院再审改判对赌协议有效,成为首例完全肯定对赌协议效力,并将其转化为对赌协议履行的司法判决(赵旭东,93 页)。再审判决书中有两点值得关注:一是强调商事领域内意思自治的基本原则,认为对赌回购安排是当事人特别设立的保护投资人利益的条款,属于缔约过程中当事人对投资合作商业风险的安排,系各方当事人的真实意思表示;二是公司回购股权不当然违反强制性法律规定,认定目标公司具备通过法定减资程序完成回购的条件,可通过减资方式支付回购款项。[2]

(四) 对赌协议合同效力认定的总体趋势

前述典型案例涵盖了原股东承担股权回购、现金补偿义务的情形,以及目标公司承担股权回购、现金补偿义务或为原股东承担连带责任的情形。从裁判结果来看,在投资人与公司原股东之间,不论是业绩补偿承诺还是回购责任承担均被认定为有效。而对于目标公司参与对赌的协议效力认定,

---

[1]　参见江苏省高级人民法院民事判决书,(2019)苏民再 62 号。
[2]　参见江苏省高级人民法院民事判决书,(2019)苏民再 62 号。

三案的裁判结果各不相同。

首先,在"海富案"(目标公司补偿无效)中,海富公司的投资可以取得相对固定的收益,该收益脱离了世恒公司的经营业绩,损害了公司利益和公司债权人利益,因此该约定无效。其次,在"瀚霖案"(目标公司担保有效)中,瀚霖公司提供担保有利于自身经营发展需要,并不损害公司及公司中小股东权益,应当认定案涉担保条款合法有效。再次,在"扬锻案"(目标公司回购有效)中,案涉对赌协议关于股份回购的条款内容,是当事人特别设立的保护投资人利益的条款,属于缔约过程中当事人对投资合作商业风险的安排,系各方当事人的真实意思表示。

三个案例的异同见图1(法务部观察 * 尾注12)。

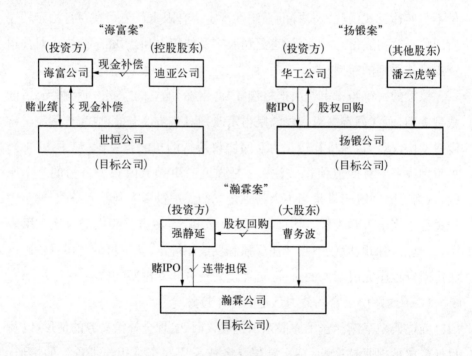

图 1   案例对比

这里值得注意的是,三案在裁判思路上的差异并非简单基于目标公司参与对赌协议的方式和内容,更重要的是审查合同效力的侧重点不同。首先,"海富案"侧重于从《公司法》范畴内考量对公司及债权人利益的保护,而

"瀚霖案"和"扬锻案"则回归到《合同法》关于合同效力的问题上进行综合判定。其次，从"海富案"到"瀚霖案"，再到"扬锻案"，关于对赌协议效力认定的裁判尺度逐渐放开，并回归到合同法层面判定合同的效力，这不仅符合当前投资领域的客观实际情况，也符合契约自由、鼓励交易的价值取向，是司法审判的一大进步。再次，关于对赌协议的效力及履行问题，应当从实质出发，考量协议对于对赌条件设置的公平性，以及对赌失败责任承担后对于公司债权人合法利益的保护。

至此，与目标公司对赌协议效力，从最初"一刀切"式的否定，到不同情形下的逐步承认，直至《九民纪要》规定其原则有效的"尘埃落定"。关于"对赌协议效力"长期以来的纷争终于落下帷幕，随之开启的是考察"对赌协议履行"的新阶段。

五、《九民纪要》后的裁判思路——区分合同效力与合同履行

在司法判例的基础之上，最高人民法院出台《九民纪要》，首次以司法文件的形式对投资领域内的对赌纠纷加以关注。依据《九民纪要》确立的裁判思路，首先，从《合同法》角度认定对赌协议的效力，若不存在原《合同法》第52条规定的无效事由，协议合法有效；[①]其次，从《公司法》角度审视对赌协议的履行条件，即目标公司对投资方的补偿应遵循资本维持和债权人保护等基本原则。

对于本案的裁定，最高人民法院也完全遵循了《九民纪要》的思路，认为"公司股权是否可以回购应当分两方面进行审理：一是《补充协议》的效力问题；二是基于合同有效前提下的履行问题"。关于协议效力问题，"原判决并未说明《补充协议》存在符合合同无效的法定情形，合同本身应当认定为有效"；关于协议履行可能性问题，"还需围绕运货柜公司是否完成减资程序进行审查……鉴于甄投中心并未主张运货柜公司已完成减资程序，也未提

---

　　① 《九民纪要》第5条规定："投资方与目标公司订立的'对赌协议'在不存在法定无效事由的情况下，目标公司仅以存在股权回购或者金钱补偿约定为由，主张'对赌协议'无效的，人民法院不予支持。"

交有关减资的证据",裁定驳回再审申请。① 本案作为最高人民法院审理的对赌纠纷典型案例,对于《九民纪要》确立的裁判思路在同类案件审理中的运用提供了重要参考,但同时也暴露出协议履行困难的新问题。

（一）《九民纪要》中"与目标公司对赌"的履行条件

虽然"与目标公司对赌"的协议效力被认定为有效,但并非意味投资方的诉讼请求必然会得到支持,因为协议效力与协议履行是两个不同层面的概念。《九民纪要》对此的表述为:"投资方主张实际履行的,人民法院应当审查是否符合《公司法》关于'股东不得抽逃出资'及股份回购的强制性规定,判决是否支持其诉讼请求"。因此,投资方诉讼请求能否获得支持取决于是否具备履行条件。

关于对赌协议是否具备履行条件问题,《九民纪要》第5条从股权回购和现金补偿两个角度加以区分:"投资方请求目标公司回购股权的,人民法院应当依据《公司法》第35条关于'股东不得抽逃出资'或者第142条关于股份回购的强制性规定进行审查。经审查,目标公司未完成减资程序的,人民法院应当驳回其诉讼请求。投资方请求目标公司承担金钱补偿义务的,人民法院应当依据《公司法》第35条关于'股东不得抽逃出资'和第166条关于利润分配的强制性规定进行审查。经审查,目标公司没有利润或者虽有利润但不足以补偿投资方的,人民法院应当驳回或者部分支持其诉讼请求。今后目标公司有利润时,投资方还可以依据该事实另行提起诉讼。"

可见,《九民纪要》以合同履行需符合股权回购规则（《公司法》第142条）、股东不得抽逃出资（《公司法》第35条）,以及盈余分配（《公司法》第166条）规则为前提,明确了投资方要求目标公司履行股权回购或现金补偿义务时法院的审查标准。具体而言,针对股权回购型对赌,公司"完成减资程序"为对赌协议履行的必要前提,只要目标公司尚未完成减资程序,投资方相关诉讼请求就会被驳回,本案裁定即是如此。针对金钱补偿型对赌,目标公司承担补偿义务的财产限定于未分配利润范围,即弥补亏损和提取公积金后所余税后利润。

---

① 最高人民法院民事裁定书,（2020）最高法民申1191号。

（二）对赌协议的履行困境及本案裁判的局限性

《九民纪要》区分对赌协议的效力与履行。法院审理案件时,只要合同不具备法定无效事由,应重点考量投资人要求公司现金补偿或股权回购的诉请是否给予支持。此时,需要判断"是否具备履行条件"。

投资方请求目标公司回购股权的,《九民纪要》规定目标公司必须"完成减资程序"。从表述上看,减资程序是请求回购的前提条件。有学者指出,此种规定似乎错置了回购与减资之间的先后顺序和因果关系(刘燕,145页)。《公司法》规定,公司减资属于股东会的特别决议事项,对于有限责任公司必须经代表 2/3 以上表决权的股东通过;对于股份有限公司必须经出席会议的股东所持表决权的 2/3 以上通过(《公司法》第 43、103 条)。实践中,投资方仅持有公司少量股权,当对赌条件成就时,其他股东往往不会配合减资决议的通过,因目标公司无法完成减资程序,使投资方陷入对赌协议有效却完全不能履行的尴尬境地。

本案中,投资方主张对赌协议中的回购条款通过正当的减资程序可以履行,履行协议不构成对公司和债权人利益的损害,具有法律和事实上履行可能性,但最高人民法院对此并未进一步审查,而认为协议能否履行需要考虑"股权回购是否经过三分之二以上有表决权的股东通过、目标公司是否已完成减资程序、债权人是否同意等事项",并以目标公司未实际完成减资程序为由,直接驳回投资方的诉讼请求。[①] 相比之下,《九民纪要》出台前的"扬锻案",江苏省高级人民法院在分析公司资产状况及履行能力之后,判决公司支付回购款项并完成相应减资程序,更兼顾契约自由精神和债权人利益保护的平衡。

对于公司减资与债权人利益保护的关系问题,《〈九民纪要〉理解与适用》提到,"之所以要求目标公司必须履行先减资的程序,实质是正确处理公司股东与公司债权人之间的关系……在公司债权人的利益得到保护之后,作为公司股东的投资方请求目标公司回购其股份的请求才具有正当性"(最高人民法院民事审判第二庭,117 页)。《九民纪要》第 5 条旨在为债权人利

---

① 最高人民法院民事裁定书,(2020)最高法民申 1191 号。

益保护设定底线规则的做法值得肯定,但同时也有学者提出了不同的观点:一是认为,对赌裁判不应以资本维持原则为屏障,保护抽象的债权人,而应从公司实然债权人入手,判断对赌协议是否以及何时会对债权人造成现实损害(山茂峰,174—175页)。二是认为,对于对赌协议签订前的既有债权而言,因新投资注入而使得目标公司持续经营能力及未来偿债能力大有提高,债权人权利不会因对赌协议的订立和履行而减损,但对于对赌协议签订后新形成的债权,因对赌协议的特殊安排,会产生投资人名义股东地位和实际准债权人身份的冲突,进而造成协议项下投资形成的注册资本外观与目标公司实际偿债资金的脱节,确有弱化公司偿付能力、损害债权人利益之虞。未来可通过立法,规定公司应披露和公示对赌协议及投资数额,让相对人或债权人充分知悉和了解,防止可能发生的对公司注册资本外观和资本信用产生的误解(赵旭东,101—102页)。三是认为,减资程序中的债权人保护程序不涉及公司内部自治事项,投资方可以诉请法院强制执行(贺剑,165页)。

　　笔者认为,虽然公司法规定减资决议必须经股东会的特别决议通过方可履行,但对赌协议中的股权回购具有特殊性,应结合对赌协议的功能及其可能为公司带来的长远发展利益,以及对不同的债权人的利益保护的差异进行综合考量,不宜在适用法律时"一刀切"。此外,在减资程序中应贯彻公示主义原则。

参考文献

　　1. 张群辉:《对赌协议的规范分析与适法路径》,《金融发展研究》2019年第7期。

　　2. 彭冰:《"对赌协议"第一案分析》,《北京仲裁》2012年第3期。

　　3. 刘迎霜:《私募股权基金投资中对赌协议的法律解析》,《对外经济贸易大学学报》2015年第1期。

　　4. 赵旭东:《第三种投资:对赌协议的立法回应与制度创新》,《东方法学》2022年第4期。

　　5. 罗文峰、李明致:《私募股权投资中对赌协议的法律效力》,《江西社会科学》2014年第10期。

　　6. 刘小勇:《论有限责任公司股权的回购》,《北方法学》2011年第6期。

　　7. 赵宇:《对赌协议效力的司法裁判理由及批判》,《财会月刊》2019年第11期。

　　8. 贺剑:《对赌协议何以履行不能?——一个公司法与民法的交叉研究》,《法学家》

2021 年第 1 期。

9. 刘燕：《"对赌协议"的裁判路径及政策选择——基于 PE /VC 与公司对赌场景的分析》，《法学研究》2020 年第 2 期。

10. 最高人民法院民事审判第二庭：《〈全国法院民商事审判工作会议纪要〉理解与适用》，人民法院出版社 2019 年版。

11. 山茂峰：《论公司对赌义务履行的绝对性——以反思"九民纪要"第 5 条为线索》，《财经法学》2022 年第 3 期。

12. 法务部观察："以世恒、瀚霖、扬锻三案为蓝本，解析对赌协议效力的裁判逻辑"，https://mp.weixin.qq.com/s/IlslPQGgCaoP0F_Q－－it6Q，最后访问日期：2022 年 8 月24 日。

作者：上海交通大学凯原法学院副教授　崔香梅
上海交通大学凯原法学院硕士研究生　张　琪

案例 4   股东认缴出资可否加速到期

——上海慧想办公用品有限公司与上海创齐智能科技有限公司、傅敏等其他执行异议之诉案

上海市第三中级人民法院(2018)沪 03 民初 10 号民事判决

上海市高级人民法院(2019)沪民终 112 号民事判决

【事实概要】

2013 年 12 月 20 日,上海创齐智能科技有限公司(以下简称创齐公司)成立时注册资金为 25 万元,当时 5 位股东均出资到位。2014 年 7 月 16 日,程玉刚受让 5 位股东股权,同年 7 月 22 日该公司通过股东会决议决定增资至 100 万元,并吸收傅敏、刘卫为新股东,程、傅、刘 3 人出资比例为 35％、50％、15％,章程规定的实缴时间为 2024 年 7 月 23 日。2016 年 7 月 11 日,该公司作出股东会决议,减资至 48 万元(已实缴),并于同年 7 月 14 日在《青年报》刊载了减资公告。

一审过程中,创齐公司递交由中磊会计师事务所有限责任公司上海分所出具的审计报告,载明至 2018 年 5 月 31 日,创齐公司注册资金 48 万元已到位,现负债 33.1 万余元,利润总额—18.9 万余元。

2016 年,上海慧想办公用品有限公司(以下简称慧想公司)以创齐公司、车传照(执行案件案外人)为被告,起诉其侵害自身的实用新型专利权。上海知识产权法院于 2016 年 5 月 12 日受理,并于 2017 年 8 月 21 日作出(2016)沪 73 民初 362 号民事判决,判令创齐公司和车传照停止侵权,创齐公司于判决生效之日起 10 日内赔偿慧想公司经济损失 20 万元以及合理费用 2 万元。

因创齐公司没有履行生效判决，慧想公司申请追加创齐公司股东傅敏、刘卫、程玉刚为被执行人，后来(2018)沪 03 执异 4 号裁定书驳回该追加申请。慧想公司据此向上海市第三中级人民法院提起诉讼。

【裁判要旨】

本案的争议焦点为：是否应当追加创齐公司的三位股东为被执行人。

一审裁判

上海市第三中级人民法院认为，创齐公司在减资过程中对债务人未尽通知义务，故创齐公司从 100 万元减资至 48 万元，对慧想公司不发生效力。但创齐公司章程规定该 100 万元的出资期限是 2024 年 7 月 23 日，3 位股东可在该期限内完成出资义务。现该出资期限仍未届满，不存在股东违反章程规定未缴足出资的情况，与追加股东为被执行人的法定事由不符，故判决驳回慧想公司的诉讼请求。

二审裁判

上海市高级人民法院认为，"本案属执行当事人适格与否的纠纷。慧想公司申请追加被执行人的实质理由是：创齐公司违法减资，注册资金应恢复至 100 万元，现部分注册资金仍未缴足。……据此主张法院应追加三股东为被执行人。对于该上诉理由本院分析如下。

第一，创齐公司的减资未对慧想公司发生效力。……本案中创齐公司于 2016 年 7 月 11 日作出减资决议……创齐公司未点对点通知对方……应视为没有履行对特定债权人的通知义务，该减资行为对慧想公司不发生效力。因此对慧想公司而言，创齐公司注册资金仍为 100 万元，出资期限为 2024 年 7 月 23 日。

第二，公司未清偿到期债务一般不导致股东出资义务加速到期，除非存在《最高人民法院关于适用〈中华人民共和国公司法〉若干问题的规定(二)》第二十二条、《中华人民共和国企业破产法》第三十五条等规定的法定情形。《变更追加规定》第十七条①关于被执行人为企业法人，法院'追加未缴纳或未足额缴纳出资的股东为被执行人'的规定，是指向'未按章程规定的期限足额缴纳出资的股东'。本案中创齐公司就 100 万元的出资期限是 2024 年 7 月 23 日，三股东不存在没有按章程履行出资义务的情况，没有适用该条款的余地。

至于《公司法》第三条规定的是股东以其出资额为限对公司承担责任，权利主体是公司，不是公司的债权人，亦不能成为追加三股东为被执行人的理由。

同时本案涉及的是能否追加股东为被执行人，针对的是法院在执行过程中实施的执行行为，并非确定实体法上的责任，《公司法解释三》第十三条第二款无论从内容规定还是适用范围上，都不是本案追加被执行人的直接法律依据。

又因本案系执行人当事人适格与否的纠纷，考虑到原先注册资本的出资期限还未届满，无追加被执行人的余地……

综上，三中院认定事实与法律适用均无错误，该院判决驳回慧想公司追加三股东为被执行人的诉请，于法不悖。依据《中华人民共和国民事诉讼法》第一百七十条第一款第一项的规定，判决如下：驳回上诉，维持原判。"

【解　析】

一、本判决的意义

现行《公司法》并未对认缴制下股东出资可否加速到期问题作出具体规定，程序法亦未形成执行方面的配套制度。本案的案由虽为执行异议之诉，

---

① 《变更追加规定》（2016 年）第 17 条规定："作为被执行人的企业法人，财产不足以清偿生效法律文书确定的债务，申请执行人申请变更、追加未缴纳或未足额缴纳出资的股东、出资人或依公司法规定对该出资承担连带责任的发起人为被执行人，在尚未缴纳出资的范围内依法承担责任的，人民法院应予支持。"2020 年 12 月 19 日，最高人民法院发布《变更追加规定》（2020 年修正），将"企业法人"修改为"营利法人"。

但争议焦点问题仍然在于实体法上的股东出资义务能否加速到期。一方面,本案反映了股东出资加速到期问题是一个实体法和程序法均面临的难题;另一方面,上海市高级人民法院对于本案股东出资加速到期的几种请求权基础进行了说理,其裁判思路值得借鉴与思考。

本案的裁判观点也代表了司法实践中"非破产与解散情形下股东出资义务不能加速到期"的主流观点,与其后《九民纪要》确定的"股东享有期限利益"一致。①

二、股东出资应否加速到期的争议

2013年《公司法》修订后实行全面认缴制,在最低注册资本数额、缴纳期限规则、出资方式等方面实现了资本制度上的宽松化。但是,相关的配套制度并未完善,导致实践中损害债权人利益的情况时有发生。当股东的出资期限尚未到期时,是否以及在何种情形下可令股东的出资义务加速到期,以实现对公司债权人的保护,是需要进一步探讨的问题。在法无明文规定的情况下,理论界和实务界对此展开了激烈讨论,主要观点有三种:肯定说、否定说以及折中说。

肯定说认为,非破产情形下股东出资可以加速到期。肯定说的主要论证进路有四种:一是以《公司法司法解释(三)》第13条第2款②为基础,对"未履行或者未全面履行出资义务"进行扩张解释,包括尚未到期的出资义务。③ 二是以《公司法》第3条④为基础,认为当公司的财产不足以清偿到期

---

① 但《九民纪要》有两种例外情形的突破,后文中将会讨论。

② 《公司法司法解释(三)》(2014年)第13条第2款规定:"公司债权人请求未履行或者未全面履行出资义务的股东在未出资本息范围内对公司债务不能清偿的部分承担补充赔偿责任的,人民法院应予支持;未履行或者未全面履行出资义务的股东已经承担上述责任,其他债权人提出相同请求的,人民法院不予支持。"

③ 司法实践中,采用此观点说理的相关案例可参见"荣成市华达钢材有限公司与陕西有色建设有限公司、威海有色科技园开发建设有限公司等买卖合同纠纷案",最高人民法院民事裁定书,(2016)最高法申2526号;"湖北凯蒂珂广告装饰有限公司、黄爱民民间借贷纠纷案",湖北省高级人民法院民事裁定书,(2017)鄂民申2997号。

④ 《公司法》第3条第2款规定:"有限责任公司的股东以其认缴的出资额为限对公司承担责任;股份有限公司的股东以其认购的股份为限对公司承担责任。"

债务时,加速到期股东尚未届至的出资义务,并不违背股东以其认缴的出资额为限对公司承担责任的规定。[①] 三是以"公司内部约定无对外效力"为基础,认为公司章程有关股东出资期限的约定属于公司股东之间的内部约定,不能对抗外部第三人。[②] 四是以"债权人代位权制度"为基础,认为股东没有履行出资义务,公司可以要求股东承担相应的法律责任。若公司没有向股东要求履行出资义务,此时债权人可按照债权人代位权制度向法院提起诉讼,直接要求未履行出资义务的股东承担相应的法律责任(周珺,96 页)。

否定说认为,在未破产、未解散的情况下,股东出资不可以加速到期。否定说的主要论证进路也有四种:一是非破产及解散情形下加速到期的适用缺乏法律依据,对《公司法司法解释(三)》第 13 条第 2 款不宜作扩张解释。[③] 二是出资期限已记载于公司章程中且对外公示,可认定债权人知情,应自行承担商业风险。[④] 三是在公司无法清偿到期债务的情况下,公司已濒临破产,若赋予个别债权人请求股东出资加速到期的权利,将损害公司其他债权人的利益。[⑤] 四是在公司股东出资期限未满时,股东未出资的行为

[①] 司法实践中,采用此观点说理的相关案例可参见"江苏东恒律师事务所与罗国财、南京贝荣投资有限公司等合同纠纷案",江苏省南京市中级人民法院民事判决书,(2016)苏01 民终 7556 号;"上海香通国际贸易有限公司与上海昊跃投资管理有限公司、徐青松等股权转让纠纷案",上海市普陀区人民法院民事判决书,(2014)普民二(商)初字第 5182 号。

[②] 司法实践中,采用此观点说理的相关案例可参见"北京高氏投资有限公司与人李雪峰、辽宁金百瑞现代农业发展有限公司、张国军买卖合同纠纷案",辽宁省锦州市中级人民法院民事判决书,(2016)辽 07 民终 2056 号;"杭州鼎宇装饰工程有限公司与杭州超级马竞科技有限公司、徐秀英等装饰装修合同纠纷案",浙江省杭州市上城区人民法院民事判决书,(2016)浙 0102 民初 1545 号。

[③] 司法实践中,采用此观点说理的相关案例可参见"李炯与中青汇力资产管理(北京)有限公司等申请执行人执行异议之诉案",北京市第一中级人民法院民事判决书,(2018)京01 民初 71 号;"佛山市物业资产经营有限公司、邱德文股东损害公司债权人利益责任纠纷案",广东省广州市中级人民法院民事判决书,(2018)粤 01 民终 20207 号。

[④] 司法实践中,采用此观点说理的相关案例可参见"姜国超与杨长钟申请执行人执行异议之诉案",北京市第一中级人民法院民事判决书,(2017)京 01 民初 253 号;"欧阳争光与湖南天禧建筑工程有限公司、谭谷良、易文广民间借贷纠纷案",湖南省湘潭市中级人民法院民事判决书,(2017)湘 03 民终 757 号。

[⑤] 司法实践中,采用此观点说理的相关案例可参见"贵州靖沣建筑工程有限公司、彭再能案外人执行异议之诉案",贵州省高级人民法院民事判决书,(2019)黔民终 804 号;"洪峰、四川惠昌建设有限公司股东损害公司债权人利益责任纠纷案",四川省成都市中级人民法院民事判决书,(2017)川 01 民终 11290 号。

符合公司章程规定,即股东并未出现违约情形,此时债权人代位权的构成要件并未满足,因此债权人无法行使代位权(冯果、南玉梅,33页)。

折中说认为,股东的出资责任是否加速到期视情况而定。折中说的具体主张如下:一是"经营困难说"认为,在公司严重资不抵债,缺乏清偿能力时,从股东出资协议的对内性和对交易安全及债权人利益保护的角度出发,应允许债权人请求股东在未出资本息范围内承担补足责任,不必等到公司解散或出资期限届至时(王士鹏 * 尾注12)。二是"债权人区分说"认为,应将公司债权人区分为自愿债权人和非自愿债权人,后者有权直接要求股东承担补充赔偿责任(岳卫峰,47页)。

在长期的司法实践中,对于股东出资期限尚未届满的认缴出资是否可以加速到期,各地法院判决不一,造成了法的不确定性,也损害了当事人的交易预期。无论是肯定说、否定说还是折中说,均有其侧重的解释论证思路。在法无明文规定的情况下,该问题涉及价值判断问题,即应当优先保护股东的期限利益还是债权人的利益。本案中,上海市高级人民法院的裁判思路倾向于优先保护股东的期限利益,通过逐一分析可适用的法律条文,得出不支持出资期限未届满的股东出资加速到期的结论,驳回慧想公司追加三股东为被执行人的诉请。本案裁判于《九民纪要》前,下文笔者将结合《九民纪要》的观点与《公司法(修订草案)》的相关内容,对该问题作进一步分析。

三、《九民纪要》明确了"保护股东期限利益"为原则

《九民纪要》第6条中明确了在注册资本认缴制下股东依法享有期限利益,但同时又规定了两种例外情形。①《九民纪要》的发布对于统一司法裁判思路具有指引作用。

---

① 《九民纪要》第6条规定:"在注册资本认缴制下,股东依法享有期限利益。债权人以公司不能清偿到期债务为由,请求未届出资期限的股东在未出资范围内对公司不能清偿的债务承担补充赔偿责任的,人民法院不予支持。但是,下列情形除外:(1)公司作为被执行人的案件,人民法院穷尽执行措施无财产可供执行,已具备破产原因,但不申请破产的;(2)在公司债务产生后,公司股东(大)会决议或以其他方式延长股东出资期限的。"

根据《九民纪要》的规定,出资认缴制是现行《公司法》有关公司资本制度的基本规则,股东依法享有分期缴纳出资的期限利益。但在《九民纪要》及《〈九民纪要〉理解与适用》中,均未对股东期限利益的内涵以及保护股东期限利益的法理基础进行阐释。根据民法理论,期限利益指在期限到来之前,当事人享有的利益(山本敬三,272 页)。所谓期限,是指债务人履行义务的期限(朱广新,239 页)。债务人享有期限利益意味着:第一,约定履行期限的债务在期限届满前不得请求履行。理由在于,债务的履行期尚未届至,债权处于效力不齐备的状态,缺乏请求力。第二,债务人对债权人享有履行期尚未届满的抗辩(崔建远,129 页)。股东期限利益应同样具有这两方面的意义。

股东的出资义务从本质上而言属于契约之债,主要体现在股东之间的出资协议和公司章程中。根据股东之间的出资协议,股东可以根据合同约定的期限履行出资义务,股东与股东之间享有期限利益(梁上上,662 页)。根据《公司法》第 28 条规定,股东应当按期足额缴纳公司章程中规定的各自所认缴的出资额。在认缴制下,股东做出认缴的意思表示而成为出资关系中的债务人,公司则成为出资关系中的债权人,本质上也是一种债权债务关系。因此,股东对公司同样也存在期限利益,但无论是股东之间的期限利益,还是股东对公司的期限利益,基于合同的相对性,均属于相对利益关系和内部利益关系,仅能约束合同的相对人,从法理上而言,不能对外部第三人产生约束效力。

也有观点认为,股东的期限利益可以对抗公司债权人。理由主要是,股东认缴的金额以及认缴的期限均可通过企业信用信息系统查询,是一种公示信息。债权人明知公司的股东出资未届期而与公司进行交易,应受股东出资时间的约束,即负有尊重股东与公司约定的期限利益之消极义务。在公司股东的出资期限已公示的情况下,仅因公司偿债不能而褫夺公司股东的期限利益,欠缺正当事由(陆晓燕,59 页)。

本案中,上海市高级人民法院遵循严格的文义解释原则,反驳了上诉人慧想公司提出的"创齐公司的三位股东程玉刚、傅敏、刘卫虽未到出资期限,但性质应属暂缓缴纳,在公司不能清偿到期债务的情况下,债权人有权要求股东在未缴纳出资的范围内承担公司债务。故一审法院认定该三位股东出资期限未届满,就创齐公司债务不负连带清偿责任,该事实认定与法律适用均存在错误"的主张,体现了注册资本认缴制下保护股东期限利益的价值考量。

保护股东的期限利益,需要考量股东、公司、债权人三方开展经济活动时各方的交易预期、股东与债权人之间的利益冲突以及公司资产信用问题。《九民纪要》第6条在股东利益和债权人利益的价值衡量中,原则上优先保护股东期限利益。

《公司法》的"有限责任"的制度设计,规定股东以认缴的出资(或认购的股份)为限对公司承担责任;公司作为企业法人以其全部财产对债权人承担责任(《公司法》第3条)。"有限责任"将股东对公司的出资责任与公司法人对债权人承担的责任隔开,实际上是对作为出资人的股东的"特别优待"。然而,在认缴制下,如果股东认缴的出资额较多或认缴出资的期限过长,当公司现有资产不足以清偿债务时,会加大债权人的交易风险,造成股东和债权人之间权利义务的失衡。为此,理论界和实务界在法无明文规定的情况下,试图通过法律解释的方法论证"非破产情形下股东出资加速到期"具有合理性。

四、允许股东出资加速到期的例外情形:"执行不能"与"恶意延期"

《九民纪要》第6条在规定股东依法享有期限利益的原则之外,另行规定了两种例外情形。

一是"公司作为被执行人的案件,人民法院穷尽执行措施无财产可供执行,已具备破产原因,但不申请破产的"(以下简称执行不能)。最高人民法院认为,"在有生效判决,经公司债权人申请执行的情况下,如果穷尽执行措施公司还无财产可供执行,已具备破产原因,但不申请破产的,其结果与《破产法》第2条规定的公司资产不足以清偿全部债务或者明显缺乏清偿能力完全相同,故这种情形下比照《破产法》第35条的规定,股东未届期限的认缴出资,加速到期"(最高人民法院民事审判第二庭,124页)。

本案的裁判先于《九民纪要》发布前,故本案法院并未就相关例外情形展开讨论。如果分析该例外情形在本案中的适用可能性,会发现在具体操作上存在问题,即现有法律框架下,执行部门判断"已具备破产原因"存在制度衔接不畅问题。

一般当案件进入执行程序后,债权人要求追加出资期限尚未届至的股东为被执行人时,法院的执行部门是否有权对公司具备破产原因做出实质判断,在现行《民事诉讼法》以及执行规定的制度框架下并不明晰。根据《民诉解释》第 511—514 条,以及《最高人民法院关于执行案件移送破产审查若干问题的指导意见》(以下简称《执转破意见》)的规定,基于审执分离理论,在正常的"执行转破产"程序中,法院的执行部门无权就被执行人是否具备破产条件予以审查,而是应当裁定中止对该被执行人的执行,将案件相关材料移送有管辖权的法院,即被执行人所在地人民法院的破产审判部门,由其审查并决定是否受理破产案件。然而在"股东出资加速到期"的语境下,由于当事人不申请破产,"执行转破产"的各项程序规定无法直接适用,执行部门是否可以径直对公司具备破产原因与否予以审查,并根据审查结果决定是否执行股东期限尚未届至的出资并不明确。

具体到本案中,慧想公司向上海市第三中级人民法院申请强制执行,上海市第三中级人民法院执行部门穷尽执行措施,创齐公司仍无财产可供执行,此时上海市第三中级人民法院执行部门是否可以直接对创齐公司是否具备破产原因予以审查,并最终决定是否执行三位股东尚未届至的出资?从《民诉解释》以及《执转破意见》的规定来看,执行部门对被执行人是否具备破产原因的判断只能是一个初步判断,最终仍然需要由被执行人所在地法院的破产审判部门来决定。由于涉及企业破产的相关规则,《九民纪要》虽然作出了例外情形的规定,但与之相关的诉讼执行、破产程序方面的配套衔接制度仍是空白,有待立法机关与司法机关予以完善。

二是"在公司债务产生后,公司股东(大)会决议或以其他方式延长股东出资期限的"(以下简称恶意延期)。最高人民法院指出,"这种情形没有争议,理论基础是债权人的撤销权,即对于公司股东会延长股东出资的行为,实质就是公司放弃即将到期的对股东的债权,损害公司债权人利益,公司债权人有权请求撤销"(最高人民法院民事审判第二庭,125页)。这一例外情形实际上反映的是实践中普遍存在的一种现象:当公司预计或已经成为被告时,对公司享有控制权的股东或实际控制人通过召开股东会、延长即将到期的股东的出资期限,以逃避公司不能履行债务时股东被要求补足认缴出资的义务。

《九民纪要》发布后,司法实践中出现了参考该条规定做出的判决:在"甘肃大千世纪建筑装饰工程有限公司与苏玮、杨超执行异议之诉"二审中,青海省西宁市中级人民法院以"公司并非在人民法院生效法律文书确定债务后,才以股东会议或其他方式延长股东出资期限"为由,并未支持股东出资加速到期;①"江苏武进高新投资控股有限公司与昆山市鸿运通多层电路板有限公司、未来伙伴机器人(常州)有限公司等买卖合同纠纷"二审中,江苏省常州市中级人民法院以"股东在公司欠结巨额债务的情况下不仅未按约定的出资期限缴纳注册资本,还将注册资本认缴时间延迟"为由,判定支持股东出资加速到期。②

上述两起案件的裁判结果截然不同的原因在于,对"股东延长出资期限在主观上是否具有恶意"这一问题的判断不同。前者认为股东延长出资期限并无主观恶意,后者认为股东在公司欠结巨额债务情况下延长出资期限具有恶意。根据《民法典》第538条,债权人撤销权的适用情形之一明确要求"债务人恶意延长其到期债权的履行期限,影响债权人的债权实现"。虽然,《九民纪要》关于"恶意延期"的规定在文义上并未要求股东在主观上具有恶意,然而公司债务产生后,并非股东所有的延长出资期限的决议均意在规避履行债务、具有恶意,出于公司经营业务规模调整、股东资金周转一时困难等原因,也可能做出延长出资期限的决议,此种情形下撤销股东会决议涉嫌对公司自治的不当限制。因此,对该条款应作目的性限缩解释,要求股

---

① "甘肃大千世纪建筑装饰工程有限公司与苏玮、杨超执行异议之诉案",青海省西宁市中级人民法院民事判决书,(2020)青01民终2427号。

② "江苏武进高新投资控股有限公司与昆山市鸿运通多层电路板有限公司、未来伙伴机器人(常州)有限公司等买卖合同纠纷案",江苏省常州市中级人民法院民事判决书,(2020)苏04民终4237号。

东的主观状态应为恶意,即出于逃避债务、损害债权人利益的主观目的而延长出资期限。同时,通过推定、举证责任分配等规则减轻债权人证明股东恶意的难度。

五、《公司法(修订草案)》: 股东认缴出资可加速到期规定之思考

2021年12月20日,《公司法(修订草案)》提请十三届全国人大常委会第三十二次会议审议,并于2021年12月24日起开始向社会公众征求意见,其中,《公司法(修订草案)》第48条规定:"公司不能清偿到期债务,且明显缺乏清偿能力的,公司或者债权人有权要求已认缴出资但未届缴资期限的股东提前缴纳出资。"

《公司法(修订草案)》第48条作为新增条款,是非破产情形下股东认缴出资可以加速到期制度的首次确立。根据该条规定,可以请求股东认缴出资加速到期的主体有两个:一是公司;二是债权人。以往的讨论中,更多的是关于债权人请求股东出资应否加速到期的情形。对于公司请求的情形,其法理基础何在?

从比较法的经验来看,无论是大陆法系国家还是英美法系国家,只要允许股东分期缴纳资本,都会辅之以配套的公司出资催缴制度,"即在一定预设期限到达或遭逢特殊情形时,得由公司专业机构出马,向尚未完全履行出资义务的股东催收股款,而这样的专业机构通常为董事会"(王文宇,61页)。在全面认缴制下,我国立法在赋予股东出资弹性的同时,并没有赋予公司董事会相应的根据公司资金状况催缴出资的权限,然而股东出资弹性与公司资金运用弹性并不能画等号。从法理的角度看,认缴制的机理在于保障"股东自治",但"股东自治"并不必然意味着"公司自治"。公司作为法律拟制的独立主体,以自己的名义从事民事法律行为,承担独立的法律责任,具有独立于股东的法人人格(赵旭东,97页)。公司资本制度改革本应赋予公司配合自身业务经营需求而享有的筹资弹性,但在现行规则下,资金弹性的主导权并非归属于公司,而是掌握在出资股东手上。公司在经营过程中确有资金需求时,竟无明确的机制要求尚未履行出资义务的股东来缴纳股款。真正意义上的催缴制度,应为授予董事会根据公司的资金状况进行商业判断

的权力,赋予公司本身筹资弹性,实现融资上的"公司自治"(王文宇,61页)。笔者支持上述学者观点,在认缴制下建立适当的出资催缴制度,既是公司独立法人制度的内在需求,也是正确适用资本制度的体现。《公司法(修订草案)》新设该条规定,有助于解决因无明文规定导致的裁判不统一,保护公司和债权人的利益。

但是,《公司法(修订草案)》第 48 条在具体适用时,"公司明显缺乏清偿能力"这一表述,在司法实践中应如何认定尚不明确。适用该条文时,裁判者既需要在保护股东的期限利益与外部债权人利益之间寻求平衡,也需要考量单个债权人利益与全体债权人利益的平衡。如何在非破产情形下适用股东出资加速到期制度,同时又能保障所有债权人的利益,是制度适用的难点。

参考文献

1. 最高人民法院民事审判第二庭:《〈全国法院民商事审判工作会议纪要〉理解与适用》,人民法院出版社 2019 年版。

2. [日]山本敬三:《民法讲义(总则)》,解亘译,北京大学出版社 2012 年版。

3. 朱广新:《合同法总则》,中国人民大学出版社 2008 年版。

4. 崔建远:《合同法》,北京大学出版社 2013 年版。

5. 赵旭东:《企业与公司法纵论》,法律出版社 2003 年版。

6. 梁上上:《未出资股东对公司债权人的补充赔偿责任》,《中外法学》2015 年第 3 期。

7. 陆晓燕:《公司资本制改革后破产审判的应对机制》,《人民司法》2015 年第 9 期。

8. 王文宇:《简政繁权——评注册资本认缴制》,朱慈蕴:《商事法论集》(总第 27 卷),法律出版社 2016 年版。

9. 周珺:《论公司债权人对未履行出资义务股东的直接请求权》,《政治与法律》2016 年第 5 期。

10. 冯果、南玉梅:《论股东补充赔偿责任及发起人的资本充实责任——以公司法司法解释(三)第 13 条的解释和适用为中心》,《人民司法》2016 年第 4 期。

11. 岳卫峰:《公司非自愿债权人的法律保护》,《法律适用》2012 年第 6 期。

12. 王士鹏:"未全部出资股东在公司期限未到前的债务承担",https://www.chinacourt.org/article/detail/2012/07/id/531894.shtml,最后访问日期:2022 年 8 月 27 日。

作者:上海交通大学凯原法学院副教授　崔香梅

上海交通大学凯原法学院硕士研究生　屠安楠

案例 5　股权转让生效时点的认定

——广东梅雁水电股份有限公司诉吉富创业投资股份有限公司等股
权转让纠纷案①

广东省高级人民法院(2008)粤高法民二初字第 17 号民事判决

最高人民法院(2009)民二终字第 00117 号民事判决

【事实概要】

2004 年 9 月 13 日,广东梅雁水电股份有限公司(以下简称梅雁公司)与吉富创业投资股份有限公司(以下简称吉富公司)签订《股份转让协议》,约定:吉富公司同意受让梅雁公司持有的广发证券股份有限公司(以下简称广发证券)股份 167 945 584 股,占广发证券总股本的 8.4%,股份转让总价款人民币 20 153.50 万元。梅雁公司在收到股份转让款 14 000 万元之日起 7 个工作日内,应配合吉富公司及广发证券办理股份转让相关手续。

2004 年 10 月 9 日,广发证券向广东省工商行政管理局提交《关于广发证券股份有限公司变更股东的备案函》,将变更的股东名册和股份转让协议报送备案,吉富公司总计持股 244 566 714 股,比例为 12.23%。2004 年 10 月 22 日,广东省工商行政管理局核准该次变更股东备案。

2004 年 12 月 26 日,梅雁公司与吉富公司签订《股份转让协议之补充协议》,约定:鉴于上述股份转让未完成股权过户手续,吉富公司负责办理股权转让的有关政府审批手续,如果因为吉富公司的证券公司持股资格审批等问题造成股权无法完成过户,由吉富公司寻求解决办法并承担其全部

---

① 本案例评析曾刊登在韩长印主编:《商法案例百选》,高等教育出版社 2022 年版,收入本书时作了修改和完善。

后果,吉富公司有权将该股权及其全部权利转让给第三方,梅雁公司对此无异议并配合办理相关手续,梅雁公司已收取的股权转让价款不予退还。后吉富公司向梅雁公司支付了全部股权转让价款。因吉富公司受让广发证券股权及其持股资格未经中国证监会核准,故中国证监会广东监管局要求广发证券必须限期完成对公司股权变更未经中国证监会核准等问题的整改。

2006 年 6 月 13 日、19 日、20 日,吉富公司分别与湖北水牛实业发展有限公司(以下简称水牛公司)、广州高金技术产业集团有限公司(以下简称高金公司)、宜华企业(集团)有限公司(以下简称宜华公司)、普宁市信宏实业投资有限公司(以下简称信宏公司)签订四份《股权转让协议》,分别向水牛公司转让 4 500 万股,向高金公司转让 9 903.445 1 万股,向信宏公司转让 6 200 万股,向宜华公司转让 4 500 万股。

2006 年 6 月 22 日,广发证券向中国证监会广东监管局报告吉富公司向水牛公司、高金公司、信宏公司、宜华公司转让广发证券股份,并提请审核批准。根据中国证监会以及广东监管局无异议的审核意见,广发证券按照程序到工商管理部门办理股权变更手续。

2006 年 8 月 16 日,广发证券股东名册就上述股东变更进行修改。8 月23 日,广东省工商行政管理局核准上述股权变更登记。

梅雁公司向广东省高级人民法院提起诉讼,2008 年 7 月,广东省高级人民法院立案受理。梅雁公司请求:① 判决梅雁公司与吉富公司签订的《股份转让协议》及《股份转让协议之补充协议》因未获得中国证监会批准而无效。② 判令吉富公司及水牛公司、高金公司、信宏公司、宜华公司将梅雁公司所有的 8.4%广发证券股份退还给梅雁公司。

【裁判要旨】

广东省高级人民法院认为,本案股份转让纠纷的争议焦点:股份转让的效力问题。依据《证券法》《证券公司管理办法》等有关规定,证券公司变更持有 5%以上股权的股东,必须经国务院证券监督管理机构批准,但该项审批针对的是股权变动而非股权转让协议,股权变动是股权转让协议的履行问题而非协议的成立,股权转让协议的效力与股权变动效力不同,有关法律规定并未规定股权转让合同须经证券监管机构审批,违反审批规定也并非否定股东变更或认定为变更无效。股权转让为股东权利,是否转让由当事人自行决定,当事人有权订立转让合同,不受强制或禁止。对于证券公司的股东变更,法律并无明文禁止,基于股权转让协议所取得的股东资格须报证券监管机构审批,符合法定资格或者条件的,即应予确认其股东资格,不属于效力性强制规定的情形。结合梅雁公司与吉富公司签订的两份协议及收取全额转让款项,并同意吉富公司向第三方转让的承诺,吉富公司根据证券监管机构整改要求,将其受让的股份向高金公司、水牛公司、信宏公司、宜华公司再次转让,并完成登记备案手续等情况,两个阶段的股权转让协议均为当事人真实意思表示,且不违反法律、行政法规强制性规定,相关股权转让协议均应依法认定有效。综上所述,梅雁公司的诉讼请求不成立,应予驳回。

最高人民法院认为,相关审批是对证券公司的股东持股资格的认定,并非对签订股权转让合同资格的认定。持股资格不能等同于行为人签订合同的资格,上述审批并非合同成立的要件。《证券法》等相关规定也未明确只有经过批准股权转让合同才生效,因此,上述批准行为也不属于合同生效要件。梅雁公司提出的未经中国证监会批准而未生效的主张没有法律依据,本院不予支持。证监会对于未经批准持有或实际控制证券公司5%以上股权的,实施责令限期改正、罚款、警告等行政处罚直至追究刑事责任,但并未规定相应转让合同无效。本案争议的股权转让,证券监管机构实际采取的措施为限期整改。结合梅雁公司与吉富公司签订的《股权转让协议》及《股权转让协议之补充协议》出于双方真实意思表示,维持该合同效力并不损害公共利益,不能仅以梅雁公司与吉富公司协议转让广发证券8.4%的股权未经证券监管机构批准而认定双方签订的转让合同无效。

本案争议的广发证券股权由梅雁公司转让给吉富公司,再由吉富公司分别转让给高金公司、水牛公司、信宏公司以及宜华公司,股权转让目标公司广发证券的股东名册均进行了相应变更,并分别经广东省工商行政管理局核准股权变更登记。根据《公司法》第32条第2、3款之规定,股权转让形式要件已经完成。即使吉富公司因未通过中国证监会审批而没有取得本案争议的股权,吉富公司通过与梅雁公司签订的《股份转让协议之补充协议》已取得了对于争议股份的处分权,吉富公司具有转让相应股权的权利,宜华公司等第三人实际取得广发证券的股权。综上,梅雁公司的诉请,本院不予支持。

【解　析】

一、本判决的意义

关于股权转让何时生效的问题,理论界和实务界并未形成统一认识。本案中,最高人民法院区分了股权转让合同的生效与股权变更的完成,同时以股东名册的变更作为完成股权变更的形式要件。本案的裁判观点与《九民纪要》第 8 条①关于股权受让人得向公司及第三人主张取得股权的依据相契合,并被《〈九民纪要〉理解与适用》(最高人民法院民事审判第二庭,137页)一书选定为典型案例,对股权转让生效时点的认定具有参考意义。

二、股权转让何时生效

关于股权②转让何时生效问题,《公司法》无统一规定,③学界也未达成一致:(1) 纯粹的意思主义认为股权转让合同一经生效,股权就在当事人之

---

①　《九民纪要》第 8 条[有限责任公司的股权变动]规定:"当事人之间转让有限责任公司股权,受让人以其姓名或者名称已记载于股东名册为由主张其已经取得股权的,人民法院依法予以支持,但法律、行政法规规定应当办理批准手续生效的股权转让除外。未向公司登记机关办理股权变更登记的,不得对抗善意相对人。"

②　本案例评析使用广义的股权概念,将有限责任公司的股权和股份有限公司的股份统称为"股权"。

③　关于有限责任公司的股权转让效力问题,《公司法》第 32 条第 2 款规定:"记载于股东名册的股东,可以依股东名册主张行使股东权利。"同条第 3 款规定:"公司应当将股东的姓名或者名称向公司登记机关登记;登记事项发生变更的,应当办理变更登记。未经登记或者变更登记的,不得对抗第三人。"以上两款,并未规定股权转让何时生效,只在第 3 款规定了对第三人的对抗要件。关于股份有限公司的股权转让效力问题,《公司法》第 139 条第 1 款规定:"记名股票,由股东以背书方式或者法律、行政法规规定的其他方式转让;转让后由公司将受让人的姓名或者名称及住所记载于股东名册。"《公司法》第 140 条规定:"无记名股票的转让,由股东将该股票交付给受让人后即发生转让的效力。"

间发生转移,无须其他公示条件;(2)修正的意思主义认为股权转让合同生效后,当出让人或者受让人将股权转让事实通知公司,则发生股权转让的结果(李建伟,23—24页);(3)债权形式主义认为,股权转让合同和股权转让应当区分来看,股权转让合同使出让方负有转让股权的义务,股权变动取决于是否有处分行为或公示要件,其中又分为以股东名册变更作为股权转移生效标志和以公司登记机关变更登记作为股权转移生效标志(赵旭东,326页;刘俊海,456—457页;张双根,65—82页)。

本案虽为股份有限公司的股权转让问题,但在股权转让时采用的是协议转让方式。因此,对于股权转让生效时点的认定与有限责任公司的情形并无差异。本案中,最高人民法院将股权转让合同的效力与股权变更区分为两个维度进行评价,同时在认定中将股东名册的变更作为完成股权变更的形式要件系从司法实践的角度,选择了债权形式主义的观点。

三、违反证监会规定的股权转让协议的效力认定思路

本案在第一份协议签订后,虽然广发证券已经为受让股东(吉富公司)办理了股东名册变更及工商登记变更备案,但由于违反了证监会对受让证券公司股权超过5%时需经证监会核准的规定,广发证券被证监会广东监管局要求限期完成对公司股权变更的整改。因此,虽然股权转让具备了股权变动的形式要件,但由于违反了法律法规的强制性规定,吉富公司不能当然成为广发公司的股东。

这里值得思考的问题是:违反证监会规定的股权转让行为,是股权转让协议本身是否有效的问题,还是股权转让协议已经生效,只是股权是否发生变动的问题。最高人民法院认为,相关审批是对证券公司的股权受让人的审查,批准行为也不属于合同生效要件。同时,最高人民法院在解读证监会2001年12月发布的《证券公司管理办法》(2009年4月废止)第9条规定时,又沿用该条文的表述,将相关审批解释为:"对证券公司的股东持股资格的认定"。

笔者赞同最高人民法院的结论。但是,对于最高人民法院使用《证券公司管理办法》第9条的条文表述,将相关审批同时又解读为"对证券公司的股东持股资格的认定"做法持反对态度。因为能否获得相关审批是合同能

否履行的问题,是股权受让人能否被记载于公司股东名册的前置条件,而非对证券公司的股东持股资格的认定。股东资格本质上是股东向公司主张权利的资格,系股东取得公司认同的过程,不应简单以行政审批取代公司的意志。无论行政审批还是股东名册的变更都属于股权变动问题,即合同履行问题。而对于合同本身效力问题,还是应根据合同的相对性原则,认定股权转让协议签订时即在当事人之间生效。

四、未办理股东名册变更的受让人将自己受让的股权再转让时的合同效力问题

吉富公司在未完成股东名册变更前,再转让给第三人时,该股权转让协议是否有效?

在本案的第二份协议中约定了吉富公司可以再转让广发证券的股权。之后,吉富公司又分别与其他四家的第三人签订了《股份转让协议》。笔者认为,股权转让协议签订后,合同即在当事人之间生效,吉富公司有权再处分原协议中自己为受让人的广发证券的股权。上述各股权转让协议均为双方当事人真实意思表示,且不违反法律法规的强制性规定,因此股权再转让协议有效。由于第三人受让股权的数额没有违反法律法规和证监会的规定,广发证券将新受让人进行股东名册变更、工商登记变更后,股权发生变动,并可以对抗第三人。

总之,从实务处理角度区分合同效力和股权变动两个阶段,对每个阶段的审查标准是独立且清晰的。就合同效力而言,法官审查要点为合同是否基于当事人的真实意思表示订立,是否违反《合同法》第 52 条[①]的规定;就股权变动(实质为合同的履行)而言,一方面,审查是否取得相关部门的行政审批、是否完成股东名册的变更、是否完成工商登记的变更;另一方面,如果股权未能变更,则从履行不能的角度区分合同的违约方及违约责任,处理起来也会相对清晰。

---

① 合同效力的最新规定,参见《民法典》第一编第六章第三节、第三编第三章的相关规定。

参考文献

1. 最高人民法院民事审判第二庭:《〈全国法院民商事审判工作会议纪要〉理解与适用》,人民法院出版社 2019 年版。

2. 李建伟:《有限责任公司股权变动模式研究——以公司受通知与认可的程序构建为中心》,《暨南学报(哲学社会科学版)》2012 年第 12 期。

3. 赵旭东主编:《公司法学》(第二版),高等教育出版社 2006 年版。

4. 刘俊海:《现代公司法》(第二版)(上册),法律出版社 2015 年版。

5. 张双根:《论有限责任公司股东资格的认定——以股东名册制度的建构为中心》,《华东政法大学学报》2014 年第 5 期。

作者：上海交通大学凯原法学院副教授　崔香梅

上海市静安区人民法院法官　万健健

案例6 股权让与担保的效力

——黑龙江闽成投资集团有限公司与西林钢铁集团有限公司、第三人刘志平民间借贷纠纷案

黑龙江省高级人民法院(2017)黑民初154号民事判决

最高人民法院(2019)最高法民终133号民事判决

【事实概要】

2013—2014年,西林钢铁集团有限公司(以下简称西钢公司)及其关联公司与刘志平、案外人关文吉、卢立国等签订《借款合同》《协议书》《集团借款明细表》《补充协议书》《抹账协议》等多份协议,约定西钢公司对刘志平负有债务合计约10.59亿元,刘志平作为黑龙江闽成投资集团有限公司(以下简称闽成公司)下属子公司职工,上述合同系代表闽成公司签署,实际债权人为闽成公司。

2014年6月13日,西钢公司与刘志平协议约定,由西钢公司将其持有的哈尔滨龙郡房地产开发有限公司(以下简称龙郡公司)100%股权(包含工程项目及债权债务)转让给刘志平,用于担保刘志平债权的实现,双方办理了股权变更手续。2014年6月20日,西钢公司与刘志平协议约定,西钢公司将其持有逊克县翠宏山矿业有限公司(以下简称翠宏山公司)64%股权转让给刘志平用于保证刘志平债权实现,双方办理了股权变更登记。2014年12月,刘志平将翠宏山公司64%股权为西钢公司对案外人民生银行大连分行金融借款设定了股权质押。

债务到期后,西钢公司未能归还欠款。2017年5月15日,西钢公司、龙郡公司、刘志平协议约定以龙郡公司100%股权及资产抵债,并约定共同

委托中介公司对龙郡公司资产进行评估,根据评估价值扣减部分债务利息。

2017 年,因西钢公司无力偿还剩余欠款,闽成公司诉至法院,请求西钢公司偿还借款本金及利息,闽成公司对刘志平所持有的翠宏山公司 64% 股权折价、拍卖、变卖所得价款有权优先受偿等。2018 年 5 月 22 日,广西物资经济开发有限公司以西钢公司不能清偿其到期债务、资产不足以清偿全部债务,且明显缺乏清偿能力为由,向黑龙江省伊春市中级人民法院申请对西钢公司进行重整。2018 年 6 月 11 日,该院作出民事裁定,受理了该重整申请。

【裁判要旨】

本案的争议焦点为:刘志平所持翠宏山公司 64% 股权的性质及效力,闽成公司是否有权就该股权优先受偿。①

法院认为,"《协议书》《补充协议书》上述约定内容,本质上是通过以龙郡公司 100% 股权过户至刘志平名下的方式担保前述债权的实现,西钢公司仍保留对龙郡公司的重大决策等股东权利;待债务履行完毕后,龙郡公司 100% 股权复归于西钢公司;如债务不能依约清偿,债权人可就龙郡公司经评估后的资产价值抵偿债务,符合让与担保法律特征。作为民商事活动中广泛运用的非典型担保,并不违反法律、行政法规效力性强制性规定,应当认定前述《协议书》《补充协议书》有效。……本院认为,与认定以龙郡公司 100% 股权设立让与担保的约定有效同理,亦应认定以翠宏山公司 64% 股权设立的让与担保约定有效。……对于前述股权让与担保是否具有物权效力,应以是否已按照物权公示原则进行公示,作为核心判断标准。……在股

---

① 本案的裁判争点有:"(1)闽成公司出借给西钢公司借款本金数额及计息标准。(2)西钢公司以龙郡公司股权作价并转让以抵偿欠付闽成公司债务的约定,是否有效;约定转让的股权是否具备抵债条件;对约定转让的股权,由第三方作出的评估报告能否采信;协议是否实际履行。(3)刘志平所持翠宏山公司 64% 股权的性质及效力,闽成公司是否有权就该股权优先受偿;一审适用《破产法》第十六条规定,驳回闽成公司以刘志平所持股份变价款优先受偿的诉请,适用法律是否正确。(4)一审程序是否合法"。笔者主要围绕股权让与担保效力问题展开,对其他争点暂不评述。

权质押中,质权人可就已办理出质登记的股权优先受偿。举轻以明重,在已将作为担保财产的股权变更登记到担保权人名下的股权让与担保中,担保权人形式上已经是作为担保标的物的股份的持有者,其就作为担保的股权享有优先受偿的权利,更应受到保护,原则上具有对抗第三人的物权效力。这也正是股权让与担保的核心价值所在。"

【解　析】

一、本判决的意义

本案作为最高人民法院 2020 年第 1 期公报案例,审结于 2019 年 5 月,案件虽在《九民纪要》《民法典》及《民法典担保制度司法解释》发布之前审结,但最高人民法院在案例中遵循的精神,以及在判决书中体现的审理思路、法律分析和裁判逻辑恰好与《民法典》《民法典担保制度司法解释》中让与担保制度相关的规定相契合,裁判者通过与股权质押制度相比较,明确肯定了在股权让与担保法律关系中,担保标的物股权已登记在担保权人名下时的物权效力,该案为股权让与担保效力的认定厘清了思路,对同类案件具有借鉴意义。

二、让与担保的学说与效力认定

(一) 让与担保的学说

"让与担保是大陆法系国家沿袭罗马法上的信托行为理论并吸纳日耳曼法上的信托行为成分,经由判例学说之百年历练而逐渐发展起来的一种非典型物的担保制度,以当事人依权利(所有权)转移方式达成担保信用授受目的为特征"(王闯,15 页)。让与担保的实质是债务人或第三人与债权人之间通过形式上转移标的物的所有权的方式来担保债务的履行。按照担保标的物种类不同,"让与担保种类包括动产让与担保、不动产让与担保、股权让与担保以及债权让与担保"(孙建伟 ＊ 尾注 9)。

关于让与担保的构成学说,大体可以分为两类:一是担保物权构造论;

二是所有权构造论。担保物权构造论可以概括为：债务人或第三人将特定的财产权利转移给债权人，让与人仍然占有该财产并对其使用收益，债权人名义上是所有人，但其权利仅限于其债权不能获得清偿时就财产所处分的价金优先受偿的权利，债权人的债权消灭后，担保财产的所有权自然复归于让与人，或由让与人请求将担保财产的所有权返还给让与人，债权清偿期届满未受清偿时，债权人不是直接获得标的物的所有权，而是负有清算义务。所有权构造论可以概括为：用作担保的财产权利转移于债权人，债务人到期清偿债务的，用作担保的财产权应当返还给担保提供人；如果债务人不能清偿到期债务的，债权人直接以受让之财产权利实现其债权，即直接取得担保财产之权利，以抵消其债权，法律无需为让与担保设计实现担保权的制度及程序（张长青、席智国，169—170 页）。目前，从《民法典担保制度司法解释》第 68 条规定上看，我国让与担保制度构成更符合担保物权构造论。

（二）让与担保的效力

1. 早期学界的质疑

关于让与担保的效力，在学理上主要面临以下三点障碍：一是认为违反物权法定原则。物权法定原则作为大陆法系国家物权法律体系一项基本原则，是指物权的种类和内容由法律规定，不能由当事人随意创设。二是认为属于当事人之间虚伪意思表示。王利明认为，"设立人将标的物的权利移转于担保人仅属于形式，实质上并没有移转标的物权利的意思，因此属于双方通谋而为虚伪移转所有权的意思表示"（王利明，41 页）。三是认为违反流担保禁止条款。王利明认为，"动产让与担保制度实际上是一种变相的流质契约"（王利明，41 页）。流担保条款无效的法理在于避免债权人与债务人因经济谈判地位悬殊，导致债权人对债务人财产的掠夺。

2. 民法典及其司法解释的规定及目前司法现状

随着《民法典》的实施，让与担保相关的立法产生了两点变化：一是我国《民法典》第 388 条新增了"其他具有担保功能的合同"的规定，这为包括让与担保在内的非典型担保方式扩张了法律适用的空间。二是让与担保首次作为一种非典型担保方式被《民法典担保制度司法解释》第 68、69 条认可。再结合《民法典》第 146 条关于虚假表示与隐藏行为效力的规定,立法者力图通过以上制度安排,破除学界的上述三点质疑,为肯定让与担保的效力提供法律依据。

在司法层面,目前也形成了统一的裁判标准和裁判逻辑,即根据区分原则,应对合同效力和物权效力分别进行认定。

(1)合同效力认定。根据《民法典》第 146 条关于虚假表示与隐藏行为效力的规定,虚伪表示无效不影响隐藏行为的效力,隐藏行为是否有效要看是否符合该行为的生效要件。《民法典担保制度司法解释》第 68 条进一步肯定了让与担保约定的效力,其中第 1 款规定:"债务人或者第三人与债权人约定将财产形式上转移至债权人名下,债务人不履行到期债务,债权人有权对财产折价或者以拍卖、变卖该财产所得价款偿还债务的,人民法院应当认定该约定有效。"因此,关于让与担保合同效力,通常认为只要不存在《民法典》(总则编)关于民事法律行为无效的情形以及《民法典》(合同编)关于合同无效的情形,应认定为有效。

(2)流担保条款效力认定。根据《民法典》第 401、428 条规定,流抵押、流质押无效。《民法典》第 156 条规定:民事法律行为部分无效不影响其他部分效力。《民法典担保制度司法解释》第 68 条第 2 款亦规定:"债务人或者第三人与债权人约定将财产形式上转移至债权人名下,债务人不履行到期债务,财产归债权人所有的,人民法院应当认定该约定无效,但是不影响当事人有关提供担保的意思表示效力。"因此,倘若当事人之间约定了流担保条款的,流担保条款无效,不影响合同其他条款的效力。

(3)物权效力认定。根据《民法典担保制度司法解释》第 68 条第 1 款规定:"当事人已经完成财产权利变动的公示,债务人不履行到期债务,债权人请求参照《民法典》关于担保物权的有关规定就该财产优先受偿的,人民法院应予支持。"因此,根据物权公示原则,让与担保是否具备物权效力,核心判断标准是当事人是否已完成权利变动公示。在我国,不动产、股权的物权公示以登记为要件,动产的物权公示以交付为要件。在完成权利变动公示的情况下,可以认定让与担保具备物权效力,担保权人对担保标的物拍卖、变卖、折价所得价款具有优先受偿权。

三、股权让与担保法律关系的辨析

股权让与担保是以股权作为担保标的物的让与担保。笔者在中国裁判文书网检索,截至 2022 年 7 月 11 日,民事案件判决书 2 116 份,民事案件调解书 1 份(裁判年度 2019 年),①从裁判年度分布看,呈现出如下趋势(见图 1)。

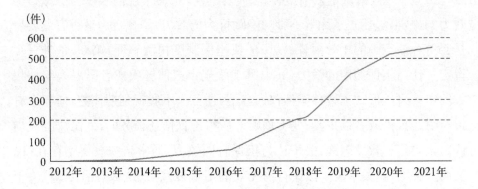

图 1　判决书(含调解书)数量

从图 1 可以看出,我国股权让与担保相关案件数量逐年上升,反映了股权让与担保作为一种增信方式在商事交易中的运用日渐广泛。名为股权转让合同有可能实为担保法律关系,而两者在权利义务上有本质区别,"甄别合同权利义务指向的客体、区分纠纷事实的争议类型,亦成为此类案件审理的关键所在"(茆荣华,124 页)。实践中,一般基于以下三方面对股权让与担保法律关系进行识别及效力认定。

(一) 是否存在主债权债务关系

"股权让与担保作为一种非典型担保,属于从合同的范畴。与此相对应,往往还会存在一个主合同,……因此,是否存在主合同是判定一个协议是股权转让协议还是股权让与担保的重要标准"(贺小荣,20—21 页)。担保物权的从属性决定了存在主债权债务关系是构成担保的基本前提。司法实践中,法院往往根据主债权债务法律关系确定案件案由,当事人应在主债权

---

① 以"股权"+"让与担保"为关键词进行检索。

债务法律关系基础上主张担保权利,而非直接请求履行股权转让合同,否则,将面临诉讼请求被驳回的法律风险。

（二）是否存在以股权转让形式为担保债权实现的真实意思表示

最高人民法院认为,"认定一个协议是股权转让、股权让与担保还是股权质押,不能仅看合同的形式或名称,而要探究当事人的真实意思表示。如果当事人的真实意思表示是通过转让标的物的方式为主合同提供担保,则此种合同属于让与担保合同,而非股权转让或股权质押"（贺小荣,19 页）。设定股权让与担保一方面要有股权转让的形式;另一方面,又要有担保债权实现的目的。而如何探究当事人真实的意思表示,应注意审查合同特征,多方面考察股权转让的目的,只有识别出背后真实的意思表示是以担保债权实现为目的,才能认为构成了让与担保法律关系。

需要注意的是,在对股权让与担保合同效力进行评判时,应关注股权特殊的人身属性。除了要符合《民法典》的规定,当事人还需要根据《公司法》的规定取得其他股东放弃优先购买权的声明等。另外,因可能涉及特殊的行政规制,还需要"关注公司法领域的特别规定"（尤杨、赵之涵、张树祥＊尾注 10）。例如,最高人民法院曾在"中国农业银行股份有限公司新加坡分行与万基控股集团有限公司等清算责任纠纷、保证合同纠纷上诉案"中认为,"因让与担保设立时其合同自身已经包括了股权转让等权利转移之约定,故就股权设立让与担保时,除合同法外尚应根据公司法之规定认定其效力。《中外合作经营企业法》已就中外合作企业中权利义务的转让作出审批之规定,案涉《转让及抵押契约》包含股权转让之约定,故其未经审批当认定未生效。"①

（三）是否完成了股权变更登记

权利变动公示是股权让与担保是否具备物权效力的关键。关于股权让与担保的公示方式,因缺乏专门的股权让与担保登记办法,参照开篇案例裁判观点,裁判者通过与股权质押进行比较,认为在股权设定质押时,当事人完成质押登记的,则质权人有权对质押股权优先受偿。在股权设定让与担

---

① 最高人民法院民事判决书,(2018)最高法民终 1353 号。

保时,倘若当事人将股权变更登记至担保权人名下的,担保权人作为形式上股权的持有者,其享有的优先受偿权利更应受到法律保护。因此,设定股权让与担保,当事人需要根据《公司法》的规定进行股权变更登记,股权让与担保方具有物权效力。

四、股权让与担保中担保权人的股东资格认定及其股东权利义务

股权作为一项民事权利,兼具人身和财产属性,体现在股东依法享有资产收益、参与重大决策和选择管理者等权利。因此,当股权作为让与担保标的的物时,还会产生股东资格认定、股东权利行使、股东义务承担等问题。因法律关系具有相对性,因此,担保人、债权人、目标公司及其他股东、目标公司债权人之间会产生不同的法律效果。

（一）担保权人是否为名义股东

在担保人与担保权人之间,双方并非真正的股权转让关系,而是担保法律关系,因此,司法实践中,法院倾向于将债权人认定为"名义上的股东"。《民法典担保制度司法解释》第 69 条则是直接采用了"作为名义股东的债权人"的表述。江西省高级人民法院在"昆明哦客商贸有限公司、熊志民与李长友等股东资格确认纠纷案"中认为,"徐颖、余晓平仅系名义股东,而非实际股东,其享有的权利不应超过以股权设定担保这一目的。熊志民、哦客公司的股东权利并未丧失,对其真实享有的权利应予确认"。[①]

关于股东权利的行使与义务承担,根据两者之间是否存在内部约定,产生不同的法律效果。首先,在双方有内部约定的情况下,应尊重当事人之间的约定。有学者认为,"内部关系的认定和处理应首先遵循当事人意思自治,在不违反法律规定的前提下依约确认担保权人的股权行使范围、处理担保权的实现"（司伟、陈泫华,85 页）。其次,在双方无内部约定的情况下,债权人行使股东权利应受到限制。最高人民法院认为,"在主债务期限届满后仍未履行的情况下,名义上的股权受让人对变价后的股权价值享有优先受偿权,但原则上无权对股权进行使用收益,不能享有《公司法》规定的股东所

---

① 江西省高级人民法院民事判决书,(2020)赣民终 294 号。

享有的参与决策、选任管理者、分取红利的权利"(贺小荣,19 页)。从本质上来说,担保人才是股东权利的实际享有者和义务的实际承担者,债权人仅作为"名义上的股东",其权利行使应受到限制,其享有的权利不应超过以股权设定担保这一目的。

(二) 担保权人是否可以对抗目标公司及其他股东

在担保权人与目标公司及其他股东之间,债权人能否行使股东权利要视目标公司及其他股东是否知晓股权转让背后的担保事实而论,因为法律既要尊重担保人与债权人之间的内部权利义务安排,又要保护目标公司及其他股东对于股东名册和工商登记的信赖利益。

对此,《最高人民法院民二庭第 4 次法官会议纪要》认为,"如果转让人将让与担保的真实意思告诉了公司及其他股东,则即便受让人在公司的股东名册上进行了记载,也仅是名义股东,不得对抗公司及其他股东。此时,作为名义股东,其并不享有股东的权利,即既不享有股权中的财产权,也不享有股权中的成员权。反之,如果转让人并未告知公司及其他股东实情,而是告诉他们是股权转让,则法律也要保护此种信赖。在此情况下,一旦受让人在公司的股东名册上进行了记载,即便真实的意思是股权让与担保,受让人仍然可以行使股东权利,包括财产权和成员权"(贺小荣,24—25 页)。有学者认为,"如果当事人在转让股权时向公司声明了股权让与担保的真实目的且公司予以认可,则相当于股权让与担保双方和公司之间达成了三方协议,名义股东仅作为公司认可的股东的担保权人,其股东权利行使受到让与担保合同和公司意志的双重制约,除非有合同约定并经公司同意,否则名义股东不能向公司行使股东权利"(司伟、陈泫华,86 页)。

(三) 担保权人对目标公司的债权人是否承担瑕疵出资的连带责任

在担保权人与目标公司的债权人之间,主要涉及作为"名义股东"的担保权人是否需要承担瑕疵出资的连带责任问题,对此,《民法典担保制度司法解释》第 69 条规定:"股东以将其股权转移至债权人名下的方式为债务履行提供担保,公司或者公司的债权人以股东未履行或未全面履行出资义务、抽逃出资等为由,请求作为名义股东的债权人与股东承担连带责任的,人民法院不予支持"。此条规定与《公司法司法解释(三)》第 26 条规定的股权代持情况下,名义股东对公司负有出资瑕疵责任不同。有学者认为,"《民法典担保制度司法解释》采取了功能主义解释的立场,着眼于股权让与担保的担保目的"(司伟、陈泫华,87页),而"《公司法司法解释(三)》相关规则的预设前提并未虑及股权让与担保"(高圣平、曹明哲,22—23页),而且公司债权人请求担保权人承担瑕疵出资责任的请求被驳回后,"公司债权人追加实际股东为被执行人,要求实际股东承担责任即可,此不影响公司债权人债权的实现"(高圣平、曹明哲,23页)。

在"樊俊言、广西大水牛企业管理有限公司等民间借贷纠纷案"中,法院认为,"在让与担保中,尽管依当事人双方的约定,标的物的所有权需要转移于债权人,但是当事人之间的关系并不是以转移标的物的所有权为目的的,而是以转移所有权的方式来担保债权的实现,因而担保权人只能一时地取得所有权,在债务人履行债务后应返还标的物,并不享有股东的权利义务。故二审判决认定大水牛公司并非莫老爷公司的股东,不负有股东的出资义务,有事实和法律依据"。①

参考文献

1. 王闯:《关于让与担保的司法态度及实务问题之解决》,《人民司法(案例)》2014年第16期。

2. 张长青、席智国:《让与担保之妥适性研究——我国物权法是否应当确立让与担保制度》,《政法论坛》2005年第2期。

3. 王利明:《抵押权若干问题的探讨》,《法学》2000年第11期。

4. 刘国栋:《〈民法典〉视域下股权让与担保的解释论路径》,《北方法学》2021年第5期。

5. 茆荣华:《上海法院类案办案要件指南(第一册)》,人民法院出版社2020年版。

6. 贺小荣:《最高人民法院民事审判第二庭法官会议纪要——追寻裁判背后的法理》,人民法院出版社2018年版。

7. 司伟、陈泫华:《股权让与担保效力及内外部关系辨析——兼议〈民法典担保制度解释〉第68条、第69条》,《法律适用》2021年第4期。

8. 高圣平、曹明哲:《股权让与担保效力的解释论——基于裁判的分析与展开》,《人民司法(应用)》2018年第28期。

---

① 广西壮族自治区高级人民法院民事裁定书,(2021)桂民申3864号。

9. 孙建伟："让与担保的司法适用"，https://mp.weixin.qq.com/s/1RuLd94juanys2fq5ZhCUw，最后访问日期：2022 年 8 月 19 日。

10. 尤杨、赵之涵、张树祥："资管争议解决：再谈股权让与担保"，https://mp.weixin.qq.com/s/7l2Obi6bxUdwzArm_UiyrQ，最后访问日期：2022 年 8 月 19 日。

作者：浙商银行股份有限公司上海分行资产保全部保全经理　黄　婧

案例 7　公司越权担保的效力认定

——安通控股股份有限公司、安康营业信托纠纷案

河南省高级人民法院(2018)豫民初 80 号民事判决

最高人民法院(2019)最高法民终 1524 号民事判决

最高人民法院(2020)最高法民申 2345 号民事裁定

【事实概要】

2017 年 9 月 27 日,安康与案外人吉林省信托有限责任公司(以下简称信托公司)签订了《信托合同》,受益人为安康,合同另约定,根据委托人安康的意愿,信托资金以信托公司的名义向仁建国际贸易(上海)有限公司(以下简称仁建公司)发放信托贷款。同日,郭东泽与安康签订了《差补和受让协议》,根据该协议,为保证安康的资金安全和收益实现,郭东泽以差额补足及受让安康信托受益权的方式,为安康的信托本金及年化13%收益的按期足额获取提供担保责任。郭东泽为安通控股股份有限公司(以下简称安通公司)的控股股东和法定代表人。

2017 年 9 月 28 日,安康与安通公司签订《保证合同》,约定安通公司就郭东泽依据《差补和受让协议》应向安康支付差额补足款、信托受益权转让价款、违约金,以及安康为实现上述债权而发生的费用向安康承担连带保证责任,保证期间为 2 年,自《差补和受让协议》确定的债权到期之日起次日开始起算。

2017 年 10 月 11 日,安康按照《信托合同》约定,将 2 亿元信托资金转入信托公司银行账户。同日,信托公司将 2 亿元信托贷款发放给仁建公司,贷款期限从 2017 年 10 月 11 日至 2018 年 10 月 10 日。

2018 年 10 月 10 日,案涉信托贷款到期,仁建公司支付了从 2017 年 10

月 11 日至 2018 年 8 月 21 日期间的利息,8 月 21 日后未再履行付息义务,郭东泽亦未按照《差补和受让协议》约定向安康补足差额,受让信托受益权。

2018 年 10 月 17 日,安康诉至法院,要求郭东泽承担其差额补足和信托受益权远期受让的义务,并请求安通公司根据《保证合同》承担连带保证责任。郭东泽、安通公司辩称:根据《公司法》第 16 条规定,公司为公司股东提供担保的,必须经过股东会或者股东大会决议。案涉《保证合同》未经公司股东大会决议,违反了公司法的强制性规定,应认定无效。

案涉法律关系详见图 1。

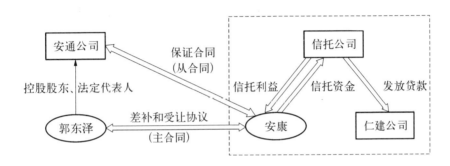

图 1　案涉法律关系

【裁判要旨】

本案主要的争议焦点:《保证合同》是否有效,即保证人安通公司是否应就郭东泽按照《差补和受让协议》约定承担的差额补足和远期受让义务承担连带责任?[①]

一审裁判

"关于安通公司所做的保证担保的效力问题,本院认为:

一、本案中,郭东泽持有安通公司 35.19％的股份,系该公司的控股股

———————————
① 本案裁判中涉及的法律争点还包括"《差补和受让协议》是否有效",由于本书以研究公司法与证券法领域的问题为主,受篇幅所限,本案例评析对该争点不作评述,重点对"《保证合同》是否有效"展开评述。

东,且郭东泽在案涉《保证合同》签订时任该公司的法定代表人,故郭东泽依法有权代表安通公司与安康签订案涉《保证合同》。根据《民法总则》第 61 条,法定代表人对外签订合同所代表的是公司,其法律后果由公司承受,担保合同也不例外。

二、《公司法》第 16 条的规定属于管理性规范,意在强调公司章程可以对公司的担保能力作出权利安排和限制规定。其对于法定代表人签约代表权等方面的限制和分配,属于公司内部事务,对公司以外的第三人不具有约束力。若违反《公司法》的上述规定,公司或其他股东可以据此向法定代表人追责,只要不能证明《保证合同》签约双方有恶意串通的行为,即应认定公司签订的《保证合同》有效。具体到本案:首先,……原告安康在法律、法规没有明确规定应当履行何种注意义务的情况下,安通公司书面作出上述保证[《保证合同》第 1 条第 1.2 项①(笔者加)],应视为安康已尽到相应注意义务。在无证据证明原告安康与时任安通公司法定代表人郭东泽恶意串通行为损害公司或其他股东利益的情况下,该《保证合同》应为有效合同。其次,即使该《保证合同》的签订违反《公司法》第 16 条的有关规定,也是安通公司或郭东泽的不当行为导致的。作为《保证合同》的另一方善意当事人,安康在已尽到上述注意义务的情况下,对签订《保证合同》并无过错。如果案涉《保证合同》因一方违反《公司法》第 16 条规定而被认定无效,那无异于让善意方替违法者安通公司或郭东泽承担不利后果,显然有违法律之公义。另,若因郭东泽违反《公司法》第 16 条之规定,公司或其他股东可据此向郭东泽追责,此亦无涉安康本人。

三、根据安通公司的公开材料,2017 年,即案涉《保证合同》签署年度,专业会计师事务所华普天健经审查安通公司后,出具《2017 年度控股股东及其他关联方资金占用情况专项审核报告》,其中明确表示没有发现存在上市公司违反章程规定对外出具担保的事实,且安通公司 2017 年《内控制度评价报告》中也没有发现内控重大缺陷。可见安通公司认可其与安康签订

---

① 《保证合同》第 1 条"保证人的陈述与保证"第 1.2 项规定:"保证人为债务人提供保证担保完全出于自愿,并经内部有权机关通过,不违背公司章程,保证人在本保证合同项下的全部意思表示真实有效"。

的《保证合同》是其真实意思表示。如果按照安通公司主张,该《保证合同》因未经公司股东大会决议、违反公司章程而应认定无效,免除其保证责任,将势必鼓励'出尔反尔'的投机行为。根据禁止反言原则,行为人不能通过背信弃义的行为间接获利,否则将妨害交易的安全稳定,并对整体融资秩序和金融债权造成损害。

即使作为上市公司,安通公司未如实披露有关担保情况,有可能损害广大股民利益,该行为亦应由股市监管部门依法查处或股民通过其他渠道进行权利救济,并不必然导致担保合同无效。

综上,案涉《保证合同》合法有效,安康有权利要求安通公司依约承担保证责任。对于安通公司主张《保证合同》无效、其不应承担保证责任的答辩意见,本院不予采信。"

二审裁判

"关于案涉《保证合同》是否有效,安通公司是否应承担相应的民事责任的问题。本院认为,案涉《保证合同》无效,理由如下:

第一,为防止法定代表人未经授权代表公司对外提供担保给公司造成损失,损害中小股东利益,《中华人民共和国公司法》第16条规定……担保行为不是法定代表人所能单独决定的事项,而必须以公司股东会或者股东大会、董事会等公司机关的决议作为授权的基础和来源。本案中,没有证据证明郭东泽代表安通公司对外签订案涉《担保合同》经过了股东大会决议,其行为属于越权代表。

第二,关于公司法定代表人越权代表行为的效力问题,《中华人民共和国合同法》第50条规定:'法人或者其他组织的法定代表人、负责人超越权限订立的合同,除相对人知道或者应当知道其超越权限的以外,该代表行为有效。'因此,认定公司法定代表人越权代表行为效力问题的关键是相对人是否知道或者应当知道法定代表人的行为超越权限,是否属于善意相对人。本案中,郭东泽在签订案涉《担保合同》时是安通公司的第一大股东、法定代表人,其以安通公司名义为自己的债务提供担保,属于关联担保,道德风险很高。因此,相对于其他担保,关联担保的相对人应当承担更高的注意义务。而且,《中华人民共和国公司法》第 16 条亦对关联担保和非关联担保作了区分,关联担保'必须经股东会或者股东大会决议'。因此,关联担保的相对人应当审查担保合同是否经公司股东会或者股东大会决议,且决议的表决程序符合《中华人民共和国公司法》第 16 条的规定。

第三,安通公司属于上市公司。相对于关联担保的相对人,上市公司的中小股东克服信息不对称、防范上市公司大股东和法定代表人等高管道德风险的成本更高,从公平的角度看,上市公司对公司股东、法定代表人提供关联担保的,相对人应当负担更高的注意义务。此外,上市公司作为公众公司,其章程、关联担保等重大经营事项均应依法公开,相对人可以通过很低的交易成本了解到上市公司法定代表人是否有权自行决定对外担保以及公司股东大会重大决议事项。因此,无论从利益平衡的角度还是从注意义务分配的角度看,上市公司的法定代表人以公司名义对外提供关联担保的,相对人应当审查该担保是否经过股东大会决议。

第四,虽然案涉《保证合同》第 1.1 条和第 1.2 条中明确约定:'保证人可以对外提供保证担保,并有能力承担保证责任','保证人为债务人提供保证担保完全出于自愿,并经过内部有权机关通过,不违背公司章程,保证人在本保证合同项下的全部意思表示真实有效',但该意思表示系由安通公司时任法定代表人郭东泽代表安通公司作出,由于对外担保并非安通公司法定代表人所能单独决定的事项,故上述意思表示亦非郭东泽有权在未经安通公司股东大会决议的情况下单独代表安通公司作出。

综上,安康未提交充分有效的证据证明其对郭东泽签订案涉《担保合同》经过安通公司股东大会决议进行了审查,未尽到应尽的注意义务,不属于善意相对人,安通公司关于案涉《担保合同》无效的上诉理由成立,本院予以支持。"

再审裁定

本院审查认为,关于案涉《保证合同》是否有效,以及安通公司是否应承担相应民事责任的问题。首先,郭东泽构成越权代表;其次,本案系上市公司关联担保;再次,安康不属善意相对人。驳回安康的再审申请。

【解　析】

一、本判决的意义

公司对外担保问题涉及公司真实意思保护和交易相对人信赖保护两方利益的平衡，一直是司法实践中的争议焦点，对此，《九民纪要》统一了裁判标准。本案审理跨越《九民纪要》出台前后，一审法院认定担保合同有效，其作出判决时《九民纪要》尚未公布；最高人民法院，即本案的二审和再审法院遵循《九民纪要》的立场，改判担保合同无效。本案厘清了违反《公司法》第16条对外担保的合同效力争议，亦对"合同相对人善意的认定""上市公司关联担保""越权担保的法律后果"等问题进行了说明，对今后实践操作及司法裁判均具有重要的参考意义。

二、司法裁判路径的梳理

2005年《公司法》第16条对公司对外担保作出了明确规定，然而长期以来，学界理论观点林立、司法裁判结果各异。本案中，安通公司的抗辩理由以及一审、二审关于"案涉《保证合同》效力认定"的裁判逻辑，分别反映了对于《公司法》第16条性质的三种立场：效力性规定说、管理性规定说、代表权限制说。

（一）《九民纪要》出台前

效力性规定说和管理性规定说立足于行为规范层面，统称为规范性质识别说。该学说主张，首先应判断《公司法》第16条的规范属性为管理性规定抑或效力性规定，若认为第16条为管理性规定，则以违反管理性规定不必然影响合同效力为由，认定担保合同有效；反之，若认为第16条为效力性规定，则担保合同无效。[①]

在《九民纪要》出台前，大部分法院将第16条认定为管理性规定，从而判断越权担保合同有效。法院裁判理由主要是：第一，公司法并未明确规定如违反

---

① 有学者认为，《公司法》第16条第1款为管理性规范，第2款为效力性规范，违反后者则担保应属无效（施天涛，152页）。

16条规定对外提供担保则导致担保合同无效;第二,公司内部决议程序,不得约束第三人;第三,该条款并非效力性强制性的规定;第四,依据该条款认定担保合同无效,不利于维护合同的稳定和交易的安全。① 本案一审裁判也采管理性规定说,认为即使上市公司未披露有关担保情况,不必然导致担保合同无效。

（二）《九民纪要》出台后

代表权限制说将《公司法》第16条的规定理解为对法定代表人代表权的法定限制,即在对外担保事项中,如果法定代表人未经公司有权机关决议,而对外代表公司签订担保合同,则构成越权代表。该担保合同的效力依据《合同法》第50条②进行判断,"除相对人知道或者应当知道其超越权限的以外,该代表行为有效"。

《九民纪要》采用了"代表权限制说"的立场,认为"第16条对法定代表人的代表权进行了限制"。《公司法》对公司担保事项作出法定限制的原因在于:尽管法定代表人一般可以代表公司对外从事行为,但对于担保行为,因涉及公司以及股东的重大利益,不是法定代表人所能单独决定的事项,而必须要以公司股东(大)会、董事会等公司机关的决议作为法定代表人代表权的基础和来源。法定代表人未经授权擅自为他人提供担保的,构成越权代表,继而依据《合同法》第50条的规定,区分订立合同时债权人是否善意分别认定合同效力(最高人民法院民事审判第二庭,181页)。

《九民纪要》出台后,"代表权限制说"成为主流观点,为司法实践起到了一定指导作用。本案二审中,最高人民法院先依据《公司法》第16条判断法定代表人郭东泽代表安通公司为控股股东提供担保未经股东大会决议,其行为属于越权代表,继而依据《合同法》第50条判断相对人是否善意,以认定法定代表人越权代表的效力。二审的裁判思路与《九民纪要》的指引一致,并于再审裁定中得到进一步肯定。下文将对"代表权限制说"的裁判逻辑进行展开。

---

① 参见"洪肇设与泰龙电力集团有限公司、叶跃松等民间借贷纠纷案",最高人民法院民事判决书,(2016)最高法民终158号。类似观点参见(2016)最高法民申607号民事裁定书、(2016)最高法民终271号民事判决书、(2015)民二终字第308号民事判决书、(2015)民申字第2595号民事裁定书。

② 《合同法》(已失效)第50条现规定于《民法典》第504条,内容无实质性变化。本案例评析仍然沿用"《合同法》第50条"的表述展开分析。

三、法定代表人代表权的限制

(一) 法定代表人的代表权

根据《民法总则》第 61 条第 2 款的规定[①]："法定代表人以法人名义从事的民事活动,其法律后果由法人承受。"该效力归属规范的法理基础在于"公司独立法人格"和"法人机关理论"。"法人是指自然人以外,由法律创设,得为权利义务的主体"(王泽鉴,123 页)。法人的一切行为均由法人机关完成,而法人机关内在于法人,其并无独立的法律人格(梁慧星,168 页)。法定代表人作为法人机关,以公司名义从事的行为即为公司自身的行为,体现的是公司的意志,法律后果由公司承担。但这并不表明法定代表人的代表权毫无限制,法人应无条件地对其行为承担民事责任。事实上,法定代表人的"代表权限必须受到限制"(杨立新,404 页)。依据《民法总则》第 61 条第1 款的规定,法定代表人应依照法律或者法人章程的规定,代表法人从事民事活动。若其超出权限范围实施代表行为,则构成越权代表。

(二) 代表权的意定限制与法定限制

法定代表人代表权的意定限制包括公司章程对代表权事先所作的一般性限制,以及股东会、股东大会等公司权力机构对代表权所作的个别限制(最高人民法院民事审判第二庭,181 页)。意定限制的法律依据为《民法总则》第 61 条第 3 款的规定:"法人章程或者法人权力机构对法定代表人代表权的限制,不得对抗善意相对人"。法人对法定代表人代表权的意定限制属于法人内部治理问题,外部第三人往往难以知悉。为保护善意相对人利益、保护交易安全,该内部限制不具有对世效力,第三人也不负有审查义务(崔建远、刘玲伶,31—32 页)。"这种内部约定的限制不影响公司与交易相对人之间的行为效力,已经成为公司法上的趋势和共识"(周伦军,4 页)。

法定限制是指法律对法定代表人权限的限制。不同于意定限制仅具有内部效力,外部第三人难以知悉;法定限制推定所有人都应知晓并遵守,任

---

① 《民法总则》(已失效)第 61 条现规定于《民法典》第 61 条,内容无变化。本案例评析仍然沿用"《民法总则》第 61 条"的表述展开分析。

何人不得以其自身不知法律规定为由免除注意义务。因此,第三人应当审查法定代表人的代表行为是否符合法定限制的要求,即善意第三人需要尽到必要的审查义务。由于《公司法》第16条专门对担保事项设置了特别规定,通过法定限制剥夺了代表人的概括代表权限,公司担保的代表权限已不再是意定事项,因此相对人不得以不知悉法律规定为由免除注意义务。

因法定限制与意定限制的外部效力有别,区分两者的实益在于,善意相对人的认定标准及证明责任的不同。意定限制仅具有内部效力,交易相对人难以知悉,因此其善意是被推定的,除非公司能证明交易相对人明知或应当知道代表人缺乏代表权(施天涛,376页)。而在法定限制下,交易相对人理应知悉法律的限制性规定,有义务审查法定代表人的代表行为是否越权,因此交易相对人的善意需要自己举证证明,证明其已尽到必要的审查义务。

四、未经公司决议的法定代表人对外担保为越权代表

《公司法》第16条是关于公司对外担保的规定,在立法层面肯定了公司的对外担保能力,但同时针对关联担保和非关联担保情形设置了不同的限制。

具体而言,《公司法》第16条1款规定:"公司向其他企业投资或者为他人提供担保,依照公司章程的规定,由董事会或者股东会、股东大会决议。"该款从字面上看,是将公司对外担保事项授权章程自治,但从整体上解读依然是一种法定限制,即当公司为他人提供非关联担保时,公司章程可以根据实际经营的需要,将决策权授予股东会、股东大会或董事会,具体由哪个权力机构决议属于公司章程自治范畴;但是依照法律规定,必须由某一权力机构作出决议。因此,该条第1款规定兼顾了公司外部规范与内部自治。同时,该条第2款明确规定:"公司为公司股东或者实际控制人提供担保的,必须经股东会或者股东大会决议",即公司提供关联担保的情形下,股东(大)会是唯一有权担保决策的机关,董事会无权作出决议。

《九民纪要》理解与适用的立场为:一方面,"不论是关联担保还是非关联担保,都需要经过公司决议程序来决定,因此,法定代表人未经公司决议程序擅自对外提供担保的,构成越权代表";另一方面,"为公司股东或者实际控制人提供的关联担保,必须要经股东会或者股东大会决议。未经股东

会或者股东大会决议，或者仅由董事会决议的，都构成越权代表"（最高人民法院民事审判第二庭，181—182 页）。该立场明确了不同担保情形下法定限制的内容及越权代表的判断规则。

可见，《公司法》第 16 条既承认了公司对外担保的能力，也明文限制了公司担保事项中法定代表人一般的概括代表权。交易相对人应当知悉法律公示的内容为：法定代表人无权单独决定公司对外担保事项，需经过公司有权机关决议的授权。若未出具有权机关的决议而与其订立担保合同，则无法成立表见代表。本案中，法定代表人郭东泽代表安通公司为控股股东提供的担保为关联担保，应当依据《公司法》第 16 条第 2 款取得股东大会决议的授权，其未经决议即代表公司签订保证合同的行为构成越权代表。

五、善意相对人的认定

（一）将《公司法》第 16 条转引致《合同法》第 50 条

当判断法定代表人构成越权代表后，应当根据《合同法》第 50 条的规定来认定越权代表行为的效力，即将越权担保行为指引到表见代表规则（李游，165 页）。在《合同法》第 50 条项下，相对人是否"知道或者应当知道其超越权限"是判断越权行为效果的关键，而对于交易相对人主观"善意"的认定，需要根据其是否尽到必要审查义务来判断。在公司对外担保的情形下，基于《公司法》第 16 条的规定，相对人有义务审查公司法定代表人是否超越法定权限。因此，《合同法》第 50 条"知道或者应当知道"具有"引致功能"，将《公司法》第 16 条引致《合同法》第 50 条（梁上上，26 页）。

（二）相对人的形式审查义务

由于实质审查超出了相对人的固有审查能力，损害交易安全及交易效率，一般认为，相对人仅负有形式审查义务。① 所谓形式审查，是指"第三人

---

① 最高人民法院的判决要旨曾明确："《股东会担保决议》中存在的相关瑕疵必须经过鉴定机关的鉴定方能识别、必须经过查询公司工商登记才能知晓、必须谙熟公司法相关规范才能避免担保公司内部管理不善导致的风险，若将此全部归属于担保债权人的审查义务范围，未免过于严苛，亦有违合同法、担保法等保护交易安全的立法初衷"。参见"招商银行股份有限公司大连东港支行与大连振邦氟涂料股份有限公司、大连振邦集团有限公司借款合同纠纷案"，最高人民法院民事判决书，(2012)民提字第 156 号。

仅对材料的形式要件进行审查,即审查材料是否齐全、是否符合法定形式,对于材料的真实性、有效性不作审查"(梁上上,28 页)。《九民纪要》规定:"公司以机关决议系法定代表人伪造或者变造、决议程序违法、签章(名)不实、担保金额超过法定限额等事由抗辩债权人非善意的,人民法院一般不予支持。"至于形式审查的内容需要结合《公司法》第 16 条进行解读,"法律规定此提示条款的目的,在于将债权人'指引'向公司决议,从而为对决议的审查提供依据"(李建伟,78 页)。根据《民法典担保制度司法解释》第 7 条规定:①"相对人有证据证明已对公司决议进行了合理审查,人民法院应当认定其构成善意。"因此,相对人需要对公司有权机关的决议文件进行形式审查。

就关联担保而言,法律已作明文规定,审查对象应为股东(大)会决议,因此未审查决议或仅审查董事会决议均不能构成善意。此外,在审查时还应注意该决议的表决程序是否符合《公司法》第 16 条第 3 款的规定,即应当回避表决的股东是否参与了表决,通过决议的各签章股东所代表的表决权是否超过出席会议的其他股东所持表决权的半数。

就非关联担保而言,只要相对人在订立合同时对股东会决议或董事会决议进行了形式审查即可,至于该决议具体出自哪一机关在所不问,因为章程对于担保决策机关的选择有自治权,属于意定限制。

对于相对人是否有义务审查章程,《九民纪要》并未作出规定,学界也莫衷一是。有学者认为,需要对章程进行形式意义上的审查,以此核对股东姓名及签章一致性、是否达到法律或章程规定的表决权要求、具体担保决策机构及担保限额要求(高圣平,143 页)。但实际上,此种所谓对章程的形式审查已将相对人置于实质审查的境地,且相对人既然已审查了章程,应当推定其知悉章程内部其他对于担保事项的意定限制,从而将意定限制法定化,变相肯定了公司担保情形下章程的外部效力,不仅违背了《公司法》第 16 条的立法初衷,而且破坏了公司内外相别的法律秩序。因此,笔者认为相对人的审查义务不包括对章程的审查。

---

① 2021 年 1 月 1 日新颁布施行的《民法典担保制度司法解释》中也对"公司对外担保"事项作出较为详尽的规定,与《九民纪要》的精神一脉相承。

本案中,由于安通公司提供关联担保未经股东大会决议,相对人安康也无法证明其对安通公司的股东大会决议进行了审查,故相对人不能构成善意,担保合同无效。本案未涉及担保事项虽经决议但决议有瑕疵,或法定代表人出具决议但实为伪造、变造等情形。对于本案未涉及的其他情形,在判断相对人所审查决议是否适格之外,还需进一步考察相对人对有关决议是否尽到必要的形式审查义务。整体裁判思路见图2。

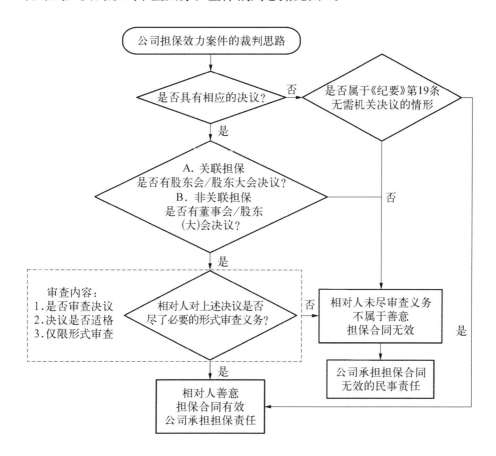

图2　《九民纪要》中确立的"公司担保效力"裁判思路

（三）上市公司对外担保中相对人的审查义务

上市公司作为典型的公众公司,不仅受到《公司法》的规制,还受《证券法》以及证监会部门规章和交易所业务规则的规范。鉴于上市公司对外提供担保属于公司重要经营事项,往往涉及广大投资者利益保护及证券市场交易秩序的稳定,为防范董监高、控股股东或实际控制人损害中小股东利益,进而影响证券市场健康发展,《证券法》及相关监管规定对上市公司对外担保有严格的信息披露要求。

因此,除《公司法》第16条作为总则部分的一般性规定,针对上市公司对外担保效力有必要予以特别规范,《九民纪要》第22条便是采取此种立场,该条规定:"债权人根据上市公司公开披露的关于担保事项已经董事会或者股东大会决议通过的信息订立的担保合同,人民法院应当认定有效"。最高人民法院在《〈全国法院民商事审判工作会议纪要〉理解与适用》中也提到:"凡是上市公司没有公开披露的担保,债权人都不是善意。"(最高人民法院民事审判第二庭,199页)由此可见,上市公司对外担保效力认定的特殊性在于相对人"善意"的认定标准发生改变,由审查"公司决议"转向"公司公开披露信息"。该规定有利于引导债权人与上市公司签订担保合同时主动查看公开披露信息,进而迫使上市公司严格履行信息披露义务,解决违规担保的"顽疾"。

《民法典担保制度司法解释》延续了《九民纪要》的立场倾向,强化了以"相对人是否依据公开披露信息"为合同效力界分根据的认定思路,其中第9条规定:"相对人根据上市公司公开披露的关于担保事项已经董事会或者股东大会决议通过的信息,与上市公司订立担保合同,相对人主张担保合同对上市公司发生效力,并由上市公司承担担保责任的,人民法院应予支持。相对人未根据上市公司公开披露的关于担保事项已经董事会或者股东大会决议通过的信息,与上市公司订立担保合同,上市公司主张担保合同对其不发生效力,且不承担担保责任或者赔偿责任的,人民法院应予支持"。

从上述规定可见,针对上市公司对外担保,司法解释有意弱化对债权人保护的倾向,并适度加大债权人的审查义务。此种权衡考量在本案最高人民法院的论述中也有所体现:在上市公司对外担保纠纷中,相对人应承担更高的注意义务,从利益平衡的角度,"相对于关联担保的相对人,上市公司的中小股东克服信息不对称、防范上市公司大股东、法定代表人等高管道德风险的成本更高";从注意义务分配角度,"上市公司作为公众公司,其章程、关联担保等重大经营事项均应依法公开,相对人可以通过很低的交易成本了解到上市公司法定代表人是否有权自行决定对外担保以及公司股东大会重大决议事项"。① 因此,基于中小股东利益保护及证券市场秩序维护,对相对人课以更高义务无可厚非。

六、法定代表人越权担保的法律后果

《合同法》第 50 条对于法定代表人实施越权行为,且相对人为善意时的法律效果规定为"该代表行为有效",即若无其他民事法律行为的无效事由,则担保合同有效,公司应当承担担保责任。

而对于《合同法》第 50 条"相对人知道或者应当知道"的例外情形的法律评价,学界观点不一,有的认为该代表行为无效,还有认为该代表行为效力待定(李游,168 页)。按照《九民纪要》的立场,"债权人善意的,合同有效;反之,合同无效"。而《民法典担保制度司法解释》的表述更为含蓄,"相对人非善意的,担保合同对公司不发生效力",但依据该条文上下文可以推知此处"对公司不发生效力"意指"无效"。在判定担保合同无效之后,公司无须承担担保责任,但其作为缔约一方,对公司内部管理不严,导致越权行为发生,对合同无效的后果存在过错。因此,依照担保法及其司法解释的相关规定(现为《民法典担保制度司法解释》第 17 条规定),公司与交易相对人应按照各自的过错承担相应责任。本案裁判虽然认定案涉《保证合同》无效,但依然要求安通公司对郭东泽不能清偿《差补和受让协议》项下债务的 1/2 向安康承担赔偿责任,正是出于此种考量。②

---

① 最高人民法院民事判决书,(2019)最高法民终 1524 号。

② "安通公司时任法定代表人郭东泽以安通公司名义与安康签订案涉《担保合同》,该合同上加盖了安通公司公章并有郭东泽签名。而且,根据安通公司的公开材料,2017 年,即案涉《保证合同》签署年度,华普天健会计师事务所(特殊普通合伙)经审查安通公司后,出具《2017 年度控股股东及其他关联方资金占用情况专项审核报告》,明确表示没有发现存在上市公司违反章程规定对外出具担保的事实。安通公司在 2017 年《内控制度评价报告》中也没有发现内控重大缺陷。上述事实证明,安通公司内部管理不规范,对于案涉《担保合同》无效有重大过错。此外,安康未提交充分有效的证据证明其在签订案涉《担保合同》时,对安通公司股东大会决议进行了审查,对于案涉《担保合同》无效亦存在过错。依照《最高人民法院关于适用〈中华人民共和国担保法〉若干问题的解释》第 7 条规定,综合考虑双方当事人过错和全案情况,安通公司应对郭东泽不能清偿在案涉《差补和受让协议》项下债务的 1/2 向安康承担赔偿责任"。参见最高人民法院民事判决书,(2019)最高法民终 1524 号。

　　上述对责任承担的分析均基于公司与相对人的外部关系，无法定代表人对外承担个人责任之余地。但当回归到公司内部权利救济的视角，法定代表人当然应对其越权行为承担赔偿责任。依照《公司法》第 13 条的规定："公司法定代表人依照公司章程的规定，由董事长、执行董事或者经理担任"；《公司法》第 149 条规定：董事、高管"执行公司职务时违反法律、行政法规或者公司章程的规定，给公司造成损失的，应当承担赔偿责任"。故法定代表人越权担保给公司造成损失后，公司可以请求其承担赔偿责任。若公司未提起诉讼，股东可依《公司法》第 151 条的规定提起派生诉讼。从而将越权担保的责任承担内嵌于公司对外担责、对内追偿的责任体系中。

参考文献

1. 施天涛：《公司法论》，法律出版社 2018 年版。

2. 李游：《公司越权担保效力判定路径之辨识》，《河北法学》2017 年第 12 期。

3. 最高人民法院民事审判第二庭：《〈全国法院民商事审判工作会议纪要〉理解与适用》，人民法院出版社 2019 年版。

4. 王泽鉴：《民法总则》，北京大学出版社 2009 年版。

5. 梁慧星：《民法总论》，法律出版社 2001 年版。

6. 杨立新：《中国民法总则研究》（上卷），中国人民大学出版社 2017 年版。

7. 崔建远、刘玲伶：《论公司对外担保的法律效力》，《西南政法大学学报》2014 年第 8 期。

8. 周伦军：《公司对外提供担保的合同效力判断规则》，《法律适用》2014 年第 8 期。

9. 梁上上：《公司担保合同的相对人审查义务》，《法学》2013 年第 3 期。

10. 李建伟：《公司非关联性商事担保的规范适用分析》，《当代法学》2013 年第 3 期。

11. 高圣平：《公司担保中相对人的审查义务——基于最高人民法院裁判分歧的分析和展开》，《政法论坛》2017 年第 5 期。

作者：上海交通大学凯原法学院副教授　崔香梅

上海交通大学凯原法学院硕士研究生　张　琪

案例 8　关联交易损害公司利益的认定

——武穴市迅达医化有限公司、湖北迅达药业股份有限公司、李亮公司关联交易损害责任纠纷案

湖北省黄冈市中级人民法院(2014)鄂黄冈中民二初字第 00033 号民事判决
湖北省高级人民法院(2016)鄂民终 967 号民事判决
最高人民法院(2017)最高法民申 2409 号民事裁定
湖北省高级人民法院(2018)鄂民再 61 号民事判决

【事实概要】

李亮和湖北迅达药业股份有限公司(以下简称湖北迅达)均为湖北省武穴市迅达医化有限公司(以下简称武穴迅达)的股东。李亮于 2009 年 9 月起先后担任武穴迅达的监事、董事、总经理助理。李亮同时系湖北迅达的股东,李亮自 2005 年 8 月开始在湖北迅达工作,2008 年 11 月起先后担任该公司董事长助理、总经理。

2010 年 9 月起,李亮负责武穴迅达的销售工作,武穴迅达与南京威斯康国际贸易有限公司(以下简称南京威斯康公司)约定,由南京威斯康公司作为武穴迅达和湖北迅达的中间商,进行 INT 产品的贸易。付款方式均为湖北迅达向南京威斯康公司汇款,南京威斯康公司扣除相应利润后将款项汇至武穴迅达,均无实物交易。合同签订后,由李亮分批次安排车辆到武穴迅达仓库拖货,并以湖北迅达名义对外销售,报关出口到日本。

武穴迅达主张李亮、湖北迅达通过关联交易侵占了本属于武穴迅达的产品销售利润,损害了其公司利益,遂将李亮、湖北迅达作为共同被告诉至法院。后本案再审期间,武穴迅达明确不再要求李亮承担责任,仅要求实际

占有侵权所得的湖北迅达承担法律责任。

【裁判要旨】

本案争议焦点：(1)湖北迅达通过南京威斯康公司向武穴迅达购买产品是否构成关联交易；(2)案涉关联交易是否损害武穴迅达的利益。[①]

一、湖北迅达通过南京威斯康公司向武穴迅达购买产品是否属于关联交易

一审、二审及再审法院均认定涉案交易构成关联交易。虽然湖北迅达是通过南京威斯康公司向武穴迅达购买 INT 产品，但南京威斯康公司在李亮的安排下仅做签署买卖合同、转付款、开具发票等形式上的转手，实际的货物交付发生在武穴迅达与湖北迅达之间，参与其中的当事人均明确知道本案 INT 产品的买卖实质上属于湖北迅达与武穴迅达之间的交易关系。而李亮作为武穴迅达的股东、监事，在本案诉争交易发生期间负责武穴迅达销售工作，同时他也是湖北迅达的股东、董事长助理、总经理，且与湖北迅达的控股股东李龙健是父子关系。李亮特意找来南京威斯康公司作为中间方进行交易，这种关系极有可能导致当事人利用相关交易转移公司利益。在李亮的安排下，湖北迅达通过南京威斯康公司从武穴迅达购买 INT 产品的行为已构成关联交易。

二、涉案关联交易是否损害武穴迅达利益

一审法院认为，武穴迅达并非必须通过南京威斯康公司、湖北迅达才能销售 INT 产品，南京威斯康公司、湖北迅达亦没有对 INT 进行深加工，使产品增加价值，仅进行转手交易即获得巨额利润。而上述利益完全可以由武穴迅达通过自行对外出售而获得，故关联交易损害了武穴迅达的合法利益。

---

① 本案裁判争点还有"湖北迅达是否存在对 INT 半成品进行加工的事实"，由于本案例主要围绕关联交易损害公司利益的认定问题展开，根据本书的编写需要，对该争点暂不评述。

　　二审法院就该争议焦点作出了与一审相反的判定。二审判决认为,判断交易是否损害武穴迅达的利益,关键要看武穴迅达的产品出厂价格是否公正和合理。通过比较出厂价格,同时考虑市场供求、汇率等因素的影响,相关价格应当是公正和合理的。并且,对于武穴迅达向南京威斯康公司销售的 86 吨货物,武穴迅达均按照双方采购合同约定的出厂价格,向南京威斯康公司收取了全部款项。另外,武穴迅达的财务资料显示,自 2010 年 9 月—2011 年 9 月,该公司的经营情况良好,每月有相对稳定的利润产生,故湖北迅达关于交易行为没有损害武穴迅达合法利益的上诉理由成立。

　　最高人民法院经审查认为,二审判决认定依据不足,事实不清,故将本案发回湖北省高级人民法院再审。

　　再审判决认为,涉案交易中 INT 产品是否以不合理低价从武穴迅达出厂,李亮是否借此将武穴迅达的利益转移输送给了湖北迅达,是判断李亮、湖北迅达是否存在损害武穴迅达利益及是否构成侵权行为的关键。一般而言,判断交易价格是否公允、是否存在恶意低价出售的情况,应当综合产品市场价格、历史价格、材料成本、终端采购价格等各方面因素进行考察分析。但国内公开市场并无本案 INT 产品价格,各方当事人认可同时期国内市场并无同类产品交易。因此,武穴迅达 INT 产品的历史出厂价格以及此后湖北相和化学公司① INT 产品的出厂价格应作为判断涉案关联交易价格是否合理的重要参考依据。再审法院分 5 个阶段梳理了 INT 产品历史出厂价格。② 经比

---

　　①　湖北相和化学公司系生产 INT 产品的公司,其股东的法定代表人与武穴迅达在本案诉讼阶段的时任法定代表人均为陈友良。

　　②　武穴迅达 INT 产品的历史出厂价格分以下 5 个阶段:(1)自 2010 年 1 月—8 月,在陈友良负责武穴迅达销售期间,INT 产品武穴迅达的出厂价格为 795 元/千克—865 元/千克,终端采购价格为 12 700 日元/千克—14 200 日元/千克;(2)自 2010 年 9 月至 2011 年 4 月,在李亮的操作下,湖北迅达通过南京威斯康公司从武穴迅达购买共计 46 吨 INT 产品,该产品武穴迅达出厂价格为 720 元/千克,终端采购价格为 11 350 日元/千克—12 700 日元/千克;(3)自 2011 年 5 月—9 月,在李亮的操作下,湖北迅达通过南京威斯康公司从武穴迅达购买共计 40 吨 INT 产品,该产品武穴迅达出厂价格为 500 元/千克,终端采购价格为 11 350 日元/千克;(4)2012 年 2 月,陈友良负责武穴迅达销售时,INT 产品武穴迅达的出厂价格为 890 元/千克,销售量 1.5 吨,终端采购价格为 11 000 日元/千克;(5)2012 年 4 月,陈友良负责武穴迅达销售时,INT 产品武穴迅达的出厂价格为 450 元/千克,销售量 6 吨,终端采购价格为 11 000 日元/千克。

较前述出厂价格,同时考虑市场供求、汇率等因素的影响,第 3 阶段,即 2011 年 5—9 月,在终端采购价格并未明显降低的情况下,湖北迅达通过南京威斯康公司以人民币 500 元/千克的出厂价从武穴迅达购买共计 40 吨 INT 产品,明显低于历史出厂价格以及此后的湖北相和化学公司的出厂价格,①故构成不合理交易价格,该交易损害了武穴迅达的利益,构成侵权。

在具体责任承担上,鉴于第 2 阶段的关联交易中 46 吨 INT 产品人民币 720 元/千克的出厂价格处于合理范围,第 3 阶段 40 吨 INT 产品关联交易与前一阶段市场环境基本相同,交易流程基本相同,故以第 2 阶段的 INT 产品出厂价格作为合理价格标准确定湖北迅达侵占武穴迅达 INT 产品销售利润的具体数额,即李亮通过涉案关联交易向湖北迅达输送的利益为:(人民币 720 元/千克－500 元/千克)×40 吨＝880 万元。武穴迅达虽将李亮、湖北迅达作为共同被告提起诉讼,但在本案再审期间,武穴迅达明确不再要求李亮承担责任,仅要求实际占有侵权所得的湖北迅达承担法律责任,武穴迅达对其民事权利的处分不损害国家、集体或他人的合法权益,再审法院予以确认。再审判令湖北迅达返还武穴迅达销售款 880 万元及利息。

【解　析】

一、本判决的意义

本案(以下简称“迅达案”)一波三折,再审判决较为完整地呈现了关联交易损害公司利益纠纷案件的司法审理路径,其在关联关系认定问题上采用了“实质重于形式”的认定标准,为关联交易的公允性认定,尤其是公允价格的认定提供了值得借鉴的考察维度。在公司的损失计算问题上,也进行了细致阐述。该判决对于类似案件的处理提供了范本,对规范关联交易行为、完善公司治理结构、防止公司利益被关联人员掏空,起到良好的示范

---

①　再审法院查明,湖北相和化学公司建成投产后,该公司 2013 年 5 月—2014 年 1 月 INT 产品的出厂价为 693 元/千克—709 元/千克。

作用。

二、关联交易损害公司利益的认定要点

(一) 关联关系及关联交易的认定

关联交易损害公司利益的前提是存在关联交易,而关联交易的基础是关联关系的存在。所谓"关联关系",根据《公司法》第 216 条第(四)项规定:"是指公司控股股东、实际控制人、董事、监事、高级管理人员与其直接或者间接控制的企业之间的关系,以及可能导致公司利益转移的其他关系。"关联交易包括两种关系:一是关联主体与公司之间发生的直接交易关系,例如买卖、租赁、贷款、担保等合同关系;二是虽然关联主体与公司之间不存在直接交易关系,但却存在可能导致公司利益移转的其他协议或者安排,属于一种间接的交易关系,例如共同董事、管理报酬和公司机会以及同业竞争的情形(施天涛、杜晶,127 页)。

上市公司因涉及不特定社会公众的利益,对关联交易有着更为严格的限制。早在证监会 2007 年 1 月发布的《上市公司信息披露管理办法》第 71 条第(三)项中就规定:"上市公司的关联交易,是指上市公司或者其控股子公司与上市公司关联人之间发生的转移资源或者义务的事项。"该办法还就关联人的具体情形作出了列举,并在兜底条款中强调了"实质重于形式的原则"。[①]

虽然非上市公司并未作出与上市公司一样的规定,但是"实质重于形式的原则"在大量非上市公司关联交易案例中也已得到充分运用。例如在"迅达案"中,再审判决明确,虽然湖北迅达是通过第三方向武穴迅达购买产品,但第三方仅做形式上的转手,实际的货物交付发生在武穴迅达与湖北迅达之间。再审判决认定第三方的介入并未阻断关联关系的链条,其对交易关系进行了实质性认定。类似地,甘肃省高级人民法院在"周旭、甘肃中集华骏车辆有限公司等关联交易损害赔偿纠纷案"[②](以下简称"周旭案")中指

[①]　2021 年新《上市公司信息披露管理办法》修订后,该条款规定于第 62 条第(四)项,内容无实质性变化。

[②]　甘肃省高级人民法院民事判决书,(2018)甘民终 590 号。

出,"判断公司相关人员是否为高级管理人员,应从该人员是否担任《公司法》规定的职务,或者公司的章程是否将担任其他职务的人员规定为公司的高级管理人员进行分析。公司的高级管理人员应是执行公司出资人的决策,拥有执行权或一定程度的决策权,掌握着公司内部管理或外部业务的核心信息,并决定公司的决策及发展方向的特定人群。"鉴于周旭所担任的公司营销部经理一职,虽然形式上并不属于《公司法》第216条规定的高管人员职务范围,但在此期间公司并未设立分管销售的副总,实际上,周旭对选择交易对象、是否签约以及资金回收方式等具有决策权,周旭实质上,行使了公司高管的职权。据此,该案判决将虽未担任特定职务但足以影响交易决策的其他人员也认定为高级管理人员。

因此,关联关系的核心在于控制关系或者影响能力。在认定是否构成关联关系及关联交易的问题上,司法审判机关往往不局限于条文的规定,而以"实质重于形式的原则"对相关事实进行认定。

(二) 关联交易的正当性判断

正当公允的关联交易具有节省交易成本等优势,不正当的关联交易则会演变成利益输送的工具。因此,关联交易是否正当的问题直接关系关联交易是否损害公司利益的认定。关联交易的正当性判断需从程序正当性和交易公允性两个层面进行分析。

1. 程序正当性

关联交易前行为人是否进行充分的信息披露、是否经过了合法的公司内部批准程序,均是关联交易程序正当性的题中之义。就上市公司而言,为避免关联交易损害投资者的利益,证券法及相关法规设定了披露要求,且关联交易必须严格执行回避表决制度,交易各方不得通过隐瞒关联关系或者采取其他手段规避上市公司的关联交易审议程序和信息披露义务。就非上市公司而言,我国《公司法》并无强制披露、内部批准和关联方回避的程序性规定,但程序正当性仍是法院考察关联交易是否正当的重要依据。在信息披露充分、程序合规的情况下,司法审判机关倾向于认为关联交易系执行公司权力机关的意志,而非高管滥用职权而为之。反之,在程序方面存在瑕疵的情况下,关联交易因其可能仅反映交易一方的意思表示,故欠缺生效的有效要件，只属于效力待定的法律行为，公司的有权机关（股东会和董事会）具有追认权（王艳梅，242 页）。

《公司法司法解释（五）》第 1 条规定："关联交易损害公司利益，原告公司依据民法典第八十四条、公司法第二十一条规定请求控股股东、实际控制人、董事、监事、高级管理人员赔偿所造成的损失，被告仅以该交易已经履行了信息披露、经股东会或者股东大会同意等法律、行政法规或者公司章程规定的程序为由抗辩的，人民法院不予支持。"可见，《公司法》始终注重对实质正义的追求，法官需从程序和实体两个方面进行全面审查。

2. 交易公允性

关联交易损害公司利益，落脚点在于行为人是否利用其控制地位或影响力谋取私利，将公司现有的或可能的利益收归于自己（叶林，25 页）。谋取私利，即通过不公允的交易条件实现利益输送。交易条件根据交易类型的不同具有不同的内涵。以最常见的买卖合同为例，交易条件包括交易价格、支付方式、交付条件、违约责任、验收条件等内容，其中核心要素就是交易价格。"迅达案"的再审判决花费大量笔墨，梳理不同阶段武穴迅达 INT 产品的历史出厂价格以及第三方同类公司的 INT 产品的出厂价格，将其作为判断涉案关联交易价格是否合理的重要参考依据。

该案再审判决与美国判例法中的"第三人替代规则"异曲同工。"第三人替代规则"可以大体概括为：只有在受质疑的关联交易合同的内容符合或大体符合市场交易条件（市场价格），或者该交易主体能够证明它曾与无利害关系的市场第三人正常从事过同类条件交易（历史价格）的情况下，方可认定其交易内容公平。在交易条件悖离市场交易条件或第三人交易条件时，则可以认定该关联交易为不公平的关联交易（董安生、何以，60 页）。

不难发现，交易公允性问题对裁判者提出了较高的要求，"迅达案"的再审判决对"合理价格"的认定也反映法官对公允条件的认定享有较大的自由裁量权。法官需综合考察与案件相关的各项事实，以理性人标准确定公允的交易条件。

(三) 关联交易损害公司利益的后果

关联交易损害责任系侵权责任范畴,损害公司利益的侵权行为人应停止损害、恢复原状,对公司造成的损失应予赔偿,赔偿的范围包括现实被转移的利益以及可期待利益的损害(习龙生,511 页)。在公司的损失难以确定时,关联交易的交易条件与公允条件之间的差额可作为考量依据。在"迅达案"中,法官着重考察价格因素,以历史价格和第三方市场价格为依据确定公允价格,判定关联交易行为人赔偿关联交易价格与公允价格的差额部分。在"周旭案"中,周旭在任期间的其他交易货款均顺利回收,只有关联交易所涉货款无法回收,因此,法官裁判时未考查交易价格因素,而是认为在公允条件下货款应当全额回收,故实际未回收金额即为公司因该关联交易而遭受的损失。

值得注意的是,在关联交易构成损害公司利益纠纷中,关联交易合同的效力如何? 根据《公司法司法解释(五)》第 2 条规定:"关联交易合同存在无效、可撤销或者对公司不发生效力的情形,公司没有起诉合同相对方的,符合公司法第一百五十一条第一款规定条件的股东,可以依据公司法第一百五十一条第二款、第三款规定向人民法院提起诉讼。"据此,笔者认为,关联交易损害公司利益的,公司等主体可以主张无效或者可撤销,除无效和可撤销的效力类型之外,当事人如不提出异议,合同效力自然有效。但在交易涉及善意第三人时,为保护交易秩序,涉及善意第三人的合同部分应认定有效,公司等主体有权要求侵权人赔偿损失。

关联交易损害公司利益责任系侵权责任范畴,关联人员的侵权责任产生于民法中的诚信原则,具体表现为勤勉义务和忠实义务(潘勇锋,89 页)。关联人员通过关联交易谋取私利的行为,其违法性显而易见。而交易条件的公允性之所以在案件审理中占据至关重要的地位,原因在于其集中反映了行为人是否存在主观过错、损害事实是否发生以及行为与损害事实之间是否存在因果关系等侵权责任认定要素。若交易条件有失公允,公司利益将因该交易而蒙受损失,行为人的主观过错性也理应受到质疑和审视。因此,本案例所阐述的司法裁判路径亦是侵权责任理论在实践中的投影和应用。

参考文献

1. 施天涛、杜晶：《我国公司法上关联交易的皈依及其法律规制——一个利益冲突交易法则的中国版本》，《中国法学》2007 年第 6 期。

2. 王艳梅：《论中国董事自我交易合同的效力》，《社会科学战线》2021 年第 8 期。

3. 叶林：《董事忠实义务及其扩张》，《政治与法律》2021 年第 2 期。

4. 董安生、何以：《论不公平关联交易赔偿中的实质公平原则》，《理论界》2012 年第 10 期。

5. 习龙生：《论控制股东的私益交易及其公平交易义务》，《中外法学》2005 年第 4 期。

6. 潘勇锋：《论公司董事的侵权责任》，《人民司法》2009 年第 11 期。

作者：北京大成（上海）律师事务所律师　王如意

案例 9 董事勤勉义务与商业判断原则

——上海泰琪房地产有限公司与迈克·默里·皮尔斯、第三人兴业银行股份有限公司上海市西支行损害公司利益责任纠纷案

上海市黄浦区人民法院(2019)沪 0101 民初 3223 号民事判决
上海市第二中级人民法院(2019)沪 02 民终 11661 号民事判决

【事实概要】

上海泰琪房地产有限公司(以下简称泰琪公司)系中外合资公司,公司有 5 名董事,外方股东委派的董事为迈克·默里·皮尔斯(以下简称迈克)、王洛信、陈文耀,中方股东委派的董事为何征、郑德俊,迈克系法定代表人、董事长,监事为王知新、王波,外方股东代表为本尼、詹妮弗,总经理为成志勇。泰琪公司章程规定董事会是合资公司最高权力机构,决定合资公司的一切重大事宜。

从 2017 年下半年开始,总经理成志勇每次都通过电子邮件征得迈克、外方股东代表本尼、詹妮弗同意后,将账户内资金在兴业银行股份有限公司(以下简称兴业银行)办理结构性存款及续期事宜。最后一次结构性存款期限为 2018 年 7 月 12 日—8 月 10 日,存款金额为人民币 2 亿元。自 2018 年下半年起,就案涉泰琪公司在兴业银行账户内的资金使用问题,5 名董事之间存在较大争议。

2018 年 8 月 7 日,泰琪公司向兴业银行申请预留签章变更,由原先的财务专用章和郑德俊、本尼的签字变更为财务专用章和财务总监刘寅的私章。8 月 13 日,迈克发函兴业银行称:上述变更行为未经泰琪公司董事会批准,要求确认账户余额信息,并禁止资金提出、对外划转。8 月 10 日之

后,泰琪公司账户内的人民币 2 亿元办理了"7 天智能存款"至今。

2018 年 8 月 29 日、9 月 7 日,成志勇两次向迈克发送电子邮件要求办理结构性存款以增加公司收益。迈克均未予回复。

2018 年 9 月 17 日,迈克向上海市静安区人民法院提起诉讼,请求确认变更账户预留印鉴行为无效和恢复原先预留签章,并提出诉讼保全。其在诉状上称:涉案银行账户系泰琪公司中外方股东共管账户,任何划转指令需要同时取得中外方股东代表签字。自 2018 年 5 月开始,中方董事郑德俊企图实施由合资公司对其关联公司永生公司进行投资的提案。在外方董事明确反对、董事会未经决议的情况下,郑德俊向兴业银行出具公章、法定代表人章和营业执照,将预留签章从中外双方代表共同签字变更为中方刘寅单独签字,意图通过变更预留签章实现擅自对外划款转移资金的目的。迈克在诉请被驳回后,于 2019 年 3 月 27 日向兴业银行发函,要求兴业银行恢复原先预留签章或暂停依照预留签章对泰琪公司账户内的任何资金办理划转或其他付款结算操作。

2019 年 2 月 1 日,泰琪公司监事应中方股东的申请以公司名义提起本案诉讼,主张迈克的行为违反董事勤勉义务,并擅自发函兴业银行冻结公司账户,并对公司账户滥用保全手段,其行为严重妨碍公司正常经营,导致案涉账户无法办理结构性存款续期,存款年化率大幅下降,对公司造成严重经济损失,应就此承担赔偿责任。

【裁判要旨】

本案争议焦点:迈克作为泰琪公司董事有无违反高管忠实勤勉义务、有无损害泰琪公司利益。

一审裁判

"迈克向兴业银行发函的原因在于泰琪公司账户的预留签章变更,由财务专用章和中方委派董事郑德俊、外方股东代表本尼的签字变更为财务专用章和财务总监刘寅的私章,预留签章变更意味着账户控制权变动,关系账户内人民币 2 亿元资金的支出和转移,无疑属于公司的重大事项,在该变更并无董事会决议通过,或董事会明确授权总经理决定,或中、外方股东达成一致决定的情况下,迈克作为外方委派董事和公司法定代表人,发函通知兴业银行暂停账户的对外结算支付功能,并无明显不当。"

"是否为账户内的人民币 2 亿元资金办理结构性存款,显然属于公司的商业决策范畴,且因涉及大额资金的管理、使用,亦构成公司的重大事项,如前所述,应由董事会决议通过,或董事会已授权的总经理决定,或中、外方股东达成一致决定。迈克提供的电子邮件证据亦证实,历次结构性存款的办理均是由总经理和外方股东代表、迈克达成一致后办理,并非由总经理单方决定。泰琪公司主张办理结构性存款系总经理决策事项,缺乏事实和章程依据,不能成立。现就办理结构性存款事宜,泰琪公司并无董事会决议,或董事会授权总经理决定,或中、外方股东达成一致决定的情形,公司内部就资金的使用亦存在较大争议,迈克在此情况下根据自己的判断决定不办理结构性存款,未违反法律、行政法规或者公司章程的规定,亦不足以认定迈克违反了董事的忠实和勤勉义务。"

二审裁判

"董事损害公司利益责任纠纷,实质系一种侵权责任,当事人首先应证明行为人存在主观过错。根据本案查明的事实,迈克向兴业银行发函要求暂停账户对外支付功能的行为,是在泰琪公司中外方股东就账户控制权发生争议、账户预留印鉴发生变更的背景下实施;迈克向法院提起诉讼的原因亦是基于泰琪公司目前的股东争议,希望通过诉讼恢复账户的联合控制。因此,不论是向兴业银行发函还是提起诉讼,迈克的两项行为,主要的目的均是防止账户发生单方变动,保持账户和资金现状并等待进一步协商处理。况且,诚如迈克所述,其所代表的外方股东在泰琪公司持股 95%,除非为获取个人利益,否则其作为外方股东委派的董事,缺乏侵害泰琪公司利益的主观动机。故从本案目前情况来看,迈克并不具备侵权过错。"

"就行为本身来讲,《中华人民共和国公司法》第一百四十九条规定,董事执行公司职务时违反法律、行政法规或公司章程规定,给公司造成损失的,应当承担赔偿责任。本案中,迈克被诉的两项行为并没有违反法律、行政法规规定,故亦不能认定为违反公司章程,行为违法性不能成立。从行为的合理性来看,根据前述分析,迈克向兴业银行发函、提起诉讼要求恢复预留印鉴和保全账户属于特定情形下采取的救济措施,从该措施的目的和实际效果来看,并未超过合理的限度和范围,也没有违反正常的商业道德和职业伦理,既不属于故意实施侵权行为以侵害公司利益的行为,也未违反我国法律规定的董事应尽的忠实义务和勤勉义务。"

一审判决驳回原告泰琪公司的诉请;二审维持原判。

【解　析】

一、本判决的意义

现行《公司法》并未对勤勉义务的内涵及判断作出具体规定,亦未形成董事责任限制的配套制度,本案在以侵权责任为原则审查董事侵害公司利益行为的基础上,出于尊重公司自治、平衡商业风险、避免过度事后审查的考虑,在不改变举证责任的前提下,借鉴了商业判断原则的内涵,以决策过程作为审查的重点,而不直接评判决策内容和实质结果,体现了司法对董事商业决策的谦抑,对同类案件处理有参考意义。

二、董事勤勉义务的立法现状及困境

董事勤勉义务,又称为董事注意义务,是指董事履行职责时应当为公司的最佳利益,具有一个善良管理人的细心,尽一个普通谨慎之人的合理注意(安建,211页)。而梳理我国目前的法律规范,《公司法》对于勤勉义务仅为原则性规定,[①]

[①] 《公司法》第147条第1款规定:"董事、监事、高级管理人员应当遵守法律、行政法规和公司章程,对公司负有忠实义务和勤勉义务。"2021年12月24日发布的《公司法(修订草案)》第180条第2款对勤勉义务作了更进一步的规定:"董事、监事、高级管理人员对公司负有勤勉义务,执行职务应当为公司的最大利益尽到管理者通常应有的合理注意。"

《证券法》规定了违反信息披露义务的责任[①],《破产法》规定了董事等违反忠实、勤勉义务致使企业破产需承担民事责任[②],即法律层面并没有明确董事勤勉义务的内涵及判断标准。有关董事勤勉义务的具体内容更多地出现在上市公司治理的规范性文件中,如:《上市公司治理准则》规定了出席董事会会议、对决议承担责任、了解公司经营等具体内容,[③]《上市公司章程指引》对董事勤勉义务的内容作了更详细的规定,[④]这些规定虽然弥补了法律层面对董事勤勉义务的标准规定的不足,但证监会发布的规定并不具有法律效力,在司法案件中是否可以作为裁判的依据是存疑的(马一德,82 页)。

　　为何《公司法》仅对董事勤勉义务作出原则性规定?一方面,从董事与公司之间的关系出发,不管是英美法系的准信托关系、大陆法系的准委任关系(曹顺明,24 页),还是权利义务一致理论抑或是经济学上的委托代理理论(李强,40—41 页),均要求董事对公司负有一定的义务以限制其权力的任

[①]　《证券法》第 85 条规定:"信息披露义务人未按照规定披露信息,或者公告的证券发行文件、定期报告、临时报告及其他信息披露资料存在虚假记载、误导性陈述或者重大遗漏,致使投资者在证券交易中遭受损失的,信息披露义务人应当承担赔偿责任;发行人的控股股东、实际控制人、董事、监事、高级管理人员和其他直接责任人员以及保荐人、承销的证券公司及其直接责任人员,应当与发行人承担连带赔偿责任,但是能够证明自己没有过错的除外。"

[②]　《破产法》第 125 条第 1 款规定:"企业董事、监事或者高级管理人员违反忠实义务、勤勉义务,致使所在企业破产的,依法承担民事责任。"

[③]　中国证监会发布的《上市公司治理准则》(证监会公告〔2018〕29 号)第 21 条规定:"董事应当遵守法律法规及公司章程有关规定忠实、勤勉、谨慎履职,并履行其作出的承诺。"第 22 条规定:"董事应当保证有足够的时间和精力履行其应尽的职责。董事应当出席董事会会议,对所议事项发表明确意见。"第 23 条规定:"董事应当对董事会的决议承担责任。董事会的决议违反法律法规或者公司章程、股东大会决议,致使上市公司遭受严重损失的,参与决议的董事对公司负赔偿责任。但经证明在表决时曾表明异议并记载于会议记录的,该董事可以免除责任。"第 89 条规定:"董事、监事、高级管理人员应当保证上市公司披露信息的真实、准确、完整、及时、公平。"

[④]　中国证监会发布的《上市公司章程指引》(证监会公告〔2022〕2 号)第 98 条规定:"董事应当遵守法律、行政法规和本章程,对公司负有下列勤勉义务:(一)应谨慎、认真、勤勉地行使公司赋予的权利,以保证公司的商业行为符合国家法律、行政法规以及国家各项经济政策的要求,商业活动不超过营业执照规定的业务范围;(二)应公平对待所有股东;(三)及时了解公司业务经营管理状况;(四)应当对公司定期报告签署书面确认意见。保证公司所披露的信息真实、准确、完整;(五)应当如实向监事会提供有关情况和资料,不得妨碍监事会或者监事行使职权;(六)法律、行政法规、部门规章及本章程规定的其他勤勉义务。注释:公司可以根据具体情况,在章程中增加对本公司董事勤勉义务的要求。"

意行使,同时随着公司治理结构从"所有者经营"向"经营者经营"转变,董事勤勉义务的成文化凸显;另一方面,《公司法》系组织法,在指导公司治理的同时,对于不同公司类型、不同经营范围、不同管理层结构的具体勤勉义务往往难以区分及穷尽,如果采用列举式可能造成规避法律的风险。因此,我国《公司法》仅作原则性规定,为司法审查留下了裁量空间。

但因为缺乏对董事勤勉义务的具体法律规定,故对董事违反勤勉义务司法审查困难。若标准过于严苛,会阻碍董事商业开拓的热情;若标准过于宽松,又会助长董事懈怠或过于冒险的心理(张红、石一峰,113页)。实践中,对于董事违反勤勉义务的裁判思路有两种:一是基于过错侵权责任的实质审查;二是借鉴"商业判断原则"的形式审查。

三、董事勤勉义务的归责原则——过错侵权责任

(一) 董事违反勤勉义务的构成要件

董事勤勉义务所包含的合理注意要求以及《公司法》第149条规定的赔偿责任,通常被认为将民事侵权责任理论运用到董事违反勤勉义务的司法审查中,即采取主观过错、客观行为、损害结果及因果关系的分析模式。

1. 主观过错

首先,法院作为事后审查,一般采取客观标准,即相同或相似情况下,普通谨慎之人的合理注意,这里的合理注意影响因素较多,例如有限公司与股份公司、金融服务公司与传统业务公司、内部董事与外部董事,以及董事自身的知识、技能、经营等,注意义务往往不同。其次,是否以重大过失作为承担责任的标准问题。英美法系一般通过判例确定重大过失为董事承担责任的基础。《日本公司法》第425条规定:"董事执行职务善意且无重大过失的,可经股东大会决议,依法免除其第423条第1款下的部分或全部赔偿责任"(崔延花译,157、198、199页),将免责权利交给公司。我国《公司法》目前无明确规定,仍属于法官裁量的范围。

2. 客观行为

董事勤勉义务的违反一般表现为违反法律法规及公司章程的行为,因为法律规定过于原则,故有学者通过对国内外董事责任案例的分析,将董事

勤勉义务进行如下分类：包括作为义务中的出席董事会会议、及时了解公司经营和管理状况、合理调查并谨慎做出商业决策、获得相应技能、提供信息及不误导、监督及其他；不作为义务中的遵守法律法规和公司章程、不得受他人控制及其他（李强，76—127 页）。

3. 损害结果

董事违反勤勉义务给公司造成损失是其承担赔偿责任的必要条件。司法实践中，法院认定的实际损失范围通常包括：一是直接损失，包括董事等违反义务导致直接灭失的财产、罚款、违约赔偿、诉讼费用、审计费用等；二是被告所得利益，包括被告、董事等在被告企业中领取的工资、可得分红、被告公司的利润等（冯曦，22 页）。

4. 因果关系

这里的因果关系主要指公司的损失是董事违反勤勉义务的行为所引起的。民事侵权责任中损害结果与行为之间的因果关系，通常是符合一般规律及社会经验的判断；在商事行为中，公司的损失则可能是董事的过失与公司经营管理的不善、判断失误、市场变化等风险所致。要查明过失与损害后果之间的因果关系难度较大，而从反向论证角度，要判断董事尽到勤勉义务时能避免损失，也往往带有很强的推断性。

（二）过错侵权责任视角下对本案的解析

以侵权责任视角对董事违反勤勉义务的司法审查，是从行为过程到结果的全面审查。结合本案，迈克存在两个行为：一是在面临公司账户控制权变更情况下的发函银行停止结算及诉讼的积极作为；二是 2 亿元存款是否继续办理结构性存款时的不作为。一、二审均着重从过错原则角度分析了迈克的积极作为不存在主观过错，是合理的、未超过限度的措施，然而对于迈克的不作为则简要地以属于商业决策为由或者以未违反章程约定排除其违反勤勉义务的责任。事实上，相应的利息损失是客观存在的，与迈克的不作为之间亦存在因果关系，但并未从过错责任角度论证董事免责的理由。此外，由于缺乏类型化的勤勉义务规定，法官需要对不同情境下董事之决策过程及结果进行全面审查，故难免出现自由裁量权范围过大的问题。

四、董事勤勉义务的司法豁免——商业判断规则

(一) 源于英美法系的商业判断规则

商业判断规则,也称为"经营判断准则",是 19 世纪由美国法院在长期司法实践中逐步发展起来的一项关于董事的注意义务的判例法规则(罗培新、李建、赵颖洁,380 页)。对商业判断规则的经典性表述是特拉华州最高法院在对"阿伦森诉路易斯案"(Aronson v. Lewis)所作出的判决:"商业判断规则是建立在这样一种假定之上,即董事在行使决策之职时,会在知悉的基础上,本着善意,为公司的最佳利益行事。如果缺乏董事滥用裁量权的证据,董事的判断受法院的保护。指证董事违反职责的一方应负举证责任,即找寻事实推翻前述假设。"(丁丁 * 尾注 9,17 页)美国法律协会的《公司治理通则——分析和建议》第 4.01(c)条的规定建议,董事善意参与商业决断,应当满足下列条件才视为其履行了谨慎职责:对于决策的事项无利害关系;按当时情形下,在董事合理相信适当的范围内了解与决策事项相关的信息;合理相信该决策是为了实现公司利益的最大化。

商业判断规则与董事勤勉义务紧密联系,董事勤勉义务是董事行为时的规范标准,而商业判断规则从司法审查的角度为董事违反勤勉义务划出了界限。

(二) 商业判断规则的司法审查

不管是法官裁判意见还是成文化的表达,商业判断规则均包含善意、无利害关系、知悉及为公司最佳利益目的这四个方面,并且强调对决策行为过程进行审查,对于决策的内容以及结果通常不进行实质判断。

1. 善意

善意是比较宽泛的概念,属于主观判断的标准,但在商业判断规则中,法院首先考虑程序性或客观方面,只要在程序或方式上的善意得到证实,不再对决策的实质内容进行评判,即从行为的方式和过程推定董事的主观意图是善意的(丁丁 * 尾注 10,10 页)。同时善意概念也为相对方提供了打破商业判断规则的一种思路,即当能够证明董事非善意(包括故意和重大过失)时,法官将进入实质审查的阶段。

2. 无利害关系

无利害关系包括两个层次：不存在董事个人利益与公司利益相冲突的情况；决策行为与董事个人利益相关时，董事在决策过程中合理诚信的披露并征得股东会、董事会的同意或授权，且不影响公司利益的情况。之所以强调无利害关系，实质表明商业判断规则不适用于董事违反忠实义务的场合，即当董事个人利益与公司利益发生冲突时，商业判断规则的假定是有天然缺陷的。

3. 知悉

知悉要求董事在作出决策时，对与决策事项相关的信息应收集充分，要对公司业务或事务关注并了解，就决策事项及发现的问题及时咨询其他董事或者高级管理人员、专业人员的意见等。知悉需要客观判断，以处于相似地位的合理谨慎之人的标准判断在处理相似事务时所需要掌握或者了解的程度。

4. 公司最佳利益

公司最佳利益强调的是董事合理的认为基于前述知悉的基础上所作的决策是有利于公司的，并且该决策的程序也是合理的。

无利害关系、知悉、为公司最佳利益均可通过对董事客观的决策过程予以审查；并且在审理过程中，法官的审查是被动的，即需要相对方提供的证据足以推翻上述四个方面的要求。因此，商业判断规则本质上又是一种程序上证明责任的分配。

（三）商业判断规则在大陆法系的使用——以日本为参考

日本公司法中的商业判断规则不是对董事注意义务的减轻，而是在参考美国法的基础上，对法院在审查董事有无违反注意义务时的审查标准进行进一步明确化和具体化（梁爽，215页）。具体的审查要素包括：董事经营判断时公司的状况以及社会经济文化等背景；公司所属行业的一般职业经理人应该具有的知识和经验；进行经营判断时的前提事实认知上有无明显不注意的失误或错误，以及基于事实的选择或者决定是否不合理等（梁爽，215页）。日本最高法院在2010年对"爱泊满公司案件"中首次明确提出并适用商业判断规则。爱泊满公司决定协议收购其控股的关联非上市公司，协议收购价(50 000 日元/股)大幅超过两家会计师事务所的评估价(9 709、6 561—19 090 日元/股),律师意见为可接受(并非不合理)的范围。二审东京高等法院以收购价格过度偏离评估价且没有合理依据,认为董事经营判断背离合理的裁量范围,要求董事承担责任;日本最高法院则认为具体的收购方法和价格是考虑财务负担、业务收益、顺利收购、维持原股东的良好关系等诸多因素的经营判断的范畴,且收购非上市公司应有较大的自由裁量空间,难以认定董事会的决策不合理,并且收购决策听取了律师意见,程序也没有明显的不合理,最终未认定董事违反注意义务(梁爽,216—217 页)。

日本司法实践对于董事会决议的审查包含过程及内容两方面,实际是结合了美国商业判断原则的形式审查标准和日本公司法关于注意义务的实质要求,当然在尊重董事的经营判断上,日本法院给予的宽容度较高。

(四) 商业判断规则视角下对本案的解读

商业判断规则体现的是司法对董事商业决策的谦抑,从善意、无利害关系、知悉、为公司最佳利益几个维度尽量客观化地考察董事决策过程,也提供董事履行勤勉义务的参照标准,在此条件下,法院将举证责任交由起诉一方,并且不介入决策内容和实质结果评判,这是平衡公司内部自治、商业风险、董事经营行为和审判效率的选择。

本案,首先,在无利害关系层面,泰琪公司并无证据证明迈克就上述行为存在个人利益与公司利益冲突的情况。其次,在知悉层面,发函暂停账户结算功能及诉讼的背景,系中方和外方董事就大额资金使用存在较长时间分歧及中方董事未经董事会决定即变更账户预留签章的情形下做出的反应,对于结构性存款与“7 天智能存款”的差异性也在邮件中予以体现,迈克上述决策所依赖的信息是充足的。再次,在为公司最佳利益层面,在面对账户控制权争议过程中,迈克出于优先保障资金本身的安全性而放弃资金最大收益的行为很难归入不合理的范围;最后,恶意及重大过失的举证责任在于泰琪公司,而通过上述几个层面的分析可以基本推断迈克的行为是善意的或者至少是非恶意的,故迈克的行为应当受到商业判断规则的保护,利息损失的结果不应成为判断迈克责任的出发点。

参考文献

1. 安建主编:《中华人民共和国公司法释义》,法律出版社 2005 年版。

2. 马一德:《公司治理与董事勤勉义务的联结机制》,《法学评论》2013 年第 6 期。

3. 曹顺明:《股份有限公司董事损害赔偿责任研究》,中国社会科学院博士学位论文,2002 年。

4. 张红、石一峰:《上市公司董事勤勉义务的司法裁判标准》,《东方法学》2013 年第 1 期。

5.《日本公司法典》,崔延花译,中国政法大学出版社 2006 年版。

6. 李强:《董事注意义务研究》,武汉大学博士学位论文,2009 年。

7. 冯曦:《我国〈公司法〉下董监高赔偿责任规则之检视与完善——基于 691 起司法案件的实证分析》,《经济法学》2022 年第 2 期。

8. 罗培新、李建、赵颖洁:《我国公司高管勤勉义务之司法裁量的实证分析》,《证券法苑》2010 年第 3 卷。

9. 丁丁:《商业判断规则研究》,吉林人民出版社 2005 年版。

10. 丁丁:《商业判断规则研究——兼论完善我国〈公司法〉中的董事责任体系》,对外经济贸易大学博士学位论文,2001 年。

11. 梁爽:《董事信义义务结构重组及对中国模式的反思——以美、日商业判断规则的运用为借鉴》,《中外法学》2016 年第 1 期。

作者：上海市静安区人民法院法官　万健健

案例 10　公司司法解散

——董占琴、长春东北亚物流有限公司公司解散纠纷案

吉林省长春市中级人民法院(2015)长民四初字第 247 号民事判决

吉林省高级人民法院(2016)吉民终 569 号民事判决

最高人民法院(2017)最高法民申 2148 号民事裁定

【事实概要】

2004 年 9 月 20 日,长春东北亚物流有限公司(以下简称东北亚公司)注册成立,至 2015 年 12 月东北亚公司工商登记显示,吉林荟冠投资有限公司(以下简称荟冠公司)持股 44％,董占琴持股 51％,东证融成资本管理有限公司(以下简称东证公司)持股 5％。东北亚公司董事会有 5 名成员,其中董占琴一方 3 人,荟冠公司一方 2 人。《公司章程》第 53 条规定:董事会会议由董事代股东行使表决权,董事会会议对所议事项作出决议,决议应由代表 3/5 以上(含本数)表决权的董事表决通过。

2012 年 4 月 27 日—7 月 24 日,荟冠公司曾三次向董占琴致函要求修改《公司章程》,均被董占琴回绝。

2012—2014 年,荟冠公司与董占琴进行多次股权转让事宜的磋商、谈判,并拟定了多份《股权转让协议》,但最终均未能达成协议。2014 年 11 月 28 日,荟冠公司与东证公司签订《关于长春东北亚物流有限公司之股权转让协议》,约定荟冠公司将其持有的东北亚公司 10％的股权以 9 000 万元的价款转让给东证公司。此后,荟冠公司因东北亚公司拒绝配合办理前述股权转让事宜的工商变更登记手续而将其诉至法院。

2015 年 3 月 11 日,荟冠公司向东北亚公司发出委派书,委派宋大龙、

徐凤久担任公司副董事长和副总经理并出任公司董事。东北亚公司及董占琴以更换董事需要召开董事会并由 3/5 以上董事表决通过方可变更为由，提出经董事会研究，该事项未能达到该比例，因此不予变更。

庭审过程中，荟冠公司及董占琴均认可 2013 年 8 月 6 日的董事会决议为双方召开的最后一次董事会。荟冠公司及董占琴对于 2013 年 8 月 6 日、9 月 25 日召开的股东会的真实性亦予以认可；而对于 2014 年 10 月 3 日和 10 月 8 日、2015 年 1 月 8 日和 1 月 20 日的 4 份股东会决议，荟冠公司均不予认可。

另查明，2004 年 11 月 4 日—2011 年 3 月 31 日，东北亚公司曾借给董占琴 95 万元、董占琴曾借给东北亚公司 7 222 万元，这些借款没有相应的股东会或董事会决议。2014 年 10 月，东北亚公司向中国工商银行股份有限公司长春铁道北支行申请两笔贷款，其中 3 500 万元用于偿还东北亚公司此前的贷款。编号为：2014（铁北）字 0086 号《流动资金借款合同》显示，5 000 万元借款用途为购买高含量月见草精油，荟冠公司称对于该笔贷款的用途并不知晓，均为事后得知。

此外，东北亚公司 2012 年度营业收入 78 405 463.08 元，净利润 19 174 993.32 元；2013 年度营业收入 90 032 289.65 元，净利润 27 083 617.58 元；2014 年度营业收入 97 993 630.33 元，净利润 33 650 033.09 元。该公司未对股东分红。

荟冠公司主张因东北亚公司经营管理发生严重困难且股东利益受到重大损害，并通过其他途径不能解决僵局，故请求解散东北亚公司。

【裁判要旨】

本案的争议焦点：东北亚公司是否符合解散要件。

一审法院判决解散东北亚公司。

二审法院针对东北亚公司提出的荟冠公司存在故意及过错、不应判令解散公司的上诉理由，指出现有法律并未规定公司是否陷入僵局、是否解散须以股东不具有过错及主观故意为判断标准和前提条件，并认定一审判决事实清楚,适用法律正确,故驳回上诉,维持原判。

再审法院认为,基于公司永久存续性的特征,国家公权力对于股东请求解散公司的主张必须持谨慎态度。根据《公司法》第182条及《公司法司法解释(二)》第1条第2款的规定,只有在公司经营管理发生严重困难,继续存续会使股东利益受到重大损失,通过其他途径不能解决的,符合条件的相关股东才有权请求人民法院解散公司。

就本案而言,首先,东北亚公司的经营管理已发生严重困难。判断公司的经营管理是否出现严重困难,应当从公司组织机构的运行状态进行综合分析,公司是否处于盈利状态并非判断公司经营管理发生严重困难的必要条件。其侧重点在于公司经营管理是否存在严重的内部障碍,股东会或董事会是否因矛盾激化而处于僵持状态,一方股东无法有效参与公司经营管理。根据查明的事实,东北亚公司董事会、股东会及监事会均已不能正常运转,公司经营管理陷入僵局。

其次,东北亚公司继续存续会使荟冠公司股东权益受到重大损失。公司股东依法享有选择管理者、参与重大决策和分取收益等权利。本案荟冠公司已不能正常委派管理者,公司人事任免权完全掌握在董占琴一方,且荟冠公司不能正常参与公司重大决策。作为东北亚公司的第二大股东,早已不能正常行使参与公司经营决策、管理和监督以及选择管理者的股东权利,荟冠公司投资东北亚公司的合同目的无法实现,股东权益受到重大损失。

最后,通过其他途径亦不能解决东北亚公司股东之间的冲突。在东北亚公司股东发生矛盾冲突后,荟冠公司试图通过修改《公司章程》改变公司决策机制,解决双方纠纷,或通过向董占琴转让股权等退出公司的方式解决公司僵局状态,但均未能成功。同时,一审、二审法院基于慎用司法手段强制解散公司的理念,多次组织各方当事人进行调解,但均未成功,东北亚公司僵局状态已无法通过其他途径解决。

综上,再审法院认为,东北亚公司股东及董事之间长期冲突,已失去继续合作的信任基础,公司决策管理机制失灵,公司继续存续必然损害荟冠公司的重大利益,且无法通过其他途径解决公司僵局,荟冠公司坚持解散东北亚公司的条件已经成就,裁定驳回再审申请。

【解　析】

一、本判决的意义

本案是最高人民法院 2018 年的公报案例,较为全面地体现了最高人民法院在公司解散案件中的裁判思路和观点。其中对于"股东过错或主观故意与司法解散的关系""经营管理困难认定核心为管理困难""通过其他途径不能解决公司僵局的裁量标准"等要点,对于公司司法解散的适用具有重要的指导意义。

二、评析要点

现行《公司法》第 180、182 条[①]为股东请求解散公司提供了司法上的救济渠道。从条文的字面上看,在具备提起解散公司诉讼主体资格[②]的情况下,能否适用司法解散制度,需要考虑以下因素:(1)公司经营管理发生严重困难;(2)继续存续会使股东利益受到重大损失;(3)通过其他途径不能解决。然而,司法实践中,法院对于以上三个要件,尤其是对"公司经营管理发生严重困难"的理解并不完全统一,例如本案二审法院所述,司法解散公司是解决公司僵局最后且不得已的手段。若无法把握其适用的尺度,则可能对公司、股东、员工、债权人等多方利益主体造成困扰。尺度过严,则试图退出的股东恐寻不到最后的出路;尺度过松,则可存续、有价值的公司恐无端终止,不利于保持市场主体的稳定性,维护员工和债权人等他方利益。

从司法解散制度的立法本意来看,解散公司并非最终目的。保护股东利

---

①　全国人民代表大会常务委员会于 2021 年 12 月 24 日发布《公司法(修订草案)》。该草案第 225 条对现行《公司法》第 180 条作出如下修订:(1)将《公司法》第 180 条第(二)项"股东会或者股东大会决议解散"修改为"股东会决议解散";(2)明确公司应将相关解散事由在 10 日内通过统一的企业信息公示系统予以公示。另外,《公司法(修订草案)》第 227 条将《公司法》第 182 条规定的"持有公司全部股东表决权百分之十以上的股东"修改为"持有公司百分之十以上表决权的股东"。《公司法(修订草案)》对《公司法》第 180、182 条的上述调整,均不构成对公司解散原因或条件的实质性变更。

②　即持有公司全部股东表决权 10% 以上的股东。

益、为股东提供退出公司的选择才是最终目的。因此,讨论是否应当适用司法解散制度和什么情形下能够适用司法解散制度时,有必要将侧重点置于股东利益的立场之上,同时考虑到各方利益的平衡问题,就各要件进行具体分析。

(一) 股东过错或主观故意与司法解散的关系

当主张司法解散的一方股东存在过错或主观故意,例如通过拒绝参加股东会或示意己方董事拒不出席董事会等方式故意制造公司僵局时,股东解散公司的主张是否能够得到支持? 尽管下级法院在审判中偶有分歧,但最高人民法院对此所持的观点始终较为统一。一般认为,公司能否解散取决于公司是否存在僵局以及是否符合公司法规定的实质要件,而不取决于公司僵局产生的原因和责任。因此即使一方股东对公司僵局的产生具有过错,仍然有权请求解散公司。[①]

本案中,针对东北亚公司所提出的荟冠公司刻意营造公司僵局的主张,二审法院明确指出,"这在客观上证明双方股东合作互信的基础丧失,而且现有法律并未规定公司是否陷入僵局、应否解散须以股东不具有过错及主观故意为判断标准和前提条件。"再审中,最高人民法院支持二审法院的观点,驳回了东北亚公司的再审申请。因此,讨论公司能否适用司法解散时,股东的主观态度并不是判断公司是否满足司法解散的实质性要件,法院更关注的仍是公司是否客观处于"经营管理发生严重困难""继续存续会使股东利益受到重大损失"的僵局状态之中,而非造成僵局的原因。另外,正如本案中二审法院所述,股东一方故意制造僵局,实际在客观上证明了双方股东之间存在矛盾,丧失了合作互信的基础。而若股东一方的故意不配合、拒绝、对抗,造成公司内部机制失灵、无法运转的僵局状态,在穷尽其他所有救济仍无法解决的情况下,通过司法介入提供救济应当认为是有价值的。

(二) 公司经营管理出现严重困难

1. 判断经营管理困难的核心在"管理困难"

判断公司是否确已满足"经营管理发生严重困难"这一要件,首先需要

---

① 参见"仕丰科技有限公司与富钧新型复合材料(太仓)有限公司、第三人永利集团有限公司解散纠纷案",最高人民法院民事判决书,(2011)民四终字第 29 号。

明确该要件中的"经营管理困难"是指"经营困难"还是"管理困难"。

最高人民法院在"富钧新型复合材料(太仓)有限公司、仕丰科技有限公司、永利集团有限公司解散纠纷案"①中指出"公司经营管理严重困难包括两种情况:一是公司权力运行发生严重困难,股东会、董事会等权力机构和管理机构无法正常运行,无法对公司的任何事项作出任何决议,即公司僵局情形;二是公司的业务经营发生严重困难,公司经营不善、严重亏损",并指出如果公司仅业务经营发生严重困难(经营困难),不存在权力运行严重困难的(管理困难),则不符合司法解散公司的条件,这一点其实在2008年公布实施的《公司法司法解释(二)》第1条第2款②中已经进行了明确规定,但并未明确出现经营困难是否公司司法解散的必要条件。

这一问题在最高人民法院2012年公布的第8号指导案例——"林方清诉常熟市凯莱实业有限公司、戴小明公司解散纠纷案"③(以下简称"林方清案")中得到了解答。该案中,各自持有公司50%股权的双方股东陷入僵局,公司连续4年未召开股东会,一审法院认为即使存在前述情况,但公司经营状况良好,因此认定不满足"公司经营管理发生严重困难"这一要件。二审法院改判公司解散,并指出,因为股东之间的矛盾、股东的持股比例、股东会议事方式和表决程序的限制使得公司"不能也不再通过股东会决议的方式管理公司,形成了股东僵局,股东会机制已经失灵",且公司执行机构的行为依据的也不是股东会的决议,仅体现股东的个人意志,在这种情况下,"即使尚未处于亏损状况也不能改变该公司的经营管理已陷入困境的局面"。最高人民法院在该案例的裁判要点总结中指出,"判断'公司经营管理是否发生严重困难',应从公司组织机构的运行状态进行综合分析。公司虽处于盈利状态,但其股东会机制长期失灵,内部管理有严重障碍,已陷入僵局状态,可以认定为公司经营管理发生严重困难",即明确经营困难并非判

---

① 最高人民法院民事判决书,(2011)民四终字第29号。
② 《公司法司法解释(二)》第1条第2款规定:"股东以知情权、利润分配请求权等权益受到损害,或者公司亏损、财产不足以偿还全部债务,以及公司被吊销企业法人营业执照未进行清算等为由,提起解散公司诉讼的,人民法院不予受理。"
③ 最高人民法院民事裁定书,(2012)民申字第336号。

定公司司法解散的必要条件,公司虽未出现经营困难,但是出现管理困难的,也可能被认定为符合司法解散条件(指导案例 8 号 * 尾注 2)。

本案中,最高人民法院延续了其在"林方清案"中确立的这一观点,东北亚公司在 2012、2013、2014 年连续盈利,并未出现经营不善、严重亏损的经营困难,但一审、二审法院以及最高人民法院均基于其已经出现管理困难而认定东北亚公司满足"经营管理发生严重困难"的要件。除前述"林方清案"及本案外,最高人民法院也曾多次在其审理的公司解散纠纷案件中重申这一观点。①

2. 经营管理困难的认定标准

为统一法律适用的标准,最高人民法院在《公司法司法解释(二)》第 1 条第 1 款中列举了四种"公司经营管理发生严重困难"的情形,其中第一项和第二项规定的是股东会陷入僵局的情形,第三项规定的是董事会陷入僵局的情形,最后一项则采取兜底性表述涵盖其他公司出现的经营管理困难的情形。②

由以上规定可以看出,判断公司是否出现经营管理困难最直接的标准在于公司的股东会、董事会、监事会等内部组织机构是否可以有效运行。笔者对最高人民法院的案例进行梳理、归纳,在从公司内部组织机构的运行状态入手判断公司是否存在严重的经营管理困难的分析中,以下最高人民法院的裁判思路值得我们关注。

一是在股东会僵局的认定上,最高人民法院在司法解释的适用上并非

---

① 参见"广西南宁红白蓝投资有限责任公司、刘礼宁公司解散纠纷案",最高人民法院民事判决书,(2017)最高法民申 4394 号;"何广林、清远市泰兴房地产有限公司公司解散纠纷案",最高人民法院民事判决书,(2017)最高法民申 4437 号;"黑龙江中祺亿和房地产开发有限公司、王慧公司解散纠纷案",最高人民法院民事判决书,(2018)最高法民申 5411 号等。

② 《公司法司法解释(二)》第 1 条第 1 款规定:"单独或者合计持有公司全部股东表决权百分之十以上的股东,以下列事由之一提起解散公司诉讼,并符合公司法第一百八十二条规定的,人民法院应予受理:(一)公司持续两年以上无法召开股东会或者股东大会,公司经营管理发生严重困难的;(二)股东表决时无法达到法定或者公司章程规定的比例,持续两年以上不能做出有效的股东会或者股东大会决议,公司经营管理发生严重困难的;(三)公司董事长期冲突,且无法通过股东会或者股东大会解决,公司经营管理发生严重困难的;(四)经营管理发生其他严重困难,公司继续存续会使股东利益受到重大损失的情形。"

单纯地从形式上判断公司是否两年以上未召开股东会,而是从实质上判断公司是否已经无法召开股东会,甚至结合提诉股东是否已经行使法定的自行召集和主持股东会的权利来判断公司是否客观上无法召开股东会。例如在"罗英立、广西鸿盛同兴置业投资有限公司公司解散纠纷案"①中,最高人民法院指出,"公司未召开股东会与无法召开股东会不能等同,公司召开股东会但未形成书面决议亦不代表公司权力机构无法正常运行。在无其他有效证据相佐证的情况下,即使鸿盛公司在 2014 年 8 月 30 日以后未召开股东会并形成股东会决议,也不必然意味着该公司经营管理出现混乱和股东会机制已失灵",并驳回了原告解散公司的诉讼请求;②在"黄伟、贵州省江口县邦诚投资有限公司公司解散纠纷案"中,最高人民法院指出,原告股东黄伟作为代表 1/10 以上表决权的股东可以自行召集和主持股东会,但没有证据证明其行使了该权利,因此认定邦诚公司并非连续两年在客观上无法召开股东会。

二是对于长期未召开股东会,但是股东通过其他方式进行沟通和协商的情形,最高人民法院也可能认定公司经营管理并未出现严重困难。例如在"王桂英、菏泽招商国际投资开发有限公司公司解散纠纷案"③中,公司连续 4 年未召开股东会,但最高人民法院以"虽然双方没有开过股东会,但双方在公司的经营管理问题上一直在进行沟通和协商"为由,认为连续 4 年未召开股东会的情形"不能证明公司的经营管理发生了严重困难。"

除前述公司的股东会、董事会等内部组织机构不能有效运行这一直接的认定标准外,最高人民法院还从股东之间的人合性障碍的角度来判断公司是否已经出现严重的经营管理困难。在此类案件中,最高人民法院侧重于基于股东之间存在不可调和的矛盾冲突来认定公司存在严重经营管理困难,而并不拘泥于司法解释对于未召开股东会的时间等的规定。例如在"董

---

① 最高人民法院民事裁定书,(2018)最高法民申 4670 号。

② 最高人民法院在"广西大地华城房地产开发有限公司、刘海公司解散纠纷案",最高人民法院民事判决书,(2017)最高法民再 373 号;"栾立华、聊城鲁西纺织有限责任公司公司解散纠纷案",最高人民法院民事判决书,(2019)最高法民申 5183 号也表达了类似的观点。

③ 最高人民法院民事裁定书,(2017)最高法民申 2342 号。

继东、卢忠新等与湘潭市嘉园商务有限公司公司解散纠纷案"①以及"海南龙润恒业旅业开发有限公司、海南博烨投资有限公司公司解散纠纷案"②（以下简称"海南龙润案"）中，公司均在提诉前的两年内召开过股东会并形成了有效的股东会决议，但是最高人民法院基于股东之间的尖锐对立而认定公司已经发生经营管理的严重困难。在海南龙润案中，最高人民法院明确指出，"未召开股东会持续时间不足两年并非阻碍判定公司解散的绝对条件。……判定公司能否解散应根据公司法第一百八十二条的规定予以综合判断"。可以认为，股东之间的人合性障碍是《公司法司法解释（二）》第 1 条第 1 款第 4 项兜底性条款的具体情形。

本案中，一审、二审法院以及最高人民法院均从东北亚公司组织机构的运行状况角度，对公司出现严重经营管理困难这一点上进行了论证，认为东北亚公司的股东会、董事会、监事会均已不能正常运作，无法履行法律或公司章程规定的职能。值得注意的是，虽然从公司的章程对于董事会席位以及董事会决议事项的通过比例的规定来看，理论上，董占琴一方可单独达成有效的董事会决议，似乎董事会层面还存在正常运作的可能，公司运营并非完全陷入僵局，但是事实上，东北亚公司自 2013 年 8 月 6 日以后长达 3 年未召开董事会、未能形成有效的决议，一审、二审法院以及最高人民法院都基于这一事实而认定东北亚公司的董事会已经无法正常运行。同时二审法院还指出"董事之间的长期冲突系股东之间矛盾冲突的具体表现"，荟冠公司与董占琴之间的矛盾无法调和，"股东双方无法通过股东会决议对董事的长期冲突加以解决"，虽然法院的表述并非十分明确，但可以看出二审法院在一定程度上综合考量了股东之间的人合性障碍来认定东北亚公司的经营管理困难。

（三）继续存续会使股东利益受到重大损害

股东的利益可以分为：参与公司管理的权益和获得收益的权益两大类。就笔者对最高人民法院相关裁判案例进行梳理的结果而言，既存在仅

---

① 最高人民法院民事裁定书，(2013)民申字第 2471 号。
② 最高人民法院民事裁定书，(2018)最高法民申 280 号。

依据股东参与公司管理的权益受到损害而认定公司继续存续会使股东利益受到重大损害的,例如,本案中最高人民法院即基于荟冠公司"不能正常行使参与公司经营决策、管理和监督以及选择管理者的股东权利"而认定其权益受到重大损失;也存在基于股东参与公司管理的权益和获得收益的权益都受到损害而认定公司继续存续会使股东利益受到重大损害的,例如在"金濠(合肥)建设发展有限公司、江苏建坤置业有限公司公司解散纠纷案"①(以下简称"金濠案")中,最高人民法院就从股东无法参与公司管理以及至今未分配利润两个角度出发,论证了公司继续存续会使股东利益受到重大损害。

值得注意的是,虽然在部分案例中,最高人民法院将论证股东权益受到损害的落脚点放在股东收益受到影响上,例如前述"金濠案"以及"山东博斯腾醇业有限公司、昌邑永盛泰供热有限公司公司解散纠纷案"②均明确指出,股东的设立公司的最终目的是获得收益,但笔者认为,若股东只有获得收益的权益受到损害而可以正常参与公司的经营管理并正常行使其管理性权益的,一般不宜认定公司的继续存续会使该股东的权益受到重大损失,这一点其实与"经营管理出现严重困难"的认定要件相辅相成,即仅存在经营困难而使股东获得收益的权益受损,但并不存在管理困难,不符合司法解散公司的条件。最高人民法院在前述案例中对股东权益受损的论证中均从股东无法参与公司管理这一点入手,采取了经营管理权益的损害最终会影响股东获取收益,从而损害股东利益的论证逻辑。

事实上,股东的权益的损害与公司"经营管理出现严重困难"存在较为密切的联系,一般而言,当公司出现内部组织机构不能有效运行等情况时,股东参与公司决策、行使股东权利的路径会受到阻碍。也有学者指出,"继续存续会使股东利益受到重大损害"这一要件是"经营管理出现严重困难"的自然延伸(李建伟,124—125页)。就裁判案例来看,最高人民法院在具体的说理过程中也存在将二者合在一起进行论证的情况,例如"吉林省金融资

---

① 最高人民法院民事判决书,(2019)最高法民终 1504 号。
② 最高人民法院民事裁定书,(2019)最高法民申 6231 号。

产管理有限公司、宏运集团有限公司公司解散纠纷案"①。

(四)司法解散中谨慎原则的运用与穷尽其他救济手段的认定

由于公司司法解散,在实现股东退出这一愿望的同时将消除公司法人的存在,这是最严厉且后果牵涉最广的一种手段。在我国司法实践中,法院往往对司法解散的适用持谨慎原则,例如在"广西大地华城房地产开发有限公司、刘海公司解散纠纷案"②中,最高人民法院指出,"公司解散属于公司的生死存亡问题,关涉公司股东、债权人及员工等多方利益主体,关涉市场经济秩序的稳定和安宁。因此,人民法院对公司解散应慎重处理,应综合考虑公司的设立目的能否实现、公司运行障碍能否消除等因素。只有公司经营管理出现严重困难,严重损害股东利益,且穷尽其他途径不能解决的,才能判决解散公司"。本案最高人民法院同样提到,"基于公司永久存续性的特征,国家公权力对于股东请求解散公司的主张必须持谨慎态度。当冲突各方股东不能通过协商达成谅解,任何一方都不愿或无法退出公司时,强制解散公司就成为一个最后的不得已的解决公司僵局的措施"。明确了公权力应当慎用司法解散制度,将其作为解决公司僵局的最后手段。因此,法院在审理公司司法解散案件时,应当严格依照相关规定,对是否满足司法解散实质要件进行判断,同时注重调解,结合案情以及审理情况,充分确认冲突各方股东之间通过其他途径解决的可能。

谈及其他的解决途径,《公司法司法解释(二)》第5条第1款还为股东提供了包括股权转让、公司回购、减资等选择。与司法解散相比,其他替代性解决途径在同样保护当事股东利益的情况下,均可在保全公司法人的前提下实现,更有利于保持市场主体稳定性以及保护其他相关利益主体。当公司可以通过股转等方式解决股东矛盾时,法院不应当轻易判决解散公司。有学者统计,在司法解散之诉中,原告几乎都会向立案庭提供被告公司不同意回购、收购股权或者其他对立的股东不肯受让股权的证据,并通常会在此基础上举证证明"第三人居中调停""双方和解"等其他途径仍不能解决与对

---

① 最高人民法院民事裁定书,(2019)最高法民申 1474 号。
② 最高人民法院民事判决书,(2017)最高法民再 373 号。

立股东的矛盾,以证明其穷尽了其他救济手段(李建伟,126 页)。而法院在审理过程中认定"通过其他途径不能解决"时,往往也会考虑冲突各方是否存在通过上述替代性解决途径解决的可能,仅在确有必要性时才判决解散公司。例如在"宝丰国际投资有限公司、成都富力熊猫城项目开发有限公司公司解散纠纷案"①中,两方股东曾就股权收购事宜形成多份意向性解决方案以及协议讨论稿,尽管协议尚未正式签署,最高人民法院仍认为,这表明案涉股东之间纠纷并非不能通过股转等途径解决,尚不具有司法解散的必要性。"黄伟、贵州省江口县邦诚投资有限公司公司解散纠纷案"②"广州市灵英迪资源环保有限公司、廖治平公司解散纠纷案"③等案件中也有相似的观点。而在判决解散的案件中,最高人民法院基本都会通过阐述当事人之间经过法院或其他第三方多次调解未果来论证"通过其他途径不能解决"这一要件的达成。

参考文献

1. 李建伟:《司法解散公司事由的实证研究》,《法学研究》2017 年第 4 期。

2. "林方清诉常熟市凯莱实业有限公司、戴小明公司解散纠纷案",http://www.chinacount.org/anticle/detail/2012/04/id/478577.shtml,最后访问日期:2022 年 7 月 11 日。

作者:上海市方达律师事务所合伙人　孙海萍

---

① 最高人民法院民事裁定书,(2019)最高法民申 5886 号。
② 该案最高人民法院认为,原审原告未能提供证据证明其为了维护自己的股东权益已经穷尽了诸如请求收购股权、股权转让等非司法解散外的其他救济手段,故原审驳回解散公司的诉请并无不当。
③ 该案最高人民法院认为,对立股东在原审期间分别表达了收购(转让)股权的意向,尽管后因当事人意见分歧未能调解解决,但综合考察,涉案公司股东之间的矛盾仍然存在通过其他途径予以解决的可能。

证券法编

◎ 证券发行与上市法律制度

◎ 不公正交易的规制

◎ 上市公司收购法律制度

◎ 证券市场参与者法律责任

◎ 投资者保护

案例 11　股票首次公开发行注册制改革

——恒安嘉新(北京)科技股份公司科创板上市申请被否决注册

【事实概要】

2019 年 3 月 18 日,科创板股票发行上市审核系统正式开始接收发行人的申请。2019 年 3 月 22 日,上海证券交易所科创板发行上市审核部门完成了对烟台睿创微纳技术股份有限公司(以下简称睿创微纳)在内首批 9 家企业申请文件的齐备性核对,提出了补正要求。

2019 年 6 月 11 日,上海证券交易所科创板上市委员会(以下简称科创板上市委)审议同意睿创微纳首次发行上市。2019 年 6 月 14 日,证监会同意睿创微纳首次公开发行股票的注册申请。自此,睿创微纳成为科创板首批上市公司。

在睿创微纳在内的企业接连成功登陆科创板的同时,不乏一些企业在科创板上市途中遭遇失败。2019 年 4 月 3 日,恒安嘉新(北京)科技股份公司(以下简称恒安嘉新)向上海证券交易所递交包括《招股说明书》在内的上市文件,申请于科创板上市。其后,2019 年 7 月 11 日,科创板上市委审议同意恒安嘉新首次发行上市,但在 2019 年 8 月 26 日,证监会最终作出《关于不予同意恒安嘉新(北京)科技股份公司首次公开发行股票注册的决定》(以下简称《决定》)。恒安嘉新成为科创板注册制试点以来第一例被证监会否决注册的公司。

【行政决定】

证监会不予注册的理由如下。

第一,恒安嘉新于 2018 年 12 月 28 日—29 日签订、2019 年签署验收报告的 4 个重大合同,2018 年年底均未回款且未开具发票,恒安嘉新将上述 4 个合同收入确认在 2018 年。2019 年,恒安嘉新以谨慎性为由,经董事会及股东大会审议通过,将上述 4 个合同收入确认时点进行调整。恒安嘉新将该会计差错更正认定为特殊会计处理事项的理由不充分,不符合《企业会计准则》的要求,发行人存在会计基础工作薄弱和内控缺失的情形。

第二,2016 年恒安嘉新实际控制人金红将 567.20 万股股权分别以象征性 1 元的价格转让给刘长永等 16 名员工。在提交上海证券交易所科创板上市审核中心的申报材料、首轮问询回复、二轮问询回复中,恒安嘉新都认定上述股权转让系解除股权代持,因此不涉及股份支付;三轮回复中,恒安嘉新、保荐机构、申报会计师认为时间久远,能够支持股份代持的证据不够充分,基于谨慎性考虑,会计处理调整为在授予日一次性确认股份支付 5 970.52 万元。恒安嘉新未按《招股说明书》的要求对上述前期会计差错更正事项进行披露。

【解　析】

一、本案的意义

股票首次公开发行注册制在科创板适用,确立了我国股票首次公开发行注册制从理论层面正式引入资本市场实际运行。恒安嘉新作为科创板注册制试点以来第一例被证监会否决注册的公司,让我们从另外一个侧面思考如何理解股票首次公开发行注册制的立法核心,以及该制度在监管层面和审核层面上应如何衔接。

二、我国股票首次公开发行注册制改革脉络及科创板注册制试点

股票首次公开发行注册制改革一直是我国资本市场证券法治改革的话题之一。我国股票发行注册制改革经历了数次波折,才最终得以确定。

2013 年 11 月 12 日,党的十八届三中全会通过《中共中央关于全面深化改革若干重大问题的决定》,首次明确提出"推进股票发行注册制改革",

拉开了我国股票发行注册制改革的大幕。此后,2014 年 5 月 8 日,国务院发布《关于进一步促进资本市场健康发展的若干意见》,提出"积极稳妥推进股票发行注册制改革"。2015 年 4 月 20 日,十二届全国人大常委会第十四次会议首次审议了《证券法(修订草案)》,确定了股票发行注册制的大体制度框架。2015 年 12 月,第十二届全国人民代表大会常务委员会第十八次会议审议通过《关于授权国务院在实施股票发行注册制改革中调整适用〈中华人民共和国证券法〉有关规定的决定(草案)》的议案,明确授权国务院可以根据股票发行注册制改革的要求,调整适用现行《证券法》关于股票核准制的规定,对注册制改革的具体制度作出专门安排。① 2018 年 11 月 5 日,国家主席习近平在首届中国进口博览会上宣布"将在上海证券交易所设立科创板并试点注册制"。随后,科创板注册制试点的准备与启动工作逐步开展,相关配套规则陆续出台,包括证监会发布的《关于在上海证券交易所设立科创板并试点注册制的实施意见》和《科创板首次公开发行股票注册管理办法(试行)》(以下简称《科创板注册管理办法》),以及上海证券交易所发布的相关配套规则,例如《上海证券交易所科创板股票发行上市审核规则》《上海证券交易所科创板股票上市委员会管理办法》《上海证券交易所科创板股票上市规则》等。最终,在立法层面,2019 年修订的《证券法》原则上采纳了证券发行注册制,证券发行注册制的具体范围、实施步骤由国务院规定。

在上位法逐渐明朗的背景下,科创板注册制试点可谓"水到渠成"。科创板的推出,一方面,意在增强境内资本市场服务创新企业发展的能力、破解科创企业融资困局;另一方面,科创板是制度增量改革的试点,通过对发行上市交易监管配置进行相关的自主创新,形成可以复制、推广的经验,再对存量市场进行改造和优化。

---

① 此后,我国股票发行注册制改革并非一帆风顺,其间也经历了一些波折。例如,2015—2016 年中国资本市场动荡,导致 2017 年 4 月才开始《证券法(修订草案)》二审工作。在《证券法(修订草案)》二审中,二审稿相较于一审稿,对于股票注册制相关内容较为保守,对当时《证券法》第二章"证券发行"的规定暂不作修改。此外,2018 年 2 月 24 日,全国人大常委会也对于授权国务院在实施股票发行注册制改革中调整适用《证券法》的期限延长了两年,至 2020 年 2 月 29 日。这也表明当时的改革工作进入瓶颈期。

三、股票发行注册制的核心及其与核准制的区分

我国的股票发行制度大体经历了三个阶段：一是审批制，1999 年 7 月 1 日之前，当时《证券法》尚未正式出台，股票发行受限于当时的数量控制或额度分配；二是核准制，1999 年 7 月 1 日实施的《证券法》正式确立了股票发行的核准制度，由证券监管机关审核拟上市公司是否满足发行条件，并予以核准；①三是注册制，2019 年修订的《证券法》采纳了证券发行审核原则上采取注册制，具体注册制的实施范围和步骤，授权国务院具体制定。

从我国股票发行制度的变革中不难发现，监管机关期望逐步淡化行政监管在股票发行中扮演的角色，从而突出市场主体判断股票发行的作用。由核准制转向注册制的改革主要是促进监管转型，重塑政府与市场之间的关系：让市场在资源配置中发挥决定性作用，同时转变政府职能，进一步简政放权（郭雳，278 页）。因此，注册制与核准制的核心区别在于政府在出售证券的品质挑选上扮演什么样的角色。注册制是通过信息披露的要求，对出售证券的品质有着隐含的要求，更多通过市场和中介机构来挑选出售证券的品质。核准制则由政府直接对出售证券的品质做出投资价值判断（彭冰，270—272 页）。当然，在股票发行核准制中，立法除了要求政府机关鉴定股票发行的品质，还会衍生出其他政府力量控制市场供给的行为。例如，证监会可以通过直接或者间接放缓、暂停股票发行核准的审批速度，调节股票发行的速度。这就造成我国在股票发行环节不时出现的新股发行申请"堰塞湖"现象。证监会更是曾经多次直接暂停新股发行审核，导致市场上没有新股供给，一定程度扭曲了股票市场的价格。

在理想的注册制语境下，证券监管机构应当退居幕后，将自己的权力限缩于形式审核，行使消极的否决权（叶林，16 页）。证监会也曾经在 2013 年《关于进一步推进新股发行体制改革的意见》中表示，在新股发行注册制下，监管部门仅对发行人和中介机构的申请文件进行合规性审查，不判断企业

---

①   1999 年 7 月 1 日实施的《证券法》并未完全删除审批制的表述。此后，2001 年 3 月，证监会宣布取消股票发行审批制，直到 2005 年修订《证券法》，才删去了审批制的表述。

的盈利能力,而是要求企业进行充分的信息披露,在此基础上,由投资者自主做出投资决策。目前科创板注册制规则也顺应形式审核的要求,将核准制下被批评较多的"具有持续盈利能力,财务状况良好"条件予以删除。科创板注册制下的新股发行条件主要是合规性以及要求"具有持续经营能力"。"持续经营能力"的要求是企业作为一个商事主体的基本要求,也是贯穿整个商事法律的基本精神(王保树,71 页),因此,这一要求本身有其合理性。此外,《科创板注册管理办法》要求证监会在注册环节主要关注交易所发行上市审核内容有无遗漏、审核程序是否符合规定,以及发行人在发行条件和信息披露要求的重大方面是否符合相关规定。这些注册环节的要求也体现了证监会在股票发行环节转为形式审核(见表 1)。

表 1　核准制下与科创板注册制下新股发行条件的比较

核准制下的新股发行条件①	科创板注册制下的新股发行条件②
(1) 具备健全且运行良好的组织机构; (2) 具有持续盈利能力,财务状况良好; (3) 最近 3 年财务会计文件无虚假记载,无其他重大违法行为; (4) 经国务院批准的国务院证券监督管理机构规定的其他条件	(1) 具备健全且运行良好的组织机构; (2) 具有持续经营能力; (3) 最近 3 年财务会计报告被出具无保留意见审计报告; (4) 发行人及其控股股东、实际控制人最近 3 年不存在贪污、贿赂、侵占财产、挪用财产或者破坏社会主义市场经济秩序的刑事犯罪; (5) 经国务院批准的国务院证券监督管理机构规定的其他条件

当然,也有学者对这种证券监管机构完全退居幕后而仅采用形式审核的方式存有质疑。首先,从比较法角度,美国证券发行制度实质上是一种双

---

① 参见《证券法》(2014 年修订)第 13 条。核准制下的具体新股发行条件亦参见《首次公开发行股票并上市管理办法》(2022 年修正)第二章。针对"具有持续盈利能力"的条件,《首次公开发行股票并上市管理办法》(2022 年修正)还细化了相关要求,包括最近 3 个会计年度净利润均为正数且累计超过人民币 3 000 万元、最近 3 个会计年度经营活动产生的现金流量净额累计超过人民币 5 000 万元或者最近 3 个会计年度营业收入累计超过人民币 3 亿元等。

② 参见《证券法》(2019 年修订)第 12 条。科创板注册制下的具体新股发行条件亦参见《科创板注册管理办法》第二章。

重注册的结构,需要在联邦和州两个层面同时进行注册。其中,联邦层面是主要焦点,即以信息披露为主体,联邦证券监管权受到严格限定,但是各州层面的发行监管往往实行实质审核,旨在控制证券投资风险(沈朝晖,17—18 页)。其次,认为"形式审核"等同于合规性审核,本身就是一种误解。合规性审核很难不深入公司的经营、治理等实质性问题进行讨论,而且或多或少暗含了关于公司未来前景的判断(蒋大兴,41 页)。最后,被市场诟病的"持续盈利能力"是否应当作为纯粹的市场自治,不需要政府"有形之手"的干预? 目前中国证券市场存在以下两个特征:一是个人投资者较多,机构投资者不发达;二是一些投资者难以消化持续盈利能力判断失误的后果,可能因证券纠纷的涉众性演变为群体性事件。因此,在目前中国的背景下,证券监管机关应适当调整持续盈利能力,以弥补市场自我调整的不足(蒋大兴,46 页)。

实践中,虽然科创板注册之下的新股发行条件已经没有盈利能力的要求,但是,证监会还是保留着对于需要进一步说明或落实事项要求交易所进一步问询,以及最终不予注册决定的权力。① 在恒安嘉新申请上海证券交易所科创板股票首次公开发行时,上交所科创板上市委审议同意恒安嘉新首次发行上市。但是,证监会在审阅相关材料后发现,恒安嘉新存在会计基础工作薄弱和内控缺失的情形,并且未按《招股说明书》的要求对相关前期会计差错更正事项进行披露,因此,作出不予注册的决定。基于上述证监会提供的理由,很难说证监会在审阅相关恒安嘉新申请材料中仅对材料进行了书面审核,而完全不涉及信息的判断。因此,在注册制背景下,证券监管机关并不是完全从实质审核转向另一端的形式审核,而是应当将重心转向进一步削减行政控制色彩(例如对数量的隐性限制),以及对发行人合规性的判断。

四、股票发行注册制背景下的交易所与证监会审核、监管权限划分

在目前的科创板注册制下,根据上交所发布的"科创板股票审核 IPO

---

① 参见《科创板注册管理办法》第 23、24 条。

审核流程",新股发行上市大致被分为以下步骤:一是交易所对于发行人提交的注册文件进行审查,并根据需要进行若干轮的问询。二是交易所上市委员会对交易所审核机构出具的审核报告及发行人上市申请文件进行审议,形成发行人是否符合发行条件、上市条件和信息披露要求的审议意见。三是交易所将申请文件及其审核意见报送证监会,证监会履行注册程序,对于发行人的注册申请作出同意或不予注册的决定。四是在证监会同意注册的决定做出之日1年内,发行人申请发行股票。

　　上述股票发行环节的分权重整设计的核心是将股票发行的审核权由证监会下放至交易所,交易所履行一线监管职责,关注上市申请文件及信息披露内容是否充分、一致以及可理解(答记者问 * 尾注 7)。证监会的部分权力"退隐",即削弱或者取消前端的实质审核权力而强化事中事后的监管顺应了学界主流的意见(彭冰,270 页;郑彧,158—159 页;唐应茂,17—18 页)。证监会不再作为第一道审核机构,而是在交易所审核并报送证监会后,证监会在 20 个工作日内做出同意或不同意注册的决定,但是,这也不意味着证监会完全淡出发行审核环节。除了证监会拥有最终决定的权力,如果其认为存在需要进一步说明或落实的事项,可以要求交易所进一步问询。总体而言,本次科创板注册制改革在发行审核环节综合了股票发行改革市场化的呼声,同时也确保证监会在股票发行中仍然处于最终把关的角色。①

　　结合上述恒安嘉新申请过程,不难看出交易所作为"一线监管"机构,前后对于恒安嘉新的注册文件进行了三轮问询,其中涵盖了技术、业务、会计、法律等方面的内容。交易所的此种问询方式在一定程度上与核准制下证监会的工作内容非常相似,即证监会通过首次公开发行股票申请文件反馈意见的方式对发行人提交的材料进行审核,并对发行人及其中介机构进行询问。同时,证监会也并非完全退出股票发行的审核环节,例如其在恒安嘉新

---

　　① 核准制中证监会的角色较为明晰,故通常将证监会对于股票发行中的核准纳入行政许可的范畴,但是,在注册制语境下,如何定性交易所的审核权及证监会的注册权,将会影响发行人面对交易所审核不通过或者证监会不予注册时可以采取的救济途径。相关问题在此不做过多展开。

申请股票首次公开发行中就行使了至关重要的最终否决权。这就意味着交易所审核通过后,证监会依旧可以否决股票发行注册,显示了证监会在整个上市申请中起到了"守门员"的角色。

1998年《证券法》"证券上市"独立作为一节,从立法上将证券发行与证券上市划分为两个不同阶段。证券发行需要关注的是发行人如何将证券出售给投资者,涉及增量证券的流动问题,是发行人与投资者之间的协商博弈的过程,是社会闲置资本向产业资本聚集的过程。资金主要在资本与产业之间实现转换,实现的是资源优化配置的功能。而证券上市解决的是购买发行后证券的初始投资者如何进一步通过有效的渠道进行二次交易的问题,涉及存量证券的流通问题,是投资者之间围绕证券价值估值的博弈过程,资金只是在资本之间流动,是资本的优化配置过程(郑彧,157—158页)。然而,核准制语境下证券监管机构对于证券品质筛选话语权较高,导致证券交易所的上市审核实际成为证监会的发行审核的附庸。一方面,从规则设置角度,核准制之下的上市条件基本是对发行条件的重复。《首次公开发行股票并上市管理办法》(2022年修正)除股本总额要求不少于人民币3 000万元,以及对最低公开发行比例有要求之外,核准制下的上市条件基本被证监会制定的发行条件所吸收。另一方面,从实践操作角度,在注册制出台实施之前,市场上难觅因证券交易所审核不通过而未能上市的案例。相反,证监会发行核准成为企业发行上市的保证书。

相比之下,目前在科创板注册制下的上市条件中增加了股本总额、公开发行股份比例以及市值和财务指标的因素,尤其是财务指标,结合不同市值规模和财务指标,包括净利润、营业收入、研发投入占经营收入比例等。[①] 设置这样的上市条件一方面可以确保发行人在多种上市条件中灵活选择其适用的条件;另一方面,也希望从中能够体现发行人的未来盈利状况、盈利可持续性以及证券上市对市场的影响等,从而使得上市条件与发行条件的区分有了实质意义(见表2)。

---

① 参见《上海证券交易所科创板股票上市规则》(2020年12月修订)第2.1.2条。

表 2　核准制下与科创板注册制下新股上市条件的比较

核准制下的上市条件 （以上海证券交易所主板为例）①	科创板注册制下的上市条件②
（1）股票已公开发行； （2）具备健全且运行良好的组织机构； （3）具有持续经营能力； （4）公司股本总额不少于人民币 5 000 万元； （5）公开发行的股份达到公司股份总数的 25% 以上；公司股本总额超过人民币 4 亿元的，公开发行股份的比例为 10% 以上； （6）公司及其控股股东、实际控制人最近 3 年不存在贪污、贿赂、侵占财产、挪用财产或者破坏社会主义市场经济秩序的刑事犯罪； （7）最近 3 个会计年度财务会计报告均被出具无保留意见审计报告； （8）上海证券交易所要求的其他条件	（1）符合中国证监会规定的发行条件； （2）发行后股本总额不低于人民币 3 000 万元； （3）公开发行的股份达到公司股份总数的 25% 以上；公司股本总额超过人民币 4 亿元的，公开发行股份的比例为 10% 以上； （4）市值及财务指标符合规定的标准； （5）上海证券交易所规定的其他上市条件

五、股票发行注册制的最新发展及展望

2019 年《证券法》第 9 条规定，证券发行实行注册制，其具体范围、实施步骤由国务院规定。科创板注册制自实施以来，截至 2022 年 7 月 22 日，已有 439 家企业登陆科创板，首次公开发行融资金额超 6 400 亿元，占同期 A 股首次公开发行数量的 40%（姚均芳、潘清、桑彤 * 尾注 10）。此外，在注册制改革大方向下，创业板也进入注册制改革的轨道。2020 年 4 月 27 日，中央全面深化改革委员会第十三次会议通过了《创业板改革并试点注册制总体实施方案》，要求推进创业板改革并试点注册制。2020 年 6 月，创业板股票公开发行注册制相关的规则也陆续推出，包括《创业板首次公开发行股票注册管理办法》《深圳证券交易所创业板股票发行上市审核规则》等，标志着

---

①　由于目前上海证券交易所主板依旧采取核准制，因此，核准制下的上市条件可参见《证券法》(2014 年修订)第 50 条、《上海证券交易所股票上市规则》(2022 年 1 月修订)第 3.1.1 条。

②　注册制下的具体新股上市条件参见《证券法》(2019 年修订)第 47 条、《上海证券交易所科创板股票上市规则》(2020 年 12 月修订)第二章第一节。上市条件中市值及财务指标，举例而言，预计市值不低于人民币 10 亿元，最近两年净利润均为正值且累计净利润不低于人民币 5 000 万元；或者预计市值不低于人民币 10 亿元，最近一年净利润为正值且营业收入不低于人民币 1 亿元。

创业板注册制试点步入正轨。

通过比较科创板注册制与创业板注册制的上市条件以及注册流程,科创板注册制与创业板注册制在制度设计的理念上是一致的,主要的区别在于科创板与创业板在多层次资本市场的定位不同,因此,科创板与创业板所吸引的拟上市企业的类型有所不同,故二者在上市条件设置上有细微差异。根据 2019 年证监会发布的《关于在上海证券交易所设立科创板并试点注册制的实施意见》,科创板目标企业应是符合国家战略、突破关键核心技术、市场认可度高的科技创新企业,包括新一代信息技术、高端装备、新材料、新能源、生物医药等在内的科技创新企业。

目前,我国上海证券交易所主板以及深圳证券交易所主板依旧采取核准制。未来股票发行注册制推广应用于各个证券交易所的不同层次的资本市场将是大势所趋。2021 年 9 月,为深化新三板市场改革,北京证券交易所(以下简称北交所)成立,同步试点证券发行注册制。北交所的注册制改革定位是,希望吸引优质中小企业。目前北交所的上市条件低于科创板以及创业板。① 但是,注册制改革的立法精神应当贯穿于不同层级资本市场,即股票发行注册制改革的重中之重在于构建一套制度,实现"重信息披露,轻实质审核;多市场参与,少价值判断;强责任约束,弱数量控制"(郭雳,277 页)。科创板、创业板以及北交所的试点证券发行注册制为日后股票注册制的全面实施提供了宝贵经验。

【研究拓展】

科创板注册制试点通过加强信息披露的要求以及授予交易所更多实质性的上市权的方式,在一定程度上有效防范了欺诈发行的风险,弥补了投资

---

① 例如根据《北京证券交易所股票上市规则(试行)》第二章,北交所的市值及财务要求为:(1) 预计市值不低于 2 亿元,最近两年净利润均不低于 1500 万元且加权平均净资产收益率平均不低于 8%,或者最近一年净利润不低于 2 500 万元且加权平均净资产收益率不低于 8%;(2) 预计市值不低于 4 亿元,最近两年营业收入平均不低于 1 亿元,且最近一年营业收入增长率不低于 30%,最近一年经营活动产生的现金流量净额为正;(3) 预计市值不低于 8 亿元,最近一年营业收入不低于 2 亿元,最近两年研发投入合计占最近两年营业收入合计比例不低于 8%;(4) 预计市值不低于 15 亿元,最近两年研发投入合计不低于 5 000 万元。

者与发行人信息不对称的问题。当然,仅依靠注册制本身还不足以完全防范上述风险,还需要健全配套机制,通过事前更为严格的中介机构责任、事后救济制度以及更为完善的中小投资者保护机制来提高发行企业欺诈发行的违法成本,确保股票发行注册制试点的有效运转。

一、中介机构责任

在注册制改革的背景下,筛选证券质量的责任不仅落在交易所的身上,而且还需要专业的中介机构作为"守门员",确保信息披露的质量和范围,帮助发行人编制符合市场惯例以及上市要求的信息披露文件。在此背景下,2019 年修订的《证券法》第 182 条提高了保荐人的罚款金额上限至业务收入的 10 倍。其中,2019 年的"中安科股份有限公司证券虚假陈述民事责任纠纷案"是证券市场中介机构责任承担与责任划分的典型案例。

二、虚假陈述相关责任

对于虚假陈述的法律责任,需要围绕民事责任、行政责任以及刑事责任三个维度对存在虚假陈述的发行人予以威慑,并加强事后救济的执法力度、提高违法成本。

首先,在民事赔偿方面,包括发行人在内的责任主体需要向因其虚假陈述而受到损失的投资者进行赔偿。但是,通过司法救济的方式通常需要等待很久,因此,投资者难以及时挽回损失。对此,本次修订的《证券法》引入了先行赔付制度,即在应承担虚假陈述相关赔偿责任的发行人、上市公司等市场主体受到行政处罚或投资者获得司法判决之前,先由虚假陈述民事赔偿责任的连带责任人先行垫付,随后,再由先行赔付的一方向发行人、上市公司以及其他责任人进行追偿(2020 年《证券法》第 93 条)。实践中,早在2013 年"万福生科(湖南)农业开发股份有限公司虚假陈述案"中,平安证券就率先尝试设立先行赔偿专项基金,用于赔偿投资者的损失。其次,2020年修订的《证券法》对发行人、直接负责人、控股股东以及实际控制人的虚假陈述的处罚上限提高,[①]显著增加违法成本,树立了监管威慑力。最后,在

---

① 参见《证券法》(2019 年修订)第 181 条。

虚假陈述的刑事责任方面,我国《刑法》第 160 条也规定了欺诈发行证券罪。

三、中小投资者保护制度

投资者保护始终是我国《证券法》立法的核心价值之一,本次《证券法》修订还特别增设了"投资者保护"专章,在法律层面明确了中证中小投资者服务中心有限责任公司的职能,例如提供调解等纠纷解决服务、为投资者提供公益性支持诉讼、以股东身份行权等。此外,还在投资者权益救济的程序性制度方面,引入了证券纠纷代表人诉讼制度。

参考文献

1. 郭雳:《注册制改革应把握重点、有序推进》,《证券法苑》2014 年第 3 期。

2. 彭冰:《信息披露是注册制的核心》,《证券法苑》2014 年第 3 期。

3. 叶林:《关于股票发行注册制的思考——依循"证券法修订草案"路线图展开》,《法律适用》2015 年第 8 期。

4. 王保树:《商法总论》,清华大学出版社 2007 年版。

5. 沈朝晖:《流行的误解:"注册制"与"核准制"辨析》,《证券市场导报》2011 年第 9 期。

6. 蒋大兴:《隐退中的"权力型"证监会——注册制改革与证券监管权之重整》,《法学评论》2014 年第 2 期。

7. "上海证券交易所发布设立科创板并试点注册制配套业务规则答记者问",http://www.sse.com.cn/aboutus/mediacenter/hotandd/c/c_20190301_4729501.shtml,最后访问日期:2022 年 7 月 24 日。

8. 郑彧:《论证券发行监管的改革路径——兼论"注册制"的争论、困境及制度设计》,《证券法苑》2011 年第 2 期。

9. 唐应茂:《股票发行注册制改革的内涵、本质和措施》,《财经法学》2016 年第 5 期。

10. 姚均芳、潘清、桑彤:"聚焦'硬科技',深耕'试验田'——科创板开市三年回眸",http://www.gov.cn/xinwen/2022-07/22/content_5702330.htm,最后访问日期:2022 年 7 月 24 日。

作者:英国年利达律师事务所上海代表处　吴幼铭

案例 12　证券纠纷示范判决

——潘雪芬等诉方正科技公司证券虚假陈述责任纠纷案①

上海金融法院(2018)沪 74 民初 330 号民事判决

上海市高级人民法院(2019)沪民终 263 号民事判决

【事实概要】

被告方正科技集团股份有限公司(以下简称方正科技公司)系上海证券交易所上市公司,其公开发行股票代码为 600601。

2005 年 3 月 19 日,方正科技公司发布《2004 年年度报告》。2005 年 3 月 19 日—11 月 20 日,原告卢跃保、杨建平、蔡章卿、潘雪芬四名投资者买入方正科技公司股票。2015 年 11 月 20 日,方正科技公司发布《关于收到中国证监会立案调查通知书的公告》:"方正科技集团股份有限公司于 2015 年 11 月 19 日收到中国证券监督管理委员会《调查通知书》。因公司涉嫌信息披露违法违规,根据《中华人民共和国证券法》的有关规定,中国证监会决定对公司立案调查。"

2017 年 5 月 5 日,中国证监会〔2017〕43 号《行政处罚决定书》对被告方正科技公司及其他相关责任人作出行政处罚,认为方正科技公司未按照规定披露关联交易,方正科技公司等具有信息披露违法行为。根据《企业会计准则》,方正科技公司与其 28 家经销商因受方正集团控制而存在关联关系。方正科技公司在各期年报及 2015 年半年报中未依法披露与经销商的重大关联交易事项。原告据此起诉被告,要求其承担证券虚假陈述民事赔偿责任。

---

① 本案例评析曾刊登在韩长印主编:《商法案例百选》,高等教育出版社 2022 年版,收录本书时作了修改和完善。

本案系一审法院在投资者诉方正科技公司证券虚假陈述责任纠纷系列案件中选定的示范案件。一审期间,经双方当事人共同申请,法院委托中证中小投资者服务中心(以下简称投服中心)对本案投资者的投资差额损失、是否存在证券市场系统风险及相应的扣除比例进行核定。中证中小投资者服务中心于 2019 年 2 月 14 日出具《损失核定意见书》[20190001 号],并于 2019 年 4 月 19 日出具《损失核定补充意见书》,就上述问题出具了专业意见。

【裁判要旨】

一审裁判

争议焦点一:《行政处罚决定书》中列明的方正科技公司信息披露违规行为是否构成证券虚假陈述侵权行为;《行政处罚决定书》中认定的方正科技公司未披露关联交易的行为是否具有"重大性";是否足以影响投资者的投资决策或市场交易价格。

一审法院认为,"本案中,《行政处罚决定书》认定被告方正科技公司存在各期年报未披露关联交易的行为,符合上述定义中'在披露信息时发生重大遗漏、不正当披露信息'的情形。根据《虚假陈述司法解释》对证券虚假陈述行为的界定,人民法院在审查是否构成证券侵权时并不以上市公司在实施虚假陈述行为时存在欺诈、诱导等主观故意为必要条件,而审查的核心是未披露的信息是否属于'重大事件',判断的标准应当是'信息披露是否足以影响投资者的投资决策或市场交易价格',即如果该信息的披露将会实质性地影响投资者的交易决策或市场交易价格,那么该未披露信息的行为构成《虚假陈述司法解释》规定的虚假陈述侵权行为。关于被告方正科技公司未披露关联交易的行为是否具有'重大性',是否足以影响投资者的投资决策或市场交易价格,本院具体分析如下:……综上所述,被告方正科技公司长达十年未披露金额巨大的关联交易信息,该信息可能对方正科技股票价格产生影响,并足以影响投资者的决策判断,中国证监会也对此进行了顶格处罚,因此本院认定方正科技公司的信息披露违规行为具有'重大性',构成证券虚假陈述侵权行为"。

争议焦点二：方正科技公司虚假陈述行为与原告投资者买入方正科技股票是否存在交易上的因果关系，即原告投资者买入方正科技股票是否受虚假陈述行为诱导所致。

一审法院认为，"投资者买入被告公司股票可能出于多种原因，客观上无法区分原告投资者买入股票的具体动机是基于对虚假陈述的信赖，还是基于对市场行情的判断，抑或是对公司其他经营情况的综合考量。但无论如何，在此期间方正科技公司年度报告对其经营业绩的披露始终是影响投资者决策的重大因素。即便投资者确因市场行情而开始购入股票，但在众多股票中选择方正科技股票，仍然是因为信赖了方正科技公司对外披露的公司信息。反之，如果当时方正科技公司如实披露关联交易事项，投资者的决策可能发生变化。因此，本院认为，本案中仍应适用《虚假陈述司法解释》确立的推定因果关系，认定在实施日到揭露日期间买入并一直持有方正科技股票的投资行为与虚假陈述行为之间存在交易因果关系"。

争议焦点三：原告投资者的损失是否由方正科技公司的虚假陈述行为造成；损失或部分损失是否由证券市场系统风险等其他因素所导致。

一审法院认为，"在证券市场上，个股的股价不仅取决于自身价值，同时也不断受到许多市场风险因素的影响，对于市场风险因素造成的损失，如果均由虚假陈述行为人承担，并不公平。本案中，被告方正科技公司举证证明本案实施日到基准日期间A股市场出现整体的剧烈波动的情况，方正科技个股和大盘指数、行业指数、板块指数呈现同步下跌的走势。据此，本院认为，投资者因受此影响所造成的损失部分，应认定与虚假陈述行为没有因果关系，具体的影响比例应根据专业分析核定扣除。原告投资者认为全部投资者的交易期间均未曾遭受证券市场系统风险等其他因素影响，与客观事实不符，本院不予采信"。

争议焦点四：如何确定投资者损失的赔偿金额，包括采用何种计算方法，以及如何确定证券市场风险因素的影响程度及相应的扣除金额。

一审法院认为，"本院采纳中证中小投资者服务中心《损失核定意见书》中以第一笔有效买入后的移动加权平均法计算买入均价和投资差额的意见。本院采纳《损失核定补充意见书》中将个股均价与同期指数均值进行同步对比的方法扣除证券市场风险因素的意见。"

综上所述，"被告方正科技公司重大关联交易未披露的行为，构成证券侵权，应当承担民事赔偿责任。本院依法认定方正科技公司虚假陈述的实施日为 2005 年 3 月 19 日，揭露日为 2015 年 11 月 20 日，基准日为 2016 年 1 月 5 日。本院认定原告投资者最终应获得的赔偿金额为《损失核定补充意见书》中核定的原告投资者在扣除证券市场风险因素后的投资差额损失与佣金、印花税、利息损失之和。"

一审判决后，方正科技公司提出上诉。

二审裁判

上海市高级人民法院认为，"方正科技公司因重大关联交易未披露的行为，构成证券虚假陈述侵权，应对受侵权的投资者承担相应民事赔偿责任。本案投资者在实施日到揭露日期间买入股票并持有至揭露日，存在投资差额损失，与方正科技公司的虚假陈述行为之间具有交易上和损失上的因果关系，有权要求虚假陈述行为人方正科技公司予以赔偿。本案一审法院采用'移动加权平均法'计算投资者的证券买入均价并采用'同步指数对比法'计算市场系统风险扣除比例，均符合《虚假陈述司法解释》的规定，计算方法和计算结果相对公平合理，并无不当。上诉人的上诉请求均不能成立，应予驳回。一审判决认定事实清楚，适用法律正确，应予维持。依照《中华人民共和国民事诉讼法》第一百七十条第一款第一项规定，判决如下：驳回上诉，维持原判。"

【解　析】

一、本判决的意义

本案系全国首例实施证券纠纷示范判决机制的案件。本案判决生效后至 2020 年 4 月，法院通过与投服中心合作，以"示范判决＋专业调解＋司法确认"的方式处理涉方正科技公司虚假陈述系列案件 1 300 余件,高效化解矛盾纠纷,及时维护投资者权益,取得良好效果。

在案件的实体处理上,本案对近年来证券虚假陈述责任纠纷中有关行政处罚与民事侵权的关系、因果关系的认定、投资差额损失的计算方法、证券市场系统风险扣除比例等诸多法律争议问题进行了深入具体的分析论证,明确了行政处罚与民事侵权行为的关系,探索确立了既符合现有法律规定,又相对公平合理的投资差额损失计算方法和科学化、精细化、个性化扣除证券市场系统风险的计算方法。本案较好解决了以往司法实践中在证券市场系统风险的扣除问题上只能酌情统一扣除一定比例的困扰,引入专业的定量数据分析和第三方专业机构损失核定机制,创造性地构建了精细化的损失计算方法,对同类案件具有较强的示范意义和引领作用(上海高级人民法院 * 尾注 1)。下文将分别从实体法与程序法的视角对本案展开评述。

二、关于证券虚假陈述民事责任的认定

证券虚假陈述民事责任的认定,难点在于判断虚假陈述行为是否具有"重大性"、上市公司的虚假陈述与投资者的股价损失是否具有因果关系。

(一)"重大性"标准的认定

根据 2003 年《虚假陈述规定》第 17 条①规定:"证券市场虚假陈述,是指信息披露义务人违反证券法律规定,在证券发行或者交易过程中,对重大事件作出违背事实真相的虚假记载、误导性陈述,或者在披露信息时发生重大遗漏、不正当披露信息的行为。"2019 年《九民纪要》第 85 条规定:"重大性是指可能对投资者进行投资决策具有重要影响的信息,虚假陈述已经被监管部门行政处罚的,应当认为是具有重大性的违法行为。"《〈九民纪要〉理解与适用》指出,只有可能对投资者进行投资决策具有重要影响的虚假陈述行为才具有可赔偿性(最高人民法院民事审判第二庭,448 页)。可见,对重大

---

① 该条现修订为 2022 年《虚假陈述规定》第 4 条第 1 款:"信息披露义务人违反法律、行政法规、监管部门制定的规章和规范性文件关于信息披露的规定,在披露的信息中存在虚假记载、误导性陈述或者重大遗漏的,人民法院应当认定为虚假陈述。"修订前后,内容无实质变化。

性的判断是认定虚假陈述行为的关键。

对于"重大性"的司法审查标准一直存在着"价格敏感性标准"与"投资者决策标准"的纷争。前者是德国的代表性理论，认为只要某种公开信息可以影响证券市场价格，则该信息就属于重大信息；后者形成于美国法上的判例，认为当理性的投资者在购买或出售证券时可能认为某一事实是重要的，那么该事实即具有重大性（廖升，138—139页）。主张"价格敏感性标准"的学者认为，"投资者决策标准"中对"理性投资者"的界定以及"足以促使影响投资决策"的标准过于主观，存在较大的不确定性，相较而言，证券交易价格及交易量的变化更加直接、客观，因此"价格敏感性标准"更具有可操作性（傅穹、曹理，141页）。而主张"投资者决策标准"的学者则认为，一方面，目前我国证券市场还不是一个强有效市场，部分敏感信息披露后未必能在短时间内直接导致证券价格的明显波动，故无法适用"价格敏感性标准"（朱力、傅福兴，39页）；另一方面，"投资者决策标准"站在投资者角度评价信息的重要程度，且无需投资者证明相关信息与证券价格波动之间的因果关系，更能体现保护弱势投资者的价值取向（胡光志，333页；翁晓健，65页）。另外，也有部分学者提倡调和两种标准或引入多重标准（徐文鸣、刘圣琦，77—78页）。

司法实践中，以往多数法院似兼采"投资者决策标准"与"价格敏感性标准"。本案中，上海金融法院在已经具备行政处罚的前提下，仍作出了相对精细的审查，独立认定了"重大性"。一审法院认为，"被告方正科技公司长达十年未披露金额巨大的关联交易信息，该信息可能对方正科技股票价格产生影响，并足以影响投资者的决策判断，中国证监会也对此进行了顶格处罚，因此本院认定方正科技公司的信息披露违规行为具有'重大性'，构成证券虚假陈述侵权行为"。又如在"黄建英与上海界龙实业集团股份有限公司、上海界龙集团有限公司等证券虚假陈述责任纠纷案"①中，法院认为，"虚假记载所涉信息，如果会对理性投资者的投资决策、界龙实业股票价格产生实质影响，则具有重大性"。

---

① 上海金融法院民事判决书，(2018)沪74民初字第978号。

从立法和规范性文件的角度看,我国对"重大性"的认定呈现二元化的格局。① 2003 年《虚假陈述规定》第 17 条第 4 款②采用"投资者决策标准"。2019 年《证券法》第 80、③81 条④在界定重大事件时采取了"价格敏感性标准"。新修订的 2022 年《虚假陈述规定》取消了前置程序,⑤原告逐渐转变以往等待行政处罚决定或者生效刑事裁判文书作出之后再行起诉的做法,这就对司法独立审查"重大性"提出了更高的要求。2022 年《虚假陈述规定》第 10 条列举了"重大性"的具体认定情形,并采用"价格敏感性标准"作为"重大性"的兜底性认定标准。一是如果属于证券法、监管部门制定的规章和规范性文件中要求披露的重大事件或者重要事项,人民法院应当认定虚假陈述的内容具有重大性(第 10 条第 1 款第 1、2 项);二是虚假陈述的实施、揭露或者更正导致相关证券的交易价格或者交易量产生明显的变化(第 10 条第 1 款第 3 项);三是虽然属于前述法律、规章等规定的重大事件或重要事项,但被告提交证据足以证明虚假陈述并未导致相关证券交易价格或者交易量明显变化的,人民法院应当认定虚假陈述的内容不具有重大性(第 10 条第 2 款)。根据第 10 条规定,如果属于法律、规章等规定的重大性情形,则原告无需证明虚假陈述行为与证券价格或交易量变化之间的因果关系,这也从一定程度上减轻了原告的举证责任,有利于对投资者的保护。

---

① 由"投资者决策标准"向"价格敏感标准"转变。

② 2003 年《虚假陈述规定》第 17 条第 4 款规定:"误导性陈述,是指虚假陈述行为人在信息披露文件中或者通过媒体,作出使投资人对其投资行为发生错误判断并产生重大影响的陈述。"

③ 2019 年《证券法》第 80 条第 1 款规定:"发生可能对上市公司、股票在国务院批准的其他全国性证券交易场所交易的公司的股票交易价格产生较大影响的重大事件,投资者尚未得知时,公司应当立即将有关该重大事件的情况向国务院证券监督管理机构和证券交易场所报送临时报告,并予公告,说明事件的起因、目前的状态和可能产生的法律后果。"

④ 2019 年《证券法》第 81 条第 1 款规定:"发生可能对上市交易公司债券的交易价格产生较大影响的重大事件,投资者尚未得知时,公司应当立即将有关该重大事件的情况向国务院证券监督管理机构和证券交易场所报送临时报告,并予公告,说明事件的起因、目前的状态和可能产生的法律后果。"

⑤ 2022 年《虚假陈述规定》第 2 条第 2 款规定:"人民法院不得仅以虚假陈述未经监管部门行政处罚或者人民法院生效刑事判决的认定为由裁定不予受理。"

（二）因果关系认定

根据 2003 年《虚假陈述规定》第 18 条，投资者在虚假陈述实施日及以后至揭露日或者更正日之前买入与虚假陈述直接关联的证券、投资者在虚假陈述揭露日或更正日及以后因卖出该证券发生亏损，或者因持续持有该证券而产生亏损可以认定因果关系成立。在实际裁判过程中，因果关系的确立包括两个层面：一是解决因果关系的"有无"，即判断虚假陈述与原告投资决定之间的关系；二是解决因果关系的"多少"，即判断虚假陈述所产生的实质性损害程度究竟有多大。新修订的 2022 年《虚假陈述规定》明确区分了"交易因果关系"与"损失因果关系"这两重因果关系。

1. 交易因果关系

在认定交易因果关系时，"欺诈市场理论"认为，在一个有效率的证券市场中，价格会反映虚假陈述行为，即使投资者没有真正地了解该虚假陈述并对其产生信赖，也会对该证券市场的价格产生合理的信赖（马其家，48 页）。这主要是为了保护投资者，让虚假陈述民事赔偿制度变得切实可行，避免受损的投资者承担过重的举证责任（杨皓月 * 尾注 10）。

本案一审法院认为，投资者买入系争股票可能出于多种原因，客观上无法区分本案投资者买入股票的具体动机是对虚假陈述的信赖，还是对市场行情的判断，抑或是对公司其他经营情况的综合考量。但无论如何，在此期间方正科技公司年度报告对其经营业绩的披露始终是影响投资者决策的重大因素，因此，应当适用 2003 年《虚假陈述规定》。此处在认定交易因果关系时，采用了"欺诈市场理论"的信赖推定规则。本案二审法院支持一审判决，认为本案四名被上诉人买入方正科技股票的时间均在 2003 年《虚假陈述规定》第 18 条确定的范围之内，故推定买入行为与虚假陈述之间存在交易上的因果关系。同时，针对上诉人主张的四名被上诉人买入系争证券可能受到多种因素影响的抗辩，二审法院认为，证券市场中影响股票价格和投资者投资决策的因素众多，但只要投资者证券买入时间符合《虚假陈述规定》的法定要求，即可推定交易因果关系的成立，无需证实虚假陈述是投资者买入证券的唯一原因。

但交易因果关系的推定并非绝对的。2003 年《虚假陈述规定》第 19 条列举了认定虚假陈述与损害结果之间不存在因果关系的情形。新修订的

2022年《虚假陈述规定》在第12条①中也列举了交易因果关系不成立的情形,其中,值得关注的是第12条第3项规定的"原告的交易行为是受到虚假陈述实施后发生的上市公司的收购、重大资产重组等其他重大事件的影响"。该新增项指向的情形是:即使投资者在虚假陈述行为实施后买入证券,但如果虚假陈述行为实施后又发生了影响交易的重大事件,则该交易与之前的虚假陈述行为也不必然产生当然的交易因果关系。该项表明实务界对信赖推定规则的认识更加精细化,开始关注交易本质到底是基于对哪个行为的信赖。但亦有观点认为,从实践操作层面来说,投资者实施交易行为的因素理应是综合的,正常情况下不会仅就披露信息本身就决定进行投资,因此若要以该情形判断投资者对存在虚假陈述信息"不存在合理信赖",需要被告证明相关重大事件才是个案中促成证券交易的直接原因和投资者的主要关注点,而这对被告来说无疑具有较大的举证难度(周卫青等 * 尾注11)。

2. 损失因果关系

在明确投资者买入股票是受虚假陈述行为诱导所致后,法院还需要进一步确认责任范围,判断是否存在2003年《虚假陈述规定》第19条第4项列举的"损失或者部分损失是由证券市场系统风险等其他因素所导致"情形,若存在前述情形,应当将其导致的损失从虚假陈述行为人的赔偿责任中相应剔除。司法实践中,"系统风险"通常以大盘、行业板块等指数的波动与个股波动情况相比较作为判断依据。"其他因素"通常包括公司自身经营状况、财务状况等。本案一审法院认为,由于方正科技公司证明本案实施日到基准日期间方正科技个股和大盘指数、行业指数、板块指数呈现同步下跌的走势,投资者受此影响所造成的损失部分,应认定与虚假陈述行为没有因果关系,具体的影响比例应根据专业分析核定扣除。此外,由于被告方正科技公司未提出合理理由和相关证据证明经营业绩的下滑对股价是否产生影响及影响程度如何,因此,难以将方正科技公司业绩下滑的情况认定为造成投资者损失的"其他因素"。二审法院支持一审判决,认为对于2003年《虚假陈述规定》第19条规定的"其他因素"的适用应严格把握,这也符合我国长

---

① 其中第4项为损失因果关系的抗辩情形。

期以来的司法实践。同时,可避免不考虑利多因素,仅考虑利空因素对股价的影响而扣减投资者获赔比例,导致对投资者的不公平。

相较于 2003 年《虚假陈述规定》中对"其他因素"的笼统表述,新修订的 2022 年《虚假陈述规定》明确列举了更多应剔除的因素,即"他人操纵市场、证券市场的风险、证券市场对特定事件的过度反应、上市公司内外部经营环境等其他因素",为非系统性风险的考虑与剔除提供了规则依据。

三、投资差额损失的计算及证券市场系统风险的扣除比例

本案一审期间,法院委托投服中心对投资者的投资差额损失、是否存在证券市场系统风险及相应的扣除比例进行了核定。

（一）投资差额损失的计算,应以何种方法确定系争股票的买入均价

本案中,投资者与方正科技关于投资差额损失计算的争议主要在于如何确定证券买入均价。一审法院在分析了方正科技公司主张的"先进先出法＋普通加权平均法"与投资者主张的"实际成本法"各自存在的不足后,认为投服中心出具的《损失核定意见书》推荐的"第一笔有效买入后的移动加权平均法",符合2003 年《虚假陈述规定》第 19 条的立法原意,对持股单价的计算更全面、客观,更能反映投资者真实的投资成本。据此,一审法院采用"第一笔有效买入后的移动加权平均法"作为投资者投资差额损失计算中买入均价的计算方法。

二审法院认为,"移动加权平均法"考虑了从实施日至揭露日整个期间内投资者每次买入证券的价格和数量,同时剔除了因卖出证券导致的盈亏问题,避免畸高畸低的计算结果,易于被市场各方接受。虽然"移动加权平均法"的计算方式相对复杂,但通过第三方专业机构运用计算机软件分析交易数据并计算结果的方式,能够解决"移动加权平均法"带来的计算量问题,并不会给投资者救济增加困难。据此,二审法院认可了一审法院采用《损失核定意见书》中"移动加权平均法"计算买入均价的合理性,并对运用该方法计算所得投资差额损失的具体数额予以了确认。

（二）证券市场系统风险的扣除比例

本案中,一审法院认为,投资者主张的酌情统一扣除一定比例的方法,因未考虑不同投资者实际交易时段的市场波动的具体情况,缺乏合理性;方

正科技公司提出的分段扣除法，人为地将投资者损失的形成进行分段考察，与 2003 年《虚假陈述规定》不符。相较之下，"同步指数对比法"确定的市场风险比例的结果与真实损失情况更为接近。

二审法院认为，证券市场系统风险扣除比例是合理确定虚假陈述民事赔偿责任范围的重要因素，鉴于系统风险因素的复杂性和不确定性，难以绝对精准地予以测算，但可通过比较各种计算方法的优劣，做出相对公平的选择。一是计算证券市场系统风险扣除比例，其目的是将系统风险从股价变化的影响因素中加以剔除，而统一扣除比例的方法无法反映整体市场风险与单一股价变化的相对关系，故同时考察指数变化与股价变化的"同步指数对比法"更具合理性。二是《损失核定补充意见书》采用的计算方法考察了从实施日到基准日的整个区间，客观反映了投资者经历的所有市场系统风险，且根据每一个投资者的交易记录进行具体测算反映了不同投资者在交易时间和交易量上的差异，计算结果更符合公平原则。三是关于参考指数的选择，《损失核定补充意见书》采用上证综指、申万一级行业指数和申万三级行业指数作为证券市场系统风险的参考指数，从不同维度反映了整体市场与个股价格变化的相对关系，在市场风险影响程度的判定上更为严谨。因此，二审法院认为，方正科技公司针对证券市场系统风险扣除比例的上诉理由不能成立。

四、证券纠纷示范判决机制的建立及其适用

2018 年 11 月 30 日，最高人民法院、证监会联合印发《关于全面推进证券期货纠纷多元化解机制建设的意见》，提出建立示范判决机制。2019 年 1 月 16 日，上海金融法院发布《上海金融法院关于证券纠纷示范判决机制的规定（试行）》[以下简称《示范判决机制的规定（试行）》]，这是全国首个关于证券纠纷示范判决机制的具体规定。①

---

① 2022 年 1 月 11 日《上海金融法院关于证券纠纷示范判决机制的规定》施行，2019 年 1 月 16 日印发的《上海金融法院关于证券纠纷示范判决机制的规定（试行）》同时废止。《上海金融法院关于证券纠纷示范判决机制的规定》新增平行案件的审理、诉讼保全与案件执行、机制保障三个章节，在强化调解优先原则、简化平行案件审理、深化在线诉讼改革、规范专业支持机制、创新案件执行规则方面进一步进行创新探索。

（一）证券纠纷示范判决机制的建立

根据《示范判决机制的规定（试行）》，示范判决机制是指法院在处理群体性证券纠纷①中，经当事人申请或依职权选定示范案件（即在事实争议和法律问题方面最具有代表性的案件）先行审理、先行判决，妥善化解平行案件（即与示范案件有共通的事实和法律争点的案件）的纠纷解决机制。在示范案件的审理过程中，应当重点分析共通的证据，认定共通的事实，阐明共通的法律适用。此外，法院可以依当事人申请或者依职权委托第三方专业机构进行专业分析或者损失核定等，并出具书面的损失核定意见。在示范判决生效后，平行案件原则上应先行委托调解。已为示范判决所认定的共通的事实，平行案件的原被告均无需另行举证；已为示范判决所认定的共通的法律适用标准，平行案件的原告主张直接适用的，法院可予支持。经当事人同意，法院可以将若干平行案件合并开庭审理，平行案件的裁判文书可以采取表格式、要素式等方式，明确投资者的具体赔偿金额，示范判决所认定的共通事实和法律适用标准可不再表述。

建立证券纠纷示范判决机制有诸多原因。首先，是基于群体性证券纠纷的特点，即投资者诉讼人数众多，社会影响较大；投资者人员分散，诉讼能力弱；诉讼金额普遍较小，当事人诉讼成本偏高；法律争议较大，适用规则有待统一。传统的单独诉讼、共同诉讼方式已无法满足此类案件审理的需求。其次，相对于代表人诉讼，证券纠纷示范判决机制具有较大的灵活性，摆脱了代表人诉讼中当事人与代表人之间契约成本过高的困境，尤其是在权利登记、当事人查明、诉讼通知、意见表达等制度不完善的情况下。最后，证券纠纷示范判决机制通过示范案件的先行审理与及时判决，引导其他当事人树立合理的诉讼预期，具有促进法律适用统一、提升司法审判效率、降低当事人诉讼成本等优势（林晓镍、单素华、黄佩蕾，46—47页）。

上海金融法院试点构建的示范判决机制有两大亮点：一是示范案件的选定与投服中心支持诉讼职能的结合。《示范判决机制的规定（试行）》第 6

---

① 群体性证券纠纷是指诉讼标的为同一种类且同一方当事人累计人数为 10 人以上的证券纠纷。

条规定,群体性证券纠纷中由依法设立的公益性组织机构支持诉讼且符合示范案件选定条件的,优先选定作为示范案件,这是投服中心在股东直接诉讼中发挥示范作用的一种有效途径。投服中心的专业性一方面能够保障示范案件在事实和法律层面接受精细审理,增强示范判决的合理性;另一方面,也是对司法审判力量的有益补充,缓解审判压力。二是示范判决机制与诉调对接机制的结合。《示范判决机制的规定(试行)》第39条规定,示范判决生效后,根据示范判决所认定的共通事实和法律适用标准,平行案件原则上应先行委托调解。示范判决机制具有以判促调、提高矛盾化解效率的作用。在本案后续的1 300余起平行案件中,绝大部分当事人都认可示范判决的效力,以调解的方式高效化解了纠纷,充分体现了示范判决机制的优势。

事实上,在证券诉讼示范判决机制被正式提出前,司法实践中就有过类似的尝试。在2004年的"银广夏虚假陈述民事赔偿纠纷系列案"[①]中,法院经个案审理判决原告投资者柏松华胜诉,将案件事实和证据进行了固定,并确定了损失计算标准和方式,使此系列案件后续的大量原告与被告在此基础上进行了和解(陈冲,66页)。此外,在2013年引起社会广泛关注的"徐平阳与光大证券股份有限公司期货内幕交易责任纠纷案"[②]中,也采用了相同的纠纷解决方式。实践中通常做法是,通过潜在的或类似案件的诉讼当事人在典型案件中到庭旁听庭审,在其对于案件结果有着较为明确预期的情况下,或由法院协调使得当事人与对方达成和解,或将典型案件的审理结果适用于其他案件(叶林、王湘淳,66—67页)。这种纠纷解决方式与本案所采用的示范判决机制非常类似,在一定程度上也实现了示范判决机制的预期效果,可以视作如今示范判决机制的雏形。司法实践的种种尝试也为示范判决机制的顶层设计和制度建构提供了宝贵经验。

(二)证券纠纷示范判决机制的首次适用

在方正科技公司虚假陈述案中,卢跃保、杨建平、蔡章卿、潘雪芬四名投资者的起诉被选定为示范判决,最大限度地涵括了本案共通的事实和法

---

① 该系列案件中法院立案并审理的为柏松华诉广夏(银川)实业股份有限公司证券虚假陈述民事赔偿纠纷案,宁夏银川市中级人民法院民事判决书,(2004)银民商初字第151号。
② 上海市高级人民法院民事判决书,(2015)沪高民五(商)终字第61号。

律争点,包括虚假陈述揭露日与基准日的确定、虚假陈述行为重大性认定、因果关系等,并在判决书中予以详细阐述。其中,就投资者证券买入均价的计算以及证券市场系统风险扣除比例等专业问题、引入投服中心作为专业机构、出具的损失核定意见书等均为其他投资者解决纠纷提供了标准。

其他投资者在示范判决生效后,无须另行起诉,可与方正科技公司达成书面和解协议或通过法院达成调解。根据方正科技公司于2020年1月21日发布的《关于公司涉及诉讼的进展公告》(临2020-007号),截至2020年1月19日,投资者共提起的证券虚假陈述责任纠纷诉讼案件为1 187件,诉请金额为210 141 823.92元,其中已判决、已调解且已收到法院文书的案件共计1 040件,诉请金额为140 032 626.44元,公司需赔付的金额合计63 892 424.59元(含案件受理费)(方正科技诉讼公告＊尾注15)。除卢跃保、杨建平、蔡章卿、潘雪芬等四名投资者的示范判决外,其他案件均通过调解结案。通过诉调结合的方式结案,既提高了司法效率,也使得投资者节约了诉讼成本,尽快获得民事赔偿。

(三) 支持诉讼与示范判决机制的结合

继上海金融法院发布《示范判决机制的规定(试行)》后,《北京市高级人民法院关于依法公正高效处理群体性证券纠纷的意见(试行)》《深圳市中级人民法院关于依法化解群体性证券侵权民事纠纷的程序指引(试行)》陆续出台。投服中心支持诉讼的示范案件也在实践中逐渐发展。"梁晓峰、方悦旻诉深圳美丽生态股份有限公司等证券虚假陈述责任纠纷案"①(以下简称"美丽生态案")被称为全国首例"支持诉讼＋示范案件",是根据《深圳市中级人民法院关于依法化解群体性证券侵权民事纠纷的程序指引(试行)》作出的首单案件,该案最终以当庭调解的形式结案。"范留玲诉深圳市联建光电股份有限公司等证券虚假陈述责任纠纷案",②是继"美丽生态案"之后,投服中心在深圳市中级人民法院的第二起"支持诉讼＋示范案件",该案首次以胜诉判决的形式结案。

---

①　广东省深圳市中级人民法院民事裁定书,(2020)粤03民初1370、1372号。
②　广东省深圳市中级人民法院民事判决书,(2019)粤03民初2196号。该判决信息已在2021年8月13日《深圳市联建光电股份有限公司关于诉讼事项进展的公告》中披露。

参考文献

1. 上海市高级人民法院："证券虚假陈述民事赔偿责任的司法认定标准",https://m.thepaper.cn/baijiahao_7410505,最后访问日期：2022 年 9 月 2 日。

2. 最高人民法院民事审判第二庭：《〈全国法院民商事审判工作会议纪要〉理解与适用》,人民法院出版社 2019 年版。

3. 廖升：《虚假陈述侵权责任之侵权行为认定》,《法学家》2017 年第 1 期。

4. 傅穹、曹理：《内幕交易规制的立法体系进路：域外比较与中国选择》,《环球法律评论》2011 年第 5 期。

5. 朱力、傅福兴：《前置程序取消后证券虚假陈述重大性的认定路径——基于请求权视角的实务分析》,《金融市场研究》2022 年第 7 期。

6. 胡光志：《内幕交易及其法律控制研究》,法律出版社 2002 年版。

7. 翁晓健：《证券市场虚假陈述民事责任研究——美国证券法经验的反思与借鉴》,上海社会科学院出版社 2011 年版。

8. 徐文鸣、刘圣琦：《新〈证券法〉视域下信息披露"重大性"标准研究》,《证券市场导报》2020 年第 9 期。

9. 马其家：《美国证券法上虚假陈述民事赔偿因果关系的认定及启示》,《法律适用》2006 年第 3 期。

10. 杨皓月："虚假陈述民事责任专题系列二：因果关系认定标准研究",https://www.civillaw.com.cn/zt/t/? id=28890♯,最后访问日期：2022 年 9 月 2 日。

11. 周卫青、杨骏啸、张会会、王融擎、游冕、田园："解读新《虚假陈述若干规定》之七：因果关系与损失",https://zhuanlan.zhihu.com/p/464607810,最后访问日期：2022 年 9 月 2 日。

12. 林晓镍、单素华、黄佩蕾：《上海金融法院证券纠纷示范判决机制的构建》,《人民司法》2019 年第 22 期。

13. 陈冲：《中国示范诉讼机制的法律构建——以证券欺诈民事纠纷案件为视角》,《投资者》2018 年第 1 期。

14. 叶林、王湘淳：《我国证券示范判决机制的生成路径》,《扬州大学学报（人文社会科学版）》2020 年第 2 期。

15.《方正科技集团股份有限公司关于公司涉及诉讼的进展公告》,http://www.sse.com.cn/disclosure/listedinfo/announcement/c/2020—01—21/600601_20200121_2.pdf,最后访问日期：2022 年 9 月 28 日。

作者：上海交通大学凯原法学院副教授　崔香梅

北京德和衡（上海）律师事务所律师　朱　楠

案例 13 控制信息操纵行为认定及民事责任

——杨绍辉诉阙文彬、蝶彩资产管理(上海)有限公司、谢家荣证券纠纷案

四川省成都市中级人民法院(2018)川01民初2728号民事判决
四川省高级人民法院(2020)川民终1532号民事判决

【事实概要】

2013年3月,恒康医疗集团股份有限公司(以下简称恒康医疗公司,股票代码002219)控股股东、实际控制人阙文彬向蝶彩资产管理(上海)有限公司(以下简称蝶彩资产管理公司)实际控制人谢家荣表示,自己希望高价减持恒康医疗公司股票。谢家荣表示可以通过"市值管理"的方式提升恒康医疗公司的"价值",拉升股价,实现阙文彬高价减持的目的。2013年5月7日,蝶彩资产管理公司与阙文彬等主体签订《研究顾问协议》,协议约定:根据阙文彬以不低于20元/股的价格减持恒康医疗公司股票的需求,蝶彩资产管理公司提供减持策略报告和操作方案,并收取研究顾问费。

2013年5月9日,蝶彩资产管理公司和谢家荣向阙文彬提出收购医院、加强披露对股价有提升作用的项目信息等所谓的"市值管理"建议。恒康医疗公司在此后一段时间内主动披露了一系列信息:2013年6月7日起,恒康医疗公司陆续发布公告称收购了三家医院;2013年6月14日,恒康医疗公司发布公告称其全资子公司协作研发完成了"DYW101"项目第一阶段研究,但其实该全资子公司仅为名义参与方,且研究结果已于2013年4月份做出;2013年6月24日,恒康医疗公司发布公告称"独一味"牙膏于日前研制完毕,但其实该研发已于两年前完成。这段时间内恒康医疗公司股价的涨势明显优于同期中小板综合指数和深证医药行业指数。2013年

7月3日和4日,阚文彬共减持恒康医疗公司股票2200万股,获利超过5000万元。

2016年2月1日,恒康医疗公司和阚文彬分别收到证监会的《调查通知书》。2017年5月12日,证监会作出结案通知书,认为恒康医疗公司信息披露违法行为轻微,决定对恒康医疗公司不予处罚。2017年8月10日,证监会在〔2017〕80号《行政处罚决定书》中认定,谢家荣、蝶彩资产管理公司、阚文彬违反《证券法》禁止操纵证券市场的规定,作出没收违法所得、警告及罚款等行政处罚。谢家荣、蝶彩资产管理公司向证监会申请行政复议,但证监会作出维持处罚的行政复议决定。谢家荣、蝶彩资产管理公司又向北京市第一中级人民法院提起行政诉讼,但北京市第一中级人民法院在(2018)京01行初77号行政判决书、(2018)京01行初119号行政判决书中,驳回了谢家荣、蝶彩资产管理公司的诉讼请求。

投资者杨绍辉在2013年5月24日—7月4日多次交易恒康医疗公司股票,并于2013年7月5日将持有的恒康医疗公司股票全部卖出。杨绍辉向四川省成都市中级人民法院提起民事诉讼,请求判令阚文彬、蝶彩资产管理公司、谢家荣承担其投资损失。

【裁判要旨】

本案主要争议焦点:① 阚文彬、蝶彩资产管理公司、谢家荣是否实施了操纵恒康医疗公司股价的违法行为。② 杨绍辉买卖恒康医疗公司股票是否受到损失。③ 杨绍辉的损失是否与阚文彬、蝶彩资产管理公司、谢家荣操纵恒康医疗公司股价的行为具有因果关系。

一、阚文彬、蝶彩资产管理公司、谢家荣是否实施了操纵恒康医疗公司股价的违法行为

一审法院认为,"已经生效的北京市第一中级人民法院(2018)京01行初77号行政判决书、(2018)京01行初119号行政判决书对阚文彬、蝶彩资产管理公司、谢家荣操纵恒康医疗公司股价的主观意图和客观行为

已经进行充分论述,本院深表认同,不再赘述。"二审法院认可一审法院的认定。

另外,北京市第一中级人民法院在生效的(2018)京 01 行初 77 号行政判决书中提到,"操纵证券市场行为的认定可从以下两点予以把握:一是行为人客观上实施了可能影响证券交易价格或者证券交易量的行为;二是行为人主观上具有操纵证券交易价格或者证券交易量的意图……关于客观影响方面,……恒康医疗公司的信息披露行为具有影响证券交易价格的可能性,而且事实上也产生了实际影响。……在主观意图方面,行为人是否具有操纵证券交易价格或者证券交易量的意图,这一点需结合有关证据和行为来予以考量。……综合……证据可知,阙文彬……选择了蝶彩资产提供的研究顾问服务,以此来实现在较高价位上减持股票的目标。在行为上,其操纵意图主要体现在……控制信息披露的内容与时点来误导投资者形成错误的市场判断。"

关于蝶彩资产管理公司、谢家荣提出的"市值管理行为合法"的抗辩,一审法院认为,"本案中,蝶彩资产管理公司并未与恒康医疗公司签订市值管理协议,而是与恒康医疗的大股东阙文彬签订《研究顾问协议》,该协议的目的就是为阙文彬短期内高价减持股票,其中无法体现上市公司与全体股东的利益。因此,阙文彬、蝶彩资产管理公司、谢家荣系借市值管理为名,行操纵恒康医疗公司股价之实,其行为不具有合法性"。二审法院认可一审法院的认定,并认为"《研究顾问协议》中的其他建议性内容并不能掩盖各方合谋操纵恒康医疗股价,仅仅为大股东阙文彬短期内高价减持股票这一真实的合同目的"。

二、杨绍辉买卖恒康医疗公司股票是否受到损失

一审法院认为,"阙文彬、蝶彩资产管理公司、谢家荣的操纵行为与虚假陈述行为具有类似性。……杨绍辉的损失……可以参照《最高人民法院关于审理证券市场因虚假陈述引发的民事赔偿案件的若干规定》予以认定"。二审法院认为,"2013 年 5 月 9 日是各方约定确定蝶彩资产开始履行顾问服务义务的时间,并且,各方在此时间点之前就达成的合意。而 2013 年 7

月4日阙文彬才完成的股份减持,减持行为显然属于'操纵期间'内的主要行为。……一审法院损失计算方法并无不当"。

三、杨绍辉的损失是否与阙文彬、蝶彩资产管理公司、谢家荣操纵恒康医疗公司股价的行为具有因果关系

一审法院认为,"首先,股票交易实行集中竞价交易机制,买卖双方难以一一对应,杨绍辉不能也无需证明买卖之间的对应关系。其次,操纵证券市场行为通常具有隐蔽性,要求投资者证明其受操纵行为误导买入或卖出证券不具有合理性。再次,……操纵证券市场行为扭曲了公司基本面或供求关系,……导致公司股票价格偏离真实价值,……因信赖该股票价格为公正价格而交易的无辜投资者将因此遭受损失。因操纵证券市场引发的民事赔偿案件中,可以参照《最高人民法院关于审理证券市场因虚假陈述引发的民事赔偿案件的若干规定》第十九条……认定投资者的损失与操纵行为之间是否具有因果关系"。二审法院认可一审法院的认定,并认为"评判二者之间的因果关系需要对阙文彬、蝶彩资产管理公司、谢家荣的操纵恒康医疗股价'操纵期间'的一揽子行为进行整体考量,而不应将各个公告发布之后的交易情况单独进行评价"。

【解　析】

一、本判决的意义

本案系我国首个投资者胜诉的操纵市场民事赔偿案件,具有里程碑意义。之前的操纵市场民事赔偿案件极少,且均以投资者败诉而告终。法院的理由主要是投资者的诉讼请求缺乏法律依据、投资者无法证明因果关系。[①] 本

---

① 例如"董洪勤诉安徽省凤形耐磨材料股份有限公司操纵证券交易市场责任纠纷案",安徽省高级人民法院民事判决书,(2019)皖民终121号;"投资者诉程文水、刘延泽操纵证券交易市场责任纠纷案",北京市第二中级人民法院民事判决书,(2011)二中民初字第08477号。

案两审法院立足侵权理论,对操纵行为的具体方式、主观要件进行了阐释,并在认定因果关系和投资者损失时参考了虚假陈述民事赔偿制度的相关规定。本案的判决有利于完善我国操纵市场民事赔偿制度和增强广大投资者的维权意识。

二、控制信息操纵行为的认定

当前我国操纵证券市场的行为主要分为交易型操纵和信息型操纵(李珍、夏中宝,84 页)。交易型操纵是指行为人仅通过买卖证券的交易行为影响证券价格,故意误导投资者做出投资决策,影响标的证券交易价格或交易量的行为(徐瑶,403 页);信息型操纵是指行为人通过信息的披露、传播、散布等,向市场传递不真实、不全面、不及时的信息,故意误导投资者做出投资决策,影响标的证券交易价格或交易量的行为(商浩文,51页)。信息型操纵的具体类型中,有一种被称为控制信息操纵行为,即最高人民法院、最高人民检察院《关于办理操纵证券、期货市场刑事案件适用法律若干问题的解释》(以下简称《操纵证券市场解释》)第 1 条第 4 项[1]列举的"控制发行人、上市公司信息的生成或者控制信息披露的内容、时点、节奏,误导投资者做出投资决策,影响证券交易价格或者证券交易量"的操纵行为(姜永义、陈学勇、朱宏伟 * 尾注 4)。虽然现行《证券法》第 55 条第 1 款[2]明确列举的操纵证券市场行为中并无控制信息操纵行为,但该条第 1 款第 8 项"操纵证券市场的其他手段"这一兜底条款,可以用来解释包括控制信息操纵行为。

---

[1] 需要注意的是,《操纵证券市场解释》第 1 条第 4 项关于"并进行相关交易或者谋取相关利益的"的内容,并非对证券市场操纵行为的认定,而是与刑事案件立案追诉标准相关的内容(《刑法》第 182 条)。

[2] 《证券法》第 55 条第 1 款:"禁止任何人以下列手段操纵证券市场,影响或者意图影响证券交易价格或者证券交易量:(一)单独或者通过合谋,集中资金优势、持股优势或者利用信息优势联合或者连续买卖;(二)与他人串通,以事先约定的时间、价格和方式相互进行证券交易;(三)在自己实际控制的账户之间进行证券交易;(四)不以成交为目的,频繁或者大量申报并撤销申报;(五)利用虚假或者不确定的重大信息,诱导投资者进行证券交易;(六)对证券、发行人公开作出评价、预测或者投资建议,并进行反向证券交易;(七)利用在其他相关市场的活动操纵证券市场;(八)操纵证券市场的其他手段。"

（一）行为人控制发行人、上市公司信息生成或信息披露，并实际影响证券交易价格或交易量

控制信息操纵行为有三种具体方式：一是行为人主动参与并控制发行人、上市公司信息的生成。二是行为人控制发行人、上市公司披露不真实、不准确、不全面、不必要的信息。三是行为人控制发行人、上市公司信息披露的时点和节奏，例如行为人控制发行人、上市公司拖延发布或分散发布利好信息、有节奏地释放具有误导性的利好信息，或者先披露利空信息、打压股价，再披露利好信息等（商浩文，57 页）。

本案中，在蝶彩资产管理公司的建议下，阚文彬利用自己作为恒康医疗公司实际控制人、控股股东的身份，实施了一系列符合上述具体方式的控制信息操纵行为。安排恒康医疗公司收购三家医院并集中公告，属于行为人主动参与并控制上市公司信息的生成；安排恒康医疗公司在公告"DYW101"项目时，不披露恒康医疗公司全资子公司仅为名义参与方，误导投资者对其研发能力产生过高期待，属于行为人控制上市公司披露不准确的信息；安排恒康医疗公司集中披露与实际研发完成时间存在较大间隔的"独一味"牙膏和"DYW101"项目信息，属于行为人控制上市公司信息披露的时点和节奏。

这里需要注意的是，认定控制信息操纵行为是否必须以实际影响证券交易价格或交易量为前提。有观点认为，根据《证券法》第 55 条规定，如果行为人意图影响证券交易价格或交易量，并且行为人的操纵行为足以产生扭曲证券市场的现实危险，那么即使操纵行为尚未实际影响到证券交易价格或交易量，也应当承担法律责任（贝金欣，129 页）。笔者认为，这一观点仅在行政执法案件中具有合理性。在民事赔偿案件中，如果行为人只是意图影响证券交易价格或交易量，而证券价格尚未受到实际影响，此时投资者没有遭受损失，自然无法主张损害赔偿。换言之，只有当操纵证券市场的行为实际影响了证券交易价格或交易量时，行为人才可能承担民事赔偿责任。本案中，阚文彬等人实施控制信息操纵行为后，恒康医疗公司股价的涨幅明显优于同期中小板综指和深证医药行业指数。可见，阚文彬等人的操纵行为实际影响了恒康医疗公司股价。

（二）行为人具有误导投资者做出投资决策、影响证券交易价格或交易量的操纵故意

一般认为，操纵市场的行为人主观上应具有操纵故意（刘俊海，206 页；郑佳宁，103 页；白牧蓉、李煜，503 页）。在多个主体参与的操纵市场案件中，操纵故意往往是各主体、各主线间的连接点，可以帮助完整还原操纵链条（蔡奕，69 页）。控制信息操纵行为中的操纵故意具体表现为，行为人明知控制上市公司信息生成、信息披露内容、时点和节奏的行为将会误导投资者做出投资决策，影响证券交易价格或交易量，仍然决定实施控制信息操纵行为。

在认定操纵故意时，应正确认识获利动机和操纵故意的关系。行为人希望股价上涨后自己可以减持获利，这本身并不违法，但行为人不应使用违法手段拉升股价，否则就可能被认定为具有操纵故意（缪因知＊尾注 10，162页）。阙文彬在证监会询问笔录中陈述："因为投资研发肿瘤药物需要卖一部分股票获取资金"，所以在《研究顾问协议》中表示希望以不低于 20 元/股的价格减持恒康医疗公司股票。蝶彩资产管理公司提供相关建议的主要目的是为阙文彬的高价减持。因此，阙文彬、蝶彩资产管理公司具有减持获利的共同动机。正如北京市第一中级人民法院在本案两份行政判决书中分析的那样，从产生获利动机到实施减持获利行为的这段时间内，恒康医疗公司收购医院、披露利好信息的行为均与蝶彩资产管理公司拉升股价的建议在内容上高度重合，在时间上高度密集，违反了信息的正常生成逻辑，影响了恒康医疗公司股价。恒康医疗公司股价拉升至 20 元/股时，阙文彬迅速减持股票。其减持行为既与控制信息操纵行为具有时间上的紧密联系，也和减持动机具有对应性。最终，蝶彩资产管理公司获得了按照减持总价一定比例的研究顾问费。综上，阙文彬、蝶彩资产管理公司以违法的方式拉升恒康医疗公司股价，具有共同的操纵故意。

由于操纵市场中行为人的操纵故意较难直接证明，所以行政执法机关往往综合间接证据认定，例如，信息发布的过程缺乏基本的调研和决策，信息发布的时间不符合信息的生成逻辑，信息发布的内容具有误导性，或者缺乏披露的必要性（缪因知＊尾注 11，168—169 页）。这里值得思考的是，在民

事赔偿案件中投资者是否需要证明行为人存在操纵故意,投资者是否具备证明行为人存在操纵故意的能力。根据《民法典》第 1165 条第 2 款规定,过错推定责任仅适用于有法律明确规定的情形,而在现行法并未规定操纵市场行为人的主观故意可以推定时,投资者需要证明行为人存在操纵故意。但是,在我国中小投资者占多数的证券市场,投资者显然没有可与行政执法机关的执法能力相当的举证能力,要求投资者证明行为人存在操纵故意不具有现实可行性,也不利于维护投资者合法权益。笔者认为,在《证券法》等实体法没有明确规定操纵市场行为人适用过错推定责任的前提下,投资者可以根据《民事诉讼法》第 67 条第 2 款和《民诉解释》第 94 条的规定,向法院申请调查收集证据。本案中,一审法院也是综合证监会提供的询问笔录、《研究顾问协议》等证据认定阙文彬、蝶彩资产管理公司、谢家荣具有操纵故意。如果没有证监会提供的这些证据,投资者将难以证明行为人存在操纵故意。

(三) 控制信息操纵行为与市值管理行为的区分

在认定本案控制信息操纵行为时,两审法院均未支持蝶彩资产管理公司、谢家荣提出的"市值管理行为合法"抗辩。市值管理行为是指"上市公司基于公司市值信号,综合运用多种科学、合规的价值经营方法和手段,以达到公司价值创造最大化、价值实现最优化的一种战略管理行为"(施光耀、刘国芳,20—21 页)。为了促进上市公司完善公司治理、增强核心竞争力、提升公司价值,2014 年发布的《国务院关于进一步促进资本市场健康发展的若干意见》提出,"鼓励上市公司建立市值管理制度"。然而,实践中却出现了不少"以市值管理之名,行证券欺诈之实"的案例,除本案外,还有 2016 年的宏达新材案、[1]2019 年的金利华电案[2]等。

那么,应如何区分市值管理行为与控制信息操纵行为? 一是从行为主体来看,实施市值管理行为的主体原则上只能是上市公司股东大会或董事会,而非控股股东、实际控制人等少数个人(新闻发布会 * 尾注 13)。二是从

---

[1]　参见证监会〔2016〕32 号《行政处罚决定书》。
[2]　参见证监会〔2019〕128 号《行政处罚决定书》。

时间跨度和行为目的来看，行为人在实施市值管理行为时关心的是公司健康持续发展能力的长期战略；行为人在实施控制信息操纵行为时关心的只是短时间内公司股价的波动，而这种股价波动缺乏公司基本面、行业基本面、市场基本面的支撑。

本案中，行为主体只有控股股东、实际控制人阙文彬以及与之关系密切的少数个体，恒康医疗公司并非市值管理协议的当事人。从行为目的看，各方签订《研究顾问协议》是为了满足阙文彬的资金需求，实现其高价减持恒康医疗公司股票的目的。阙文彬支付研究顾问费时，也是以恒康医疗公司股价是否达到预期的 20 元/股作为考量前提。从时间跨度来看，从开始策划到最后减持获利结束不超过 4 个月。股价短期大幅震荡对公司估值的长期稳定提升并无益处。因此，蝶彩资产管理公司、谢家荣所谓的"市值管理行为合法"抗辩不成立。

三、投资者在交易证券过程中受到损失

损害结果是侵权责任的构成要件之一。但是，在证券侵权民事赔偿案件中，投资者损失的计算方式存在"事前观点"与"事后观点"之争。"事前观点"认为，虚假陈述、操纵市场等欺诈行为使得证券的实际价格偏离其本应有的真实价格，投资者此时进行相应的交易即产生损失。投资者损失＝（买入证券平均价格－证券真实价格）×投资者买入的证券数量。由于此处的真实价格并没有实际发生，所以只能以欺诈行为开始前的市场价格为基础，按照同期行业指数变动幅度等要素对证券还原出拟制的真实价格（樊健＊尾注 14，155 页；程晓鸣、周文平，137—138 页）。本案投资者主张的拟制价格法即属于"事前观点"。"事后观点"认为，投资者的损失是欺诈行为揭露前后的证券买卖差价（樊健＊尾注 14，153—154 页）。本案法院参照 2003 年《虚假陈述规定》计算投资者的损失，采用了"事后观点"。根据 2003 年《虚假陈述规定》第 31 条，如果投资者在基准日及以前卖出证券，投资者损失＝（买入证券平均价格－实际卖出证券平均价格）×投资者所持证券数量；根据 2003 年《虚假陈述规定》第 32 条，如果投资者在基准日之后卖出或者仍持有证券，投资者损失＝（买入证券平均价格－虚假陈述揭露日或者更正日

起至基准日期间每个交易日收盘价的平均价格）×投资者所持证券数量。在操纵市场民事赔偿案件中，采用"事后观点"计算投资者的损失存在以下问题。

第一，操纵行为导致投资者受损的逻辑与虚假陈述行为不同，难以按照"事后观点"确定操纵行为的揭露日、基准日。在采用"事后观点"计算虚假陈述行为给投资者带来的损失时，确定揭露日是一个重要的环节，这是因为实施虚假陈述行为的信息披露义务人具有权威性，虚假陈述行为一经实施，对股价的影响是长期的，直到虚假信息被揭露，这种影响才会慢慢消退。然而，操纵行为的实施主体大多缺乏类似的权威性。操纵行为终止后，其对市场的影响自然逐渐消失，操纵行为被有关机关确认的日期无法等同于虚假陈述民事赔偿案件中的揭露日（缪因知 * 尾注 16，134 页）。关于基准日的认定，本案一审法院在判决书中也提到"操纵行为结束后，市场需要多长时间才能将其欺诈效应消化掉，涉及的因素比较多，是一个十分复杂的问题"。可见，如果在操纵市场民事赔偿案件中采用"事后观点"来计算损失，可能会高度依赖法官的自由裁量。在最新的司法实践中，已经有法院认识到操纵行为导致投资者受损的逻辑与虚假陈述行为不同，并指出两者不应适用相同的计算方法（李瑶菲 * 尾注 17）。

第二，即便是在虚假陈述民事赔偿案件中，"事后观点"也面临诱发道德风险的指责。以诱多型虚假陈述案件为例，行为人先发布不实的利好信息，投资者买入股票。随后，行为人发布真实的利空信息，股价大幅下跌。之后，行为人再更正此前的不实利好信息，此时股票已经不会再明显下跌，投资者因损失差价大幅减小而无法完全索赔（樊健 * 尾注 14，158 页）。相较而言，在操纵市场民事赔偿案件中，采用"事前观点"计算投资者损失更具合理性。首先，"事前观点"更加符合操纵行为导致投资者受损的本质。行为人实施操纵行为后，扭曲的信息进入证券市场，证券价格出现泡沫，投资者此时已经产生了损失。其次，"事前观点"对投资者损失的计算立足于操纵行为发生时的证券价格，避免了操纵行为后其他因素的干扰，也避免了确定揭露日和基准日的困难（樊健 * 尾注 14，162—163 页）。

本案两审法院均采用了"事后观点"计算投资者的损失。一审法院认为,阚文彬、蝶彩资产管理公司、谢家荣的操纵行为与虚假陈述行为具有类似性,杨绍辉的损失可以参照 2003 年《虚假陈述规定》予以认定。二审法院进一步明确投资者可索赔的期间开始于 2013 年 5 月 9 日。笔者认为,二审法院混淆了行政执法案件中的操纵期间与民事赔偿案件中的投资者可索赔期间。行政执法案件中的操纵期间通常包括操纵行为的前期筹划阶段和实施阶段(证监会行政处罚委员会,171—172 页),但行为人在前期筹划阶段并未实施对证券市场造成实际影响的行为。如前所述,操纵行为必须实际影响了证券交易价格或交易量,行为人才可能承担民事赔偿责任。因此,不应将前期筹划阶段纳入投资者可索赔的期间。本案中,尽管 2013 年 5 月 9 日阚文彬与蝶彩资产管理公司已经开始筹划实施操纵行为,但直到 2013 年 6 月 7 日恒康医疗公司才首次对外披露公告,此时恒康医疗公司股价才可能受到实际影响。因此,投资者可索赔的期间应开始于 2013 年 6 月 7 日,而非二审法院认定的 2013 年 5 月 9 日。

四、投资者受到的损失与控制信息操纵行为具有因果关系

操纵市场和虚假陈述民事赔偿的因果关系都可分为交易因果关系和损失因果关系。交易因果关系解决的是投资者是否因为被告的证券欺诈行为而实施证券交易的定性问题,损失因果关系解决的是投资者的损失具体有多少是需要被告赔偿的定量问题(缪因知*尾注 16,127 页;彭冰,59 页)。

本案两审法院在认定原告的投资决定与控制信息操纵行为之间的交易因果关系时,适用 2003 年《虚假陈述规定》第 19 条规定,认为如果投资者在操纵行为实施后进行了相应的交易,则推定交易因果关系成立。笔者赞同两审法院的这一思路。虚假陈述民事赔偿案件中推定交易因果关系的理论基础在于"欺诈市场理论"(彭冰,58 页)。该理论认为,在公开和成熟的证券市场中,公司股票市场价格反映或吸收了(包括虚假陈述在内)所有公司公开或可得信息,虚假陈述扭曲股价并愚弄了市场。投资者信赖股价真实、公正而进行交易,即使并不知悉虚假陈述行为的存在,也可以推定虚假陈述行为与投资者交易之间存在因果关系(耿利航,130 页)。在操纵市场民事赔偿案件中适用"欺诈市场理论"并推定交易因果关系仍然具有正当性,这是因

为在公开和成熟的证券市场中,行为人无论是实施虚假陈述行为还是操纵行为,都是欺诈证券市场的行为,相关信息都会迅速反映到股价上,减损证券市场的效率并损害投资者的合法权益(樊健＊尾注 21,120 页)。需要注意的是,此种为保护不特定投资者合法权益而确立的因果关系推定原则,在新三板定向增发等"面对面"签订协议的证券交易中并不适用(李瑶菲＊尾注 17)。

证明责任分配理论也可以说明推定交易因果关系的合理性。操纵市场行为人所处的地位优于普通投资者,掌握的真实信息也多于普通投资者,明显更容易、更有能力收集相关证据。推定交易因果关系可以矫正普通投资者的不利地位,有利于遏止操纵行为(廖升,118—119 页;冯果、张阳,118 页)。当然,在推定交易因果关系时也应赋予被告抗辩的权利,例如允许被告证明操纵行为对证券价格并未产生影响,从而推翻这一推定。本案中,杨绍辉在不特定投资者参与的证券交易中受到了操纵行为的影响,因此可以推定交易因果关系成立。

至于损失因果关系的认定问题,本案被告并未参照 2003 年《虚假陈述规定》第 19 条第 4 项的规定用证券市场系统风险等因素对损失因果关系进行抗辩,而是主要对原告的损失计算方式表达了异议。[①] 一审法院认为,原告在 2013 年 5 月 24 日—7 月 4 日多次交易恒康医疗公司股票,最后在 2013 年 7 月 5 日将自己持有的恒康医疗公司股票全部卖出,卖出的价格远高于原告计算出的"真实价格"。并且,在原告买入、卖出恒康医疗公司股票期间,中小板综合指数和深证医药行业指数并未上涨,这意味着原告其实也从被告拉升恒康医疗公司股价的行为中获得收益。换言之,原告因操纵行为受到的损失已经得到了部分弥补。如果不考虑原告卖出恒康医疗公司股票获得收益的情况,仍然要求被告赔偿原告的全部损失,将有违侵权损害赔偿的"填补原则"。因此,一审法院在计算原告的损失时,扣除了原告卖出

---

① 2003 年《虚假陈述规定》第 19 条第 4 项规定:"被告举证证明原告具有以下情形的,人民法院应当认定虚假陈述与损害结果之间不存在因果关系:……(四)损失或者部分损失是由证券市场系统风险等其他因素所导致";2022 年《虚假陈述规定》第 31 条第 2 款作出了更为细致的规定:"被告能够举证证明原告的损失部分或者全部是由他人操纵市场、证券市场的风险、证券市场对特定事件的过度反应、上市公司内外部经营环境等其他因素所导致的,对其关于相应减轻或者免除责任的抗辩,人民法院应当予以支持。"

恒康医疗公司股票获得的收益，从而限缩了被告的赔偿范围。

参考文献

1. 李珍、夏中宝：《新〈证券法〉中操纵市场条款修订的得失评析》，《金融理论与实践》2020 年第 7 期。

2. 徐瑶：《信息型市场操纵的内涵与外延——基于行政和刑事案件的实证研究》，《证券法苑》2017 年第 3 期。

3. 商浩文：《论信息型操纵证券市场犯罪的司法认定路径——以 2019 年"两高"最新司法解释切入》，《法学》2020 年第 5 期。

4. 姜永义、陈学勇、朱宏伟：《〈关于办理操纵证券、期货市场刑事案件适用法律若干问题的解释〉的理解与适用》，《人民法院报》2020 年 3 月 12 日，第 5—6 版。

5. 贝金欣：《反思操纵证券市场结果及因果关系之构成要件地位——新修订〈证券法〉第 55 条"意图影响"要件之解释》，《证券法苑》2020 年第 3 期。

6. 刘俊海：《现代证券法》，法律出版社 2011 年版。

7. 郑佳宁：《操纵证券市场行为法律认定标准的实证研究与再审视》，《政法论丛》2016 年第 5 期。

8. 白牧蓉、李煜：《证券市场操纵行为认定与界限的制度逻辑》，《证券法律评论》2020 年第 1 期。

9. 蔡奕：《信息型操纵基本法律范畴分析》，《证券法苑》2016 年第 2 期。

10. 缪因知：《利用信息优势操纵市场之执法案例解析》，《金融法苑》2020 年第 1 期。

11. 缪因知：《信息型操纵市场行为执法标准研究》，《清华法学》2019 年第 6 期。

12. 施光耀、刘国芳：《市值管理论》，北京大学出版社 2008 年版。

13. "2021 年 9 月 24 日新闻发布会"，http://www.csrc.gov.cn/csrc/c100029/c1494133/content.shtml，最后访问日期：2022 年 8 月 9 日。

14. 樊健：《论证券虚假陈述投资者损失计算的"事前观点"》，《清华法学》2017 年第 3 期。

15. 程晓鸣、周文平：《首单操纵证券市场民事赔偿支持诉讼案件实践——基于"恒康医疗案"》，《投资者》2019 年第 4 期。

16. 缪因知：《操纵证券市场民事责任的适用疑难与制度缓进》，《当代法学》2020 年第 4 期。

17. 李瑶菲："全国首例！涉新三板操纵证券交易市场案今宣判"，https://mp.weixin.qq.com/s/xMpz0ybxcwRN1Otz2BXGfA，最后访问日期：2022 年 8 月 9 日。

18. 中国证券监督管理委员会行政处罚委员会：《证券期货行政处罚案例解析》(第二辑)，法律出版社 2019 年版。

19. 彭冰：《证券虚假陈述民事赔偿中的因果关系——司法解释的新发展评析》，《法律适用》2022 年第 5 期。

20. 耿利航：《欺诈市场理论反思》，《法学研究》2020 年第 6 期。

21. 樊健：《禁止操纵证券市场的理论基础：法律与金融的分析》，《财经法学》2022 年第 3 期。

22. 廖升：《操纵证券市场侵权责任之因果关系》，《法学评论》2017 年第 1 期。

23. 冯果、张阳：《证券侵权民事赔偿标准确立的内在机理与体系建构》，《证券法苑》2018 年第 2 期。

作者：上海交通大学凯原法学院副教授　崔香梅

上海交通大学凯原法学院硕士研究生　蒋明宇

案例 14　违规超比例增持股份的法律责任

——上海兴盛实业发展(集团)有限公司诉王斌忠等证券欺诈责任纠纷案

上海市第一中级人民法院(2015)沪一中民六(商)初字第 66 号民事判决

【案情概要】

原告上海兴盛实业发展(集团)有限公司(以下简称兴盛公司)系本案第三人上海新梅置业股份有限公司(以下简称新梅公司)的股东,持股比例为 11.19％。2013 年 7 月—11 月,被告王斌忠实际控制上海开南投资控股集团有限公司(以下简称开南公司)、上海腾京投资管理咨询中心(以下简称腾京咨询中心)、上海升创建筑装饰设计工程中心(以下简称升创设计中心)、兰州瑞邦物业管理有限公司(以下简称瑞邦公司)、兰州鸿祥建筑装饰材料有限公司(以下简称鸿祥公司)、甘肃力行建筑装饰材料有限公司(以下简称力行公司)等被告名下的 15 个账户(以下简称账户组),持续不断买入新梅公司股票。截至 2013 年 10 月 23 日,该账户组合计持有新梅公司全部已发行股份的 5.53％;截至 2013 年 11 月 1 日,该账户组合计持有新梅公司全部已发行股份的 10.02％;截至 2013 年 11 月 27 日,该账户组合计持有新梅公司全部已发行股份的 14.86％。

2014 年 6 月 6 日,开南公司、腾京咨询中心、升创设计中心、瑞邦公司、鸿祥公司、力行公司共同签署《一致行动人协议》,约定各方共同作为新梅公司股东,在新梅公司股东大会、董事会行使提案权和在相关股东大会、董事会上行使表决权时保持一致。

2015 年 1 月 20 日,证监会宁波监管局向王斌忠出具《行政处罚决定书》,认为账户组在 2014 年 6 月 13 日前,未披露该账户组受同一人控制或存在一致行动关系,账户组在 2013 年 10 月 23 日合计持有新梅公司股票首次超过 5% 以及在 2013 年 11 月 1 日合计持有新梅公司股票 10.02% 时,均未按照 2014 年《证券法》第 86 条①的规定,对超比例持股情况进行及时报告和公告。王斌忠能够对上述账户组进行控制、管理和使用,对该账户组享有收益权益并承担相应风险,是账户组的实际控制人和信息披露义务人。证监会依据 2014 年《证券法》第 193 条②的规定,责令王斌忠改正违法行为,给予警告,并处以 50 万元的罚款。王斌忠于 2015 年 1 月 22 日向证监会缴纳罚款 50 万元。

2015 年 1 月 23 日,王斌忠、开南公司与其他一致行动人腾京咨询中心、升创设计中心、瑞邦公司、鸿祥公司、力行公司共同发布《上海新梅置业股份有限公司详式权益变动报告书(补充披露)》。该报告载明截至 2015 年 1 月 23 日,上述被告持有新梅公司股票的数量以及占新梅公司总股本的比例。

兴盛公司作为新梅公司原第一大股东,认为王斌忠等人的行为构成恶意收购,损害了包括其自身在内的新梅公司股东的利益,扰乱了市场秩序,遂向上海市第一中级人民法院(以下简称上海市一中院)提起诉讼。经过近 3 年漫长的审理,上海市一中院最终以兴盛公司未能举证证明其自身任何合法权益遭受损失的情况下,限制被告行使表决权等股东权利并禁止其处分相应股票缺乏事实与法律依据为由,驳回了兴盛公司的全部诉讼请求。

---

① 2014 年《证券法》第 86 条规定:"通过证券交易所的证券交易,投资者持有或者通过协议、其他安排与他人共同持有一个上市公司已发行的股份达到百分之五时,应当在该事实发生之日起三日内,向国务院证券监督管理机构、证券交易所作出书面报告,通知该上市公司,并予公告;在上述期限内,不得再行买卖该上市公司的股票。投资者持有或者通过协议、其他安排与他人共同持有一个上市公司已发行的股份达到百分之五后,其所持该上市公司已发行的股份比例每增加或者减少百分之五,应当依照前款规定进行报告和公告。在报告期限内和作出报告、公告后二日内,不得再行买卖该上市公司的股票。"该条现为 2019 年《证券法》第 63 条第 1、2 款,法条内容的变化将在解析部分进一步说明。

② 2014 年《证券法》第 193 条第 1 款规定:"发行人、上市公司或者其他信息披露义务人未按照规定披露信息,或者所披露的信息有虚假记载、误导性陈述或者重大遗漏的,责令改正,给予警告,并处以三十万元以上六十万元以下的罚款。对直接负责的主管人员和其他直接责任人员给予警告,并处以三万元以上三十万元以下的罚款。"该条现为 2019 年《证券法》第 197 条第 1 款,法条内容的变化将在解析部分进一步说明。

本案最终在二审阶段以双方当事人达成庭外和解后,兴盛公司选择撤诉告结。

【裁判要旨】

本案主要争议焦点如下:一是被告违反《证券法》第 86 条的规定,在未履行信息披露义务的情况下超比例购买新梅公司股票的交易行为是否有效;二是原告的合法权益是否因被告的违规行为而遭受损失;三是原告要求限制现持股被告行使股东权利或处分相应股份的诉请是否具有法律依据。

一审法院认为:"被告违反《证券法》第 86 条的规定,在未依法履行信息披露义务的情况下,违规超比例购买新梅公司股票的行为,违背了证券市场公开、公平、公正的交易原则,侵害了广大中小投资者的知情权和投资决策权,一定程度上亦不利于上市公司治理的稳定性,其违法行为也受到了证券监督管理部门的处罚。但本案中,原告作为新梅公司的投资股东,在其未能举证证明其自身任何合法权益遭受损失的情况下,要求限制被告行使股东权利并禁止其处分相应股票的诉讼请求,缺乏事实及法律依据,本院均不予支持。"

【解 析】

一、本判决的意义

对于未遵守《证券法》中的大额持股披露规则,在二级市场上违规举牌的行为,一般由证券监管部门作出行政处罚。本案是首例诉至法院并形成判决的违规举牌民事案件。本案原告在被告受到行政处罚后,认为自身利益因被告违规超比例增持股份的行为受到损害而诉至法院。一审法院回应了违规超比例增持股份的行为是否有效、违规超比例增持股份行为是否侵害了控股股东的合法权益、对违规举牌的收购人是否可以限制其行使表决权等问题,具有典型性。

二、大额持股披露规则的解读

本案纠纷因被告违背了大额持股披露规则而产生。大额持股披露规则一般包含权益披露规则和慢走规则。权益披露规则是指投资者及其一致行动人在首次持有上市公司已发行的股份达到一定比例（5％）时，以及在达到该比例后持股比例变动达到一定比例（5％）时，应当对其持股情况进行公开披露。慢走规则是指投资者及其一致行动人在根据上述权益披露规则进行公开披露后的一段时间内，不能对该公司股票进行交易。

根据2019年《证券法》第63条第1、2款规定，投资者通过证券交易所的证券交易单独持有或者与一致行动人共同持有一个上市公司已发行的有表决权股份达到5％，或在持有的有表决权股份已达到5％后每增持或减持5％时，应当在3日内向证券监督管理机构和证券交易所作出书面报告并公告，且在报告期限内和作出报告、公告后3日内，不得再行买卖该上市公司的股票。① 同时，该条第3款规定，投资者及其一致行动人在持有的上市公司有表决权股份已达到5％后，每增持或减持1％时都需在次日通知上市公司并公告。②

大额持股披露规则通过要求收购人履行大额持股信息披露义务，一方面，防止收购人通过大额股票交易操纵市场，确保中小投资者及时获取相关信息后做出投资判断，保护投资者的权益；另一方面，使上市公司了解自身股权结构发生变动的情况，当持有本公司5％以上股份的股东股权变动时，避免突然的控制权变动对上市公司内部治理的稳定性带来巨大冲击。

根据2019年《证券法》第196条和第197条第1款规定，如果收购人违反大额持股披露规则，收购人将被责令改正，收购人、直接负责的主管人员

---

① 2019年《证券法》第63条第1、2款在原《证券法》第86条的基础上做了三点修改：一是将"股份"修改为"有表决权股份"；二是为慢走规则预留了豁免空间，由国务院证券监督管理机构规定；三是将慢走规则中投资者及其一致行动人不能进行股票交易的时间延长了1日。2019年《证券法》的条文修订，对本案所涉及的大额持股披露规则的讨论无实质影响。

② 该款为新增规定，2014年《证券法》第86条仅要求投资者及其一致行动人在持有的上市公司股份首次达到5％时需通知上市公司。

和其他直接责任人员将受到警告和罚款两种行政处罚；[①]收购人及其控股股东、实际控制人利用上市公司收购，给被收购公司及其股东造成损失的，还需承担赔偿责任。此外，根据现行《证券法》第 63 条第 4 款的规定，收购人违反大额持股披露规则买入上市公司有表决权的股份的，在买入后的 36 个月内，对该超过规定比例部分的股份不得行使表决权。[②]

三、违规超比例增持股份行为的效力

本案中，被告王斌忠实际控制的账户组在二级市场上持续买进新梅公司股票，在持股比例两次达到 2014 年《证券法》第 86 条规定的披露节点时，均未履行信息披露义务，在新梅公司其他股东完全不知情的情况下收购大量新梅公司的股份，成为新梅公司持有股份数量最多的一方股东。被告上述违规超比例增持股份行为的效力应当如何评价是本案的争议焦点之一，关系被告能否合法持有违规超比例增持的新梅公司股票，并享有相应的股权。

由于本案被告违规超比例增持新梅公司的股份是通过证券交易所内的交易方式实现的，有观点认为违规超比例增持股份违反了 2014 年《证券法》第 86 条的规定，属于《合同法》第 52 条[③]中规定的"违反法律、行政法规的强制性规定"的合同无效情形，故应当认定为无效（徐聪，102 页）。但是，如果违反大额持股披露规则的证券交易行为被认定为无效，就要对案件涉及的每一笔交易的结果进行回溯，既不具有可操作性，也不符合商法的价值取

---

① 《证券法》第 196 条第 1 款规定的行政处罚针对的是收购人未履行上市公司收购的公告、发出收购要约义务的行为；第 197 条第 1 款规定的行政处罚针对的是信息披露义务人未履行信息披露义务的行为。一般来说，收购人违反大额持股披露规则同时符合这两则条款的适用条件的，可适用任一条款进行处罚。

② 对于收购人违反大额持股披露规则的法律责任，2019 年《证券法》第 196 条第 1 款和第 197 条第 1 款在 2014 年《证券法》第 193、213 条的基础上增加了罚款数额，从最高 60 万元提高到最高 500 万元，加大了惩罚力度。2014 年《证券法》第 213 条规定："在改正前，收购人对其收购或者通过协议、其他安排与他人共同收购的股份不得行使表决权"被吸收进 2019 年《证券法》第 63 条第 4 款中，且表决权受限的期限由"改正前"延长为"买入后的 36 个月内"。

③ 《民法典》不再明文规定合同无效的情形，而是在第 153 条对民事法律行为无效情形进行了规定。

向。2014 年《证券法》第 120 条明确了证券交易结果恒定原则，[①]根据特别法优于一般法的原则，只要交易行为本身符合交易规则，则交易行为本身的效力不因违规行为而受到影响。不过，交易结果恒定原则也有例外情形，域外发达国家和地区广泛建立并适用证券错误交易的撤销制度，规定当发生符合一定判别标准的错误交易时，证券交易所应按照特定的程序，依据当事人的申请或依据职权主动撤销该错误交易，并判别该交易自始无效（董新义、陈逢源，182 页）。但是，本案中当事人在购买新梅公司股票时，交易的价格、数量等信息并未被错误传递，交易完全符合当事人的意思表示，不构成证券错误交易，不属于交易结果恒定原则的例外情形。

本案中，法院援引了 2014 年《证券法》第 120 条的规定，认为违规超比例增持股份的行为有效。笔者对此持肯定态度，虽然王斌忠等被告超比例增持股份的行为违反了 2014 年《证券法》第 86 条的规定，未履行信息披露义务，但交易行为应当认定为有效，王斌忠等被告合法持有新梅公司的股票，并享有相应的股权。

四、违规超比例增持股份行为侵害的法益

信息披露制度是证券法中最重要的制度之一，贯穿证券发行、上市、交易等各个环节。2019 年《证券法》第 63 条为通过证券交易增减持上市公司股份达到一定比例的主体设定了信息披露义务，这是信息披露制度在上市公司收购法律制度中的具体体现。

关于违规超比例增持股份行为侵害了哪些法益，学界多有讨论。有的认为该行为侵犯了股票交易相对方、上市公司、上市公司其他股东以及市场投资者等主体的民事权利（姚蔚薇，69 页），也有的认为该行为具体侵害了投资者的知情权、目标公司的反收购权、控股股东的控制权等（姚瑶，183

---

① 2014 年《证券法》第 120 条："按照依法制定的交易规则进行的交易，不得改变其交易结果。对交易中违规交易者应负的民事责任不得免除；在违规交易中所获利益，依照有关规定处理。"现为 2019 年《证券法》第 117 条："按照依法制定的交易规则进行的交易，不得改变其交易结果，但本法第一百一十一条第二款规定的除外。对交易中违规交易者应负的民事责任不得免除；在违规交易中所获利益，依照有关规定处理。"新法中增加了交易结果恒定原则的例外情形，即突发性事件导致证券交易结果出现重大异常。

页）。笔者认为,违规超比例增持股份行为不仅损害了市场交易秩序和市场竞争秩序,而且也侵害了投资者的知情权、目标公司及其控股股东的利益,理由如下。

首先,对广大股票投资者而言,上市公司披露的信息与投资者的投资决策紧密相关。当收购人遵守权益披露规则披露了其大量增持上市公司股票的信息时,公司的股价极有可能在短时间内迅速抬升,而持有该公司股票的投资者一般会待价而沽,慎重地考虑是否进行卖出操作。如果收购人超比例增持股份而未及时披露信息,则投资者因无法及时了解相关信息,可能会做出错误的投资判断。因此,违规超比例增持股份行为会侵害投资者的知情权,导致不知情的股票卖出方承受"可得利益"的损失。

其次,对目标公司而言,违规超比例增持股份行为会使公司内部围绕公司控制权展开激烈的斗争,甚至诉至法院。在纠纷持续期间,由于股东忙于控制权的争夺,与公司发展息息相关的战略决策及亟待解决的其他问题被滞后,公司治理陷入僵局。此外,收购人参与上市公司治理后,还可能掠夺甚至掏空公司利益,使公司的长远利益受到损害。有学者指出,中国法在利益冲突中"并不强调甚至不存在公司利益的概念,而是强调股东对公司的权利"(邓峰,88页)。公司作为有独立法律人格和财产权,独立承担责任的法律主体,有其独立的公司利益,违规超比例增持股份行为损害了目标公司健康发展的利益。

最后,违规超比例增持股份行为还侵害了目标公司原控股股东的控制权。控制权并非我国法律明文规定的一项股东权利。关于控制权的法律性质,学界有三种不同观点:一是"权利说",认为控制权是一项独立的民事权利,或主张控制权是权利中的一项权能或利益(姚瑶,184页)。二是"权力说",认为"控制权的性质是私法上的权力"(郭富青,62页)。三是"事实状态说",认为"控制权不是一种真正意义上的民事权利,而是一种事实上形成的对公司事务的控制力和影响力,是一种支配性的法律地位"(白慧林,28页)。无论哪一种学说都承认控制权在公司治理中的价值和重要性。上市公司收购实践中普遍存在的控制权溢价转让的现象也反映了控制权的价值。但是在我国《公司法》和《证券法》未明文规定保护控股股东控制权的情况下,控制权受到侵害难以在司法裁判中得到有效救济。

本案除控制权外,原告还主张被告的行为侵害了其对新梅公司的反收购权。反收购权同样不是一项法定权利。从学理上说,即使承认反收购权是一项权利,它的权利主体也不应是控股股东,而是目标公司本身。有学者主张基于"利益相关者理论",为保护公司的长远利益和利益相关者的利益应赋予被收购公司反收购权(姚瑶,183页)。一审法院认为,"任何证券市场主体均不享有原告所主张的所谓法定的反收购权利,而目标公司管理层也只有在为维护公司及广大股东合法利益的前提下才可以采取合法的反收购措施。"笔者赞成一审法院的观点,控股股东不应直接享有反收购权。

五、违规超比例增持股份行为的表决权限制

本案原告主张被告尚未完成行政处罚责令其改正的违法行为,故其股东权利及对股票的处置权利应依法受限。2014年《证券法》第213条规定,收购人未按照本法规定履行上市公司收购的公告、发出收购要约等义务的,责令改正;在改正前,收购人对其收购或者通过协议、其他安排与他人共同收购的股份不得行使表决权。根据该条规定,原告能否请求限制被告对违规增持的股份行使表决权?

首先,从法律体系上看,2014年《证券法》第213条规定于"法律责任"一章中,在该章中,除了第231条属于引致条款,其余各条款中规定的法律责任都属于行政责任。而《证券法》第213条本身规定的其他责任形式:责令改正、警告、罚款等均属于行政责任。因此,该条规定中所谓的"表决权限制"也应当属于行政责任而非民事责任,应适用于监管机构对当事人的行政处罚中。

其次,既然2014年《证券法》第213条规定收购人"在改正前"不得行使表决权,那就意味收购人的表决权在改正后就不再受限。对于"改正"应当如何解释,本案中,王斌忠等被告缴纳罚款并完成补充信息披露后,证监会宁波监管局未进一步责令其改正其他行为或进一步要求补充信息披露,一审法院也据此反驳了原告提出的被告的改正行为尚未完成的主张。可见,监管机构和法院均将完成补充信息披露作为改正完成的标志。

再次，对于违规超比例增持股份行为应当如何责令改正，在实践中还有不同的理解。有观点认为，不仅应当责令违规收购人完成补充信息披露，还应适用 2014 年《证券法》第 204 条①关于限制转让期内买卖股票的法律责任，责令其抛售违规增持的股票。因为违规超比例增持股份行为可能同时存在不履行权益披露规则和违反慢走规则的两处违法（徐聪，104 页）。对此，笔者认为，2014 年《证券法》第 204 条的法律责任虽采用了"在限制转让期限内买卖证券"的表述，但其针对的是违反 2014 年《证券法》第 38 条②的行为，即具有特定身份的股份持有人在限制转让期内违规卖出股票的行为，而非针对违反第 86 条的规定超比例增持股份的行为。该条中的"责令改正"应当解读为买回在限制转让期内违规卖出的股票，不包含抛售违规买入的股票的意思。而 2014 年《证券法》第 213 条规定的是收购人在进行上市公司收购活动时未履行法定义务时应承担的法律责任，根据文义解释，"责令改正"是指补充履行信息披露等义务。法定义务履行完毕，改正即告完成。

综上，笔者认为在法律适用层面，法院驳回原告限制被告行使表决权等股东权利的诉请并无不妥，但是，从这一判决中可以看出 2014 年《证券法》在限制违规举牌者行使表决权的规则上存在不合理之处。对于违规举牌者，应当在其违规举牌后的一段时间内限制其行使表决权，阻止其通过违法行为获益，同时也保护目标公司及其控股股东的合法权益，这应是《证券法》设置表决权限制规则的本意，然而，2014 年《证券法》第 213 条将限制违规举牌者行使表决权的期限限定在"改正前"，即完成补充信息披露前，这意味着违规举牌者只要"先上车后补票"，在增持股份后完成补充信息披露，后续行使表决权就不会受到任何限制。因此，2014 年《证券法》限制违规举牌者

---

① 2014 年《证券法》第 204 条："违反法律规定，在限制转让期限内买卖证券的，责令改正，给予警告，并处以买卖证券等值以下的罚款。对直接负责的主管人员和其他直接责任人员给予警告，并处以三万元以上三十万元以下的罚款。"现为 2019 年《证券法》第 186 条。修订前后条文无实质性变化。

② 2014 年《证券法》第 38 条："依法发行的股票、公司债券及其他证券，法律对其转让期限有限制性规定的，在限定的期限内不得买卖。"现为 2019 年《证券法》第 36 条第 1 款。修订前后条文无实质性变化。

行使表决权的规则流于形式,难以真正实现对违规举牌者的惩罚和对目标公司及其控股股东利益的保护。

对此,2019 年《证券法》第 63 条第 4 款修订为,投资者和一致行动人违反第 63 条第 1、2 款规定买入上市公司有表决权的股份的,在买入后的 36 个月内,对该超过规定比例部分的股份不得行使表决权。新法对旧法中收购人"改正前不得对收购的股份行使表决权"的规定进行了重构:一是明确了限制违规收购人行使表决权的期限为买入后的 36 个月,这意味着收购人违反权益披露规则的违法行为败露后,不仅要完成补充信息披露,而且还会在很长一段时间内承担表决权受限的后果。二是明确违规收购人因违规行为受限的表决权仅及于超过应披露比例部分的股份而非其持有的全部股份,保障收购人基于未超过应披露比例部分的股份所享有的合法股东权利。

六、大额持股披露规则尚待解决的课题

2019 年新修订的《证券法》在旧法的基础上对大额持股披露规则以及违反大额持股披露规则的法律责任进行了部分修改和完善,强化了对被收购公司及其股东利益的保护,在违规法律责任上大大加强了对违规收购人的处罚力度,对于解决由违规超比例增持股份引起的控制权纠纷、规范上市公司收购法律秩序具有重要意义。但我国的大额持股披露规则在理论层面还有以下问题值得思考。

第一,慢走规则的豁免适用问题。慢走规则的存废之争在我国由来已久。虽然慢走规则具有维护证券市场的稳定以及保障市场参与主体在充分了解信息的基础上做出投资判断的积极作用,但也会导致企业收购成本增加、并购市场不够活跃的问题。因此,近年来主张取消慢走规则的呼声颇高(刘凤元、马志健,30 页)。2019 年《证券法》第 63 条第 2 款规定在旧法的基础上对慢走规则进行了进一步强化,将锁定期延长了一日,同时授权证监会规定豁免适用慢走规则的情形。但是,具体在何种情形下可以豁免适用慢走规则并不明确。

第二,对违反大额持股披露规则行为的规制是否应当区分大额持股行为的目的?大额持股行为根据目的不同可分为:以收购为目的的大额持股

行为和以财务投资为目的的大额持股行为。有观点认为,对于并不谋求上市公司控制权而仅出于财务投资的目的而大额持股的投资者,如果其实施了违规超比例增持行为,限制其行使表决权并无必要,退一步说,如果限制其行使表决权,也应当在时间和方式上与以收购为目的的情形有所差异(陈洁,110 页)。这些问题都需要进一步探讨。

参考文献

1. 徐聪:《违反慢走规则买卖股票若干争议法律问题研究》,《法律适用》2015 年第 12 期。

2. 董新义、陈逢源:《可撤销证券错误交易判别标准研究》,《证券法律评论》2016 年第 1 期。

3. 姚蔚薇:《违反证券交易大额持股披露及慢走规则的民事责任探析》,《证券法苑》2017 年第 2 期。

4. 姚瑶:《公司收购中违反大额持股申报义务的法律责任——基于"上海新梅案"的分析例证》,《河北法学》2017 年第 2 期。

5. 邓峰:《公司利益缺失下的利益冲突规则——基于法律文本和实践的反思》,《法学家》2009 年第 4 期。

6. 郭富青:《论控制股东控制权的性质及其合理配置》,《南京大学学报(哲学·人文科学·社会科学版)》2011 年第 2 期。

7. 白慧林:《控股公司控制权法律问题研究》,北京大学出版社 2010 年版。

8. 刘凤元、马志健:《权益变动披露规则重构的反思》,《河北法学》2022 年第 1 期。

9. 陈洁:《违规大规模增减持股票行为的定性及惩处机制的完善》,《法学》2016 年第 9 期。

作者：上海市海华永泰律师事务所律师　王诚汇

案例 15 证券服务机构虚假陈述责任认定

——李淮川、周向东诉中安科股份有限公司等证券虚假陈述民事责任纠纷案

上海市金融法院(2019)沪 74 民初 1049 号民事判决

上海市高级人民法院(2020)沪民终 666 号民事判决

最高人民法院(2021)最高法民申 6708 号民事裁定

【事实概要】

2019 年,证监会认定中安科股份有限公司(以下简称中安科公司)与中安消技术有限公司(以下简称中安消技术公司)重大资产重组文件存在虚假陈述,并对两公司以及其控股股东、相关责任人员作出行政处罚。但是,相关中介机构,即独立财务顾问招商证券股份有限公司(以下简称招商证券公司)、负责会计审计的瑞华会计师事务所(以下简称瑞华事务所)、提供法律服务的广东华商律师事务所(以下简称华商律师事务所)并非行政处罚的对象。之后,部分投资者将中安科公司、中安消技术公司及上述三家中介机构诉至上海市金融法院。

一审判决认为,中安消技术公司与中安科公司共同实施了虚假陈述行为,对原告的损失承担连带赔偿责任,招商证券公司、瑞华事务所对此承担全部连带赔偿责任,华商律师事务所不承担责任。招商证券公司、瑞华事务所不服一审判决,上诉至上海市高级人民法院。上海市高级人民法院在二审中撤销一审法院对招商证券公司和瑞华事务所做出的全部连带责任判项,改判招商证券公司、瑞华事务所分别在 25%、15% 范围内承担连带责任。瑞华事务所不服二审判决,向最高人民法院申请再审。最高人民法院

认为二审法院酌定瑞华事务所在 15％范围内对中安科公司的证券虚假陈述民事责任承担连带赔偿责任并无不当,驳回了瑞华事务所的再审请求。

【裁判要旨】

本案二审的争议焦点是:招商证券公司和瑞华事务所未勤勉尽责,应如何确定其应当承担的赔偿责任范围。①

对这一争议焦点的判断,二审法院的思路分为两步:首先,对证券服务机构损害赔偿责任承担的形式进行明确;其次,对招商证券公司和瑞华事务所的连带赔偿责任分别进行认定。

就损害赔偿责任的形式,二审法院认为,证券服务机构的连带赔偿责任应限制在与其行为及过错相适应的范围之内。法院通过援引 1998 年《证券法》第 161 条以及 2003 年《虚假陈述规定》第 24 条,明确指出"尽管 2005 年修改后的《证券法》中不再区分中介机构故意或过失等情况,但连带赔偿责任并非仅限于全部连带赔偿,部分连带赔偿仍是法律所认可的一种责任形式"。

就连带赔偿责任大小的确定,二审法院认为,2007 年《审计侵权规定》第 5、6 条"对会计师事务所审计业务中故意和过失侵权造成利害关系人的赔偿责任作出了不同规定"。据此,"证券服务机构的注意义务和应负责任范围,应限于各自的工作范围和专业领域,其制作、出具的文件有虚假记载、误导性陈述或者重大遗漏,应当按照证券法及相关司法解释的规定,考量其过错程度、造成投资者损失的原因力等因素,分别确定其应当承担的法律责任。"法院分别从三个方面进行考量:(1)从证券服务机构的虚假陈述内容来看,招商证券公司和瑞华事务所分别对不同的信息披露事项的虚假陈述

① 本案裁判争点有:"1.招商证券公司和瑞华事务所承担虚假陈述民事赔偿责任是否以受到行政处罚或刑事判决为前提;2.招商证券公司和瑞华事务所作为证券服务机构,在案涉重大资产重组中是否勤勉尽责;3.如果其未勤勉尽责,应如何确定其应当承担的赔偿责任范围。"笔者重点讨论证券服务机构的侵权赔偿责任认定问题,受篇幅所限,对争点 1 和 2 不做评述。

负责。作为独立财务顾问的招商证券公司应对"班班通"项目涉及的盈利预测事项的虚假陈述负责;作为审计机构的瑞华事务所应对"智慧石拐"项目涉及的营业收入确认事项的虚假陈述负责。(2)从主观过错程度来看,与案涉交易信息的直接披露者中安科公司以及案涉交易的信息提供者中安消技术公司相比,招商证券公司的过错程度相对较轻;没有证据显示瑞华事务所与中安科公司、中安消技术公司存在虚假陈述的共同故意或明知相关材料虚假。(3)从原因力的角度而言,案涉"班班通"项目和"智慧石拐"项目对中安科股票价格和投资者交易决策造成了一定影响,但"智慧石拐"项目相较"班班通"项目对投资者决策影响为小。据此,法院最终酌定招商证券公司、瑞华事务所分别在 25%、15% 的范围内承担相应的连带赔偿责任。

【解　析】

一、本判决的意义

上海市高级人民法院在本案二审中,作出了全国首例中介机构承担部分连带赔偿责任的生效判决,改变了以往判决中介机构承担全部连带责任的先例,为虚假陈述的中介机构责任承担提供了新的审判思路,被上海市高级人民法院审委会列为第 119 号参考性案例。

二、证券服务机构虚假陈述责任的规则演变及本案的法律适用

虚假陈述民事责任的性质存在违约责任与侵权责任之争(朱锦清,135—136 页)。二者的区别在于:(1)违约责任的主体要求为特定的合同当事人,而侵权责任主体与损害人之间不需要存在合同关系;(2)违约责任的义务一般是合同事先约定的,而侵权责任是根据法律规定产生的;(3)侵权责任的赔偿范围大于违约责任。虚假陈述中,侵权责任的界定弥补了违约责任理论下众多信息披露参与者未直接与投资者订立合同从而无法获得赔偿的问题,也突破了合同义务的相对性,将证券信息披露义务等法定义务纳入其中。本案中,专业机构因对公司公开文件中存在虚假陈述,致使与其无

直接合同关系的投资者遭受损失,应承担侵权责任。由于同为中介机构的"证券保荐机构、承销机构"与"证券服务机构"在证券发行中发挥的作用和定位不同,而本案的被告为分别担任财务顾问和审计职责的证券服务机构,因此,本案的中介机构限定为证券服务机构。关于证券服务机构的侵权责任承担形式,《证券法》及相关司法解释虽几经修改,但相关规定并不明晰,导致这项重要的制度安排在司法实践中形成了不同的理解。

（一）第一阶段：1998 年《证券法》

1998 年《证券法》第 161 条规定,为证券的发行、上市或者证券交易活动出具专业报告等文件的专业机构和人员,应对其所出具的报告的真实性、准确性和完整性进行核查和验证,并就其负有责任的部分承担连带责任。同时,该法第 202 条规定,出具专业报告等文件的专业机构,就其所负责的内容因弄虚作假而造成损失的,承担连带赔偿责任。根据全国人大常委会对 1998 年《证券法》第 202 条的释义,这里的"承担连带赔偿责任"仍指上述专业机构应就其负有责任的部分承担连带赔偿责任（证券法释义 * 尾注 2）。因此,1998 年《证券法》第 161、202 条关于证券服务机构的责任形式规定是一致的,即"就其负有责任的部分承担连带责任"。

此外,2003 年《虚假陈述规定》第 24 条规定："专业中介服务机构及其直接责任人违反证券法第 161 条和第 202 条的规定虚假陈述,给投资人造成损失的,就负有责任的部分承担赔偿责任。但有证据证明无过错的,应予免责。"同时,第 27 条规定,专业中介服务机构,知道或者应当知道发行人或者上市公司虚假陈述,而不予纠正或者不出具保留意见的,构成共同侵权,对投资人的损失承担连带责任。[①] 对此,有学者认为,2003 年《虚假陈述规定》区分了过失和故意两种情形,采用了"两分法"归责思路,只有在主观状态为"知道或者应当知道"时承担全部连带责任（陈洁,204 页）。

---

① 2003 年《虚假陈述规定》第 24、27 条规定,在 2022 年新发布的《虚假陈述规定》中被删去。2022 年《虚假陈述规定》新增了第 13 条,将 2019 年《证券法》第 163 条中的"过错"限于"故意"和"严重违反注意义务的过失"。2022 年《虚假陈述规定》对证券法中不区分过错状态的连带责任承担进行了限缩,即证券服务机构只有在故意和重大过失这两种情形下才承担连带赔偿责任。

(二) 第二阶段：2005 年《证券法》——2022 年《虚假陈述规定》修订前

2005 年《证券法》第 173 条是 1998 年《证券法》第 161 条修订而来，将证券服务机构"就其负有责任的部分承担连带责任"修改为"应当与发行人、上市公司承担连带赔偿责任，但是能够证明自己没有过错的除外"。新修订的 2019 年《证券法》第 163 条对应 2014 年《证券法》第 173 条（也是 2005 年《证券法》第 173 条），将证券服务机构的责任规定为："应当与委托人承担连带赔偿责任，但是能够证明自己没有过错的除外"。可见，2005 年《证券法》修订后，只要证券服务机构不能证明自己没有过错，就要承担连带赔偿责任，而能够证明自己没有过错的，就无需承担连带责任。因此，有观点认为，2005 年《证券法》修订后，证券服务机构对于投资者的损失承担是"全有或全无"的连带责任模式（刘继承、林燕玲，92 页）。

在司法解释层面，除 2003 年《虚假陈述规定》在第 24、27 条对专业证券服务机构的责任承担作出规定外，最高人民法院于 2007 年发布的《审计侵权规定》对会计师事务所的责任承担也进行了相应规定。根据《审计侵权规定》第 5 条规定，注册会计师在审计业务活动中，出具不实报告并给利害关系人造成损失的，应当认定会计师事务所与被审计单位承担连带赔偿责任；会计师事务所按照行业准则应当知道的，人民法院应认定为明知，与被审计单位承担全部连带责任。同时，在第 6 条规定，会计师事务所在审计业务活动中因过失出具不实报告，并给利害关系人造成损失的，人民法院应当根据其过失大小确定其赔偿责任。对《审计侵权规定》第 5 条的"应当知道"一般可以进行两种解释：一是将"应当知道"确定为重大过失；二是将"应当知道"推定为故意。因此可以认为，2007 年《审计侵权规定》与 2003 年《虚假陈述规定》对证券服务机构的侵权责任均采取了区分故意和过失的两种情形。

在最高人民法院发布的规范性文件中也有相关说明。2019 年发布的《九民纪要》"第六章关于证券纠纷案件的审理"中提到，"在案件审理过程中，对于需要借助其他学科领域的专业知识进行职业判断的问题，要充分发挥专家证人的作用，使得案件的事实认定符合证券市场的基本常识和普遍认知或者认可的经验法则，责任承担与侵权行为及其主观过错承担相匹配"。在 2020 年发布的《债券座谈会纪要》第 31 条第 2 款中,规定了对于债券服务机构应当"考量其是否尽到勤勉尽责义务,区分故意、过失等不同情况,分别确定其应当承担的法律责任"。

(三) 本案的法律适用

本案一审和二审法院对两家证券服务机构责任承担作出了不同的判决。一审法院依据 2014 年《证券法》第 173 条,[①]作出了证券服务机构承担全部连带责任的判决;二审法院结合 1998 年《证券法》第 161 条、2003 年《虚假陈述规定》以及 2007 年《审计侵权规定》,从历史解释角度将 2014 年《证券法》第 173 条的解释为包含部分连带赔偿责任的形式。二审法院认为,在证券服务机构与委托人没有共同故意或者明知相关材料虚假的情况下,其注意义务和责任范围仅限于各自的专业领域,应当适用部分连带赔偿责任的形式。该解释也得到了最高人民法院再审的支持。但是,在本案之前,法院将 2014 年《证券法》第 173 条解释为承担"全部连带责任",判令证券服务机构就投资者的全部损失与发行人、上市公司承担连带赔偿责任。[②]

三、证券服务机构的过错认定

2014 年《证券法》第 173 条规定:"证券服务机构为证券的发行、上市、交易等证券业务活动制作、出具专业报告等文件,应当勤勉尽责,对所依据的文件资料内容的真实性、准确性、完整性进行核查和验证。其制作、出具的文件因虚假陈述给他人造成损失的,应当与委托人承担连带赔偿责任,但是能够证明自己没有过错的除外。"[③]有学者认为,该条规定的证券服务机

---

① 2005 年《证券法》第 173 条对应 2014 年《证券法》第 173 条,2014 年《证券法》修正前后,该条文号和内容均无变化。

② 例如在"金亚科技公司案"中:一审法院认为本案适用《证券法》第 173 条关于会计师事务所等证券服务机构与上市公司承担连带赔偿责任的规定,判决立信会计师事务所对损失承担全部连带赔偿责任,参见四川省成都市中级人民法院民事判决书,(2019)川 01 民初 491 号;二审法院认为本案符合 2003 年《虚假陈述规定》第 27 条、《审计侵权规定》第 5 条"知道或应当知道"情形,会计师事务所与公司构成共同侵权,需承担全部连带责任,因此法院驳回了立信所的上诉请求,参见四川省高级人民法院民事判决书,(2020)川民终 619 号。

③ 2014 年《证券法》第 173 条在 2019 年《证券法》修订后调整为第 163 条,增加了部分内容,但关于证券服务机构负有勤勉尽责义务的内容无实质变化。

构的过失推定,是建立在其违反特别注意义务的基础之上,因为其规范的是在专业职责范围内提供服务行为,需要根据其执业规范和专业特性进行判断(丁宇翔,167—168 页)。

学理上认为,过失是主观的,是一种可归责的心理状态,但是其判断标准应当是客观和确定的,主要不依赖于行为人自身的要素,而是根据法律规定的注意义务、行业或者习惯等要求的注意义务以及"理性人"的注意义务(张新宝 ＊ 尾注 6,231 页)。对于证券服务机构负有的注意义务,根据工作内容和专业领域的差异,一般分为特别注意义务与普通注意义务。特别注意义务是指证券服务机构对自身专业知识和技能相关的业务事项承担的义务;而普通注意义务是对除此之外的业务事项承担的义务(湘财证券课题组、周卫青,64 页)。特别注意义务与普通注意义务对行为人谨慎状态的要求不同,特别注意义务的参照系是本职业团体成员,而普通注意义务的参照系是社会大众(邢会强,75 页)。如果将证券服务机构"勤勉尽责"义务与学理上的注意义务相对应,则"勤勉尽责"义务应属于专业领域范围内的特别注意义务。

在最高人民法院司法解释与规范性文件中,将证券服务机构的主观过错区分为"明知或者应当知道"的故意与"未勤勉尽责"的过失。本案中,没有证据显示招商证券公司和瑞华事务所与中安科公司、中安消技术公司存在虚假陈述的共同故意,或明知相关材料虚假的主观情形,因此本案不涉及故意状态下的责任承担问题,只需要判断是否存在过失及其对应的责任形式。

关于招商证券公司和瑞华事务所是否勤勉尽责的问题,本案二审法院对招商证券公司和瑞华事务所各自所负责的项目及其专业范围进行了区分。二审法院认为,"关于证券服务机构是否勤勉尽责,应视其是否按照相关法律、行政法规、部门规章和行业执业规范等,对所依据的文件资料内容进行核查和验证。关于招商证券公司是否勤勉尽责……独立财务顾问出具的意见中采用其他证券服务机构或者人员的专业意见的,仍然应当予以审慎核查,并对利用其他证券服务机构或者人员的专业意见所形成的结论负责。就案涉'班班通'项目,……招商证券公司出具《独立财务顾问报告》时,除了获取中安消技术公司提供的框架协议和当地有关政策性文件之外,并无充分证据表明对该重点项目的实际进展情况予以审慎核查。此外,招商证券公司知悉'班班通'项目的真实情况后,应对之前的评估值以及交易定价的合理性和公允性提出质疑,但其在后续更新的财务顾问报告中,仍然认可了之前的收益、预测数据和评估值,未及时采取有效行为。因此,招商证券公司出具《独立财务顾问报告》过程中,未充分尽到勤勉尽责义务"。关于瑞华事务所是否勤勉尽责问题,二审法院认为,瑞华事务所作为审计机构,在制作《应收账款函证回函结果明细表》时,未能履行适当的审计程序,在没有确认案涉项目真实存在的情况下,仅按完工百分比法确认合同收入。根据《审计侵权规定》第 6 条第 2 款规定,注册会计师未依据执业准则、规则执行必要的审计程序,导致报告不实的属于过失。据此,本案认定招商证券公司与瑞华事务所均因未尽"勤勉尽责"义务而具有过失。

四、证券服务机构的因果关系认定

证券虚假陈述侵权责任的因果关系包括交易因果关系和损失因果关系两个层次。根据 2003 年《虚假陈述规定》第 18 条规定,投资者只需证明投资的是与虚假陈述直接关联的证券,且在法定期限内买卖,便推定因果关系成立。由于该司法解释没有对交易因果关系和损失因果关系进行区分,学者多主张对交易因果关系与损失因果关系进行一体化推定,即投资者只要证明具有重大性的虚假陈述导致对自己买卖的股票价格产生影响,便可推定其遭受的损失与虚假陈述之间存在因果关系(李明辉,67 页;刘小玲、陈青宝,111—114 页)。因此,只要交易因果关系得以推定成立,损失因果关系便随之推定成立,除非被告提出有效的抗辩,否则必然会对投资者损失承担全有或者全无的责任。

2022 年《虚假陈述规定》对 2003 年《虚假陈述规定》第 18 条进行了修订,区分了交易因果关系和损失因果关系。在 2022 年《虚假陈述规定》第11、12 条中,明确了交易因果关系的推定原则;对于损失因果关系,第 31 条规定,法院应当查明虚假陈述与原告损失之间的因果关系,以及导致原告损失的其他原因等案件基本事实,从而确定被告赔偿的范围。新的司法规定改变了以往一体化推定模式。

虽然本案法院审理时适用的是 2003 年《虚假陈述规定》，但是并未采用一体化的推定方式。而是"考量其过错程度、造成投资者损失的原因力等因素，分别确定其应当承担的法律责任"，从原因力的角度分析了"班班通"项目与"智慧石拐"项目对投资者决策的影响。虽然判决并未明确区分交易因果关系和损失因果关系，但是改变了既有因果关系一体化推定的弊端，该判决思路值得肯定。

在学理上，"原因力"源于多数人侵权行为理论，是指在导致受害人同一损失后果的数个原因中，各原因对于损失后果的发生或扩大所发挥的作用力（张新宝 * 尾注 11，276 页）。在证券虚假陈述侵权中，如果发行人及其他信息披露义务人发布了虚假公告，证券服务机构自身的文件也存在虚假陈述，客观上对于损失的发生是由多个因素导致的，但是由于各主体在信息披露中的地位不同，每个原因力的大小是不一样的。"原因力"理论有助于修正因果关系的推定分析。

五、证券服务机构"部分连带责任"的适用依据

证券服务机构在专业范围内未"勤勉尽责"对应的责任，日本学者称其为"专家责任"，即提供专门技能或知识服务的人员，因疏忽或过失提供的服务有缺陷而致人损害应当承担的民事赔偿责任（能见善久，22 页）。有观点认为，这种专家责任应当按照一般侵权行为责任的基本法理及构成要件加以判断，并不存在特别法问题（邹海林 * 尾注 13）。也有观点认为，《证券法》的虚假陈述侵权规则与《民法典》侵权责任编下一般侵权规则的关系应为特别法与一般法的关系，两者均从属于侵权法律规范体系（郭雳、吴韵凯，48 页）。

（一）《民法典》侵权责任编的责任承担形式

根据侵权责任法的法理，在证券服务机构与发行人构成共同侵权或者教唆型、帮助型侵权时适用《民法典》第 1168、1169 条，应当承担全部连带责任。本案证券服务机构不存在共同侵权或者教唆型、帮助型侵权行为。证券服务机构因未保持应有的执业谨慎，制作或出具了不实报告，属于过失情

形。这种证券服务机构与发行人在无意思联络状态下分别实施的侵权行为导致了同一损害。如果它们各自制作的虚假信息披露文件足以造成全部损害,即为损害发生的充足原因,应当依据《民法典》第 1171 条的规定承担连带责任。如果证券服务机构制作的虚假陈述文件与发行人的信息披露文件之间是多份文件就虚假内容相互确认、引证的关系,但单独都不足以造成全部损害的,即为损害发生的非充足原因,应当依据《民法典》第 1172 条的规定,在能够确定责任大小的情况下承担按份责任。

对于多数人造成的同一损害,有的行为人对损害发生具有全部的原因,而有的行为人的行为对于损害的发生只具有部分原因,被称为"半叠加的分别侵权行为"(傅远泓,89—90 页)。《民法典》第 1171 条连带责任的适用前提为每个行为均为造成损失的充足原因,第 1172 条按份责任的适用前提为每个行为均为损失的非充足原因,因此,"半叠加的分别侵权行为"既非《民法典》第 1171 条的适用前提,也不属于第 1172 条的适用前提。

(二)《环境侵权解释》下"部分连带责任"的参考适用

最高人民法院在 2020 年修订的《关于审理环境侵权责任纠纷案件适用法律若干问题的解释》(以下简称《环境侵权解释》)第 3 条第 3 款规定,针对分别侵权,部分侵权人足以造成全部损害,而部分侵权人只造成部分损害的,被侵权人根据《民法典》第 1171 条请求足以造成全部损害的污染者和其他污染者就共同造成的损害部分承担连带责任,并对全部损害承担责任的,人民法院应予支持。① 有学者认为,《环境侵权解释》的该条规定将隐藏在《民法典》第 1171、1172 条的半叠加的分别侵权行为挖掘了出来,并以司法解释的形式确定下来,从而为司法实践提供了法律依据。法官可将这类半叠加的分别侵权行为从环境污染责任的裁判依据推广到其他侵权责任领域(杨立新,31 页)。虽然证券侵权和环境侵权属于两个不同的特殊侵权类型,但《环境侵权解释》第 3 条第 3 款为《民法典》第 1171 条的连带责任形态提供了"部分连带责任"的解释可能。

---

① 该规定可以理解为,以各个加害人的行为原因力为标准,仅在原因力重叠部分承担连带责任,而不重叠的部分则由行为人对该部分损害承担按份责任。

本案二审法院从历史解释角度将《证券法》第 173 条解读为具有承担"部分连带责任"之意，并结合原因力分析，酌定招商证券公司在 25％的范围内、瑞华事务所在 15％的范围内对发行人的虚假陈述责任承担连带赔偿责任。但从该条的文义解释上，并不能解读出"就负有责任的部分承担连带责任"之意。笔者认为，如果法院在判决时，比照《环境侵权解释》的规定，对证券服务机构应承担部分连带责任进行说理会更具说服力。未来，我国证券领域亟须出台应对证券领域特殊侵权的司法解释。

参考文献

1. 朱锦清：《证券法学》，北京大学出版社 2019 年版。

2. "《中华人民共和国证券法》释义"，http://www.npc.gov.cn/npc/c2202/200011/09c3c2c186e64321a554a68ae52f04e1.shtml，最后访问日期：2022 年 8 月 13 日。

3. 陈洁：《证券虚假陈述中审验机构连带责任的厘清与修正》，《中国法学》2021 年第 6 期。

4. 刘继承、林燕玲：《证券虚假陈述会计师事务所承担连带责任案例分析》，《中国注册会计师》2021 年第 9 期。

5. 丁宇翔：《证券发行中介机构虚假陈述的责任分析——以因果关系和过错为视角》，《环球法律评论》2021 年第 6 期。

6. 张新宝：《侵权责任法立法研究》，中国人民大学出版社 2009 年版。

7. 湘财证券课题组、周卫青：《IPO 注册制下发行人与中介机构虚假陈述民事责任研究》，《证券市场导报》2012 年第 4 期。

8. 邢会强：《证券市场虚假陈述中的勤勉尽责标准与抗辩》，《清华法学》2021 年第 5 期。

9. 李明辉：《美国虚假陈述民事诉讼因果关系的认定及启示》，《西南政法大学学报》2004 年第 4 期。

10. 刘小玲、陈青宝：《浅析证券市场虚假陈述行为民事赔偿因果关系的确定》，《西南政法大学学报》2004 年第 2 期。

11. 张新宝：《侵权责任构成要件研究》，法律出版社 2007 年版。

12.［日］能见善久：《论专家的民事责任——其理论架构的建议》，梁慧星译，《外国法译评》1996 年第 2 期。

13. 邹海林："专家责任的构造机理与适用——以会计师民事责任为中心"，http://old.civillaw.com.cn/article/default.asp? id＝28859♯m32，最后访问日期：2022 年 8 月 13 日。

14. 郭雳、吴韵凯：《虚假陈述案件中证券服务机构民事责任承担再审视》，《法律适用》2022 第 8 期。

15. 傅远泓：《论"部分连带"责任效果的类型化及适用》，《民商法论丛》2020 年第 2 期。

16. 杨立新：《环境侵权司法解释对分别侵权行为规则的创造性发挥——〈最高人民法院关于审理环境侵权责任纠纷案件适用法律若干问题的解释〉第 3 条解读》，《法律适用》2015 年第 10 期。

作者：上海交通大学凯原法学院副教授　崔香梅

上海交通大学凯原法学院硕士研究生　张天禾

案例 16　证券交易所的可诉性及法律责任

——邢立强诉上海证券交易所权证交易侵权纠纷案

上海市第一中级人民法院(2008)沪一中民三(商)初字第 68 号民事判决

上海市高级人民法院(2009)沪高民二(商)字第 41 号

【事实概要】

2005 年 11 月 22 日,上海证券交易所发布《关于证券公司创设武钢权证有关事项的通知》(以下简称《创设通知》),决定于当月 28 日起对武钢权证实施权证创设制度。《创设通知》载明,经上交所同意后,创设人可通知中国证券登记结算有限责任公司上海分公司,在专用账户生成次日可交易的权证。《创设通知》原定自 2005 年 11 月 28 日起施行,而同年 11 月 25 日,上交所提前发布公告,审核批准光大证券等 10 家券商创设总计 11.27 亿份武钢认沽权证,定于当月 28 日上市交易。

创设权证上市前,原告邢立强于 2005 年 11 月 24 日、25 日共购买武钢权证 115 000 份。创设权证上市后,原告又于同年 11 月 30 日购买武钢认沽权证 100 份。三次购买共计 115 100 份,平均买入成本价为 1.604 元/份。2005 年 12 月 5 日,邢立强卖出全部武钢认沽权证 115 100 份,成交价为 1.09元/份。

原告邢立强认为,《创设通知》原定 2005 年 11 月 28 日起施行,故创设权证的最早上市时间应为 2005 年 11 月 29 日。然而,上交所提前 3 天发布公告,该提前创设行为使原告在创设权证上市前持有的 115 000 份武钢认沽权证失去交易机会,造成巨大亏损。原告遂起诉要求法院确认上交所的提前创设行为是违法、违规、欺诈及操纵市场的过错行为,与原告的损失之间存在因果关系,并请求法院判令上交所依法承担赔偿责任。

【裁判要旨】

本案的争议焦点为:① 投资者因证券投资产生损失后,以交易所为被告提起的侵权之诉是否具有可诉性。② 交易所是否应就其自律管理行为承担民事责任。

上海市第一中级人民法院经审理后认为:第一,权证创设行为系证券交易所根据国务院证券监督部门批准的业务规则作出的履行自律管理的行为,相关受众主体如果认为该行为违反法律规定和业务规则,可以对交易所提起侵权民事诉讼。第二,上交所审核证券公司创设武钢权证是合法的自律管理行为,主观上并非出于恶意,客观上未违反权证管理业务规则,亦非针对特定投资者,故原告的交易损失与上交所审核权证创设的市场管理行为之间不存在因果关系。因此,上交所无须对原告损失承担侵权赔偿责任。综上,法院判决驳回原告邢立强的全部诉讼请求。

邢立强不服一审判决,向上海市高级人民法院提起上诉。因邢立强未按规定预交上诉费,上海市高级人民法院于2009年5月26日作出裁定:本案按自动撤回上诉处理。

【解　析】

一、本判决的意义

首先,本案判决在既有判例的基础上,进一步明确了证券交易所自律管理行为的民事可诉性及其标准。其次,本判决进一步细化了司法对证券交易所自律管理行为注意义务的审查标准,以及交易所行为与市场后果之间是否具有因果关系的判断标准。本案是2010年第7期的最高人民法院公报案例。

二、证券交易所自律管理行为的性质

我国证券交易所的运作模式经历了从政府控制型向自律管理与政府控制并重的转变。交易所既可以作为普通的民事主体履行一般自律管理行为，也可能基于行政授权、行政委托履行公共管理职能。此种法律属性的双重面向使得证券交易所姓"公"抑或姓"私"的难题长期以来困扰着理论界和实务界。

中国证券交易所是中国资本市场的重要组成部分，兼具行政监管和自律管理的职责，在证券市场中发挥着重要的作用。《证券法》第96、99条均明确了证券交易所的"自律管理职能"。有学者将证券交易所解读为私权主体(彭冰、曹里加，85页)，亦有学者认为其更多体现为公权主体(卢文道，1012—1013页)，或是两种属性兼而有之(冷静，193—195页)。为解决证券交易在多大限度内需要对其自律管理行为承担法律责任，首先需要对证券交易所的自律管理行为进行定性。

（一）证券交易所具有公法人特征

首先，证券交易所的自律管理权是一种公权力的延伸，具有国家行政权力的特征。证券交易所的设立、变更与解散需要由证监会决定，交易所的章程、交易规则等制定与修改亦需要证监会的审批，交易所管理人员的任命同样是由证监会决定的。《证券法》第99条规定了证券交易所对交易行为进行管理"应当遵守社会公共利益优先原则，维护市场的公平、有序、透明"的基本原则，第112条赋予证券交易所"对证券交易实行实时监控"，对异常交易行为进行管理和处罚的职能。同时，作为证监会的下属机构，证券交易所的证券管理活动还需要接受证监会监管，并承担包括保护中小投资者、防范市场风险在内的社会公共职能。

其次，证券交易所的自律管理行为和传统民事行为存在差异。民事法律关系发生在平等主体之间，权利与义务基本对等。但交易所与其管理对象之间的法律关系并不平等。虽然证券交易所与其会员签署协议，通过合同维系其与各会员间的法律关系，但交易所章程和上市协议两类主要合同都明确规定拟上市公司要严格遵守交易所制定的交易规则，交易所有权对上市公司的整个交易活动进行持续管理。因此,交易所与上市公司的权利义务并不平等,作为合同当事人的上市公司几乎只能全盘接受合同条款,而没有任何协商的权利(马辉,67页)。在这个意义上,交易所具有公法人的特征,其与上市公司之间并非典型的民事合同关系。

(二)证券交易所具有私法人特征

《证券法》第 96、101 条规定,证券交易所"为证券集中交易提供场所和设施……实行自律管理,依法登记,取得法人资格","财产积累归会员所有,其权益由会员共同享有,在其存续期间,不得将其财产积累分配给会员"。由此可见,虽然证券交易所在履行特定职能时具有公权力特征,但其本质是作为独立法人的市场组织,基于会员制与上市公司签署协议,为投资者和上市公司提供商事交易平台。无论是与企业签订上市协议,还是与券商签订市场参与协议,都是交易所基于对自身及其成员私益考量的商业活动,因此,交易所具有一定的私法人特征。

综上,证券交易所兼具公权力与私权利的双重面向,处于公法人与私法人间的灰色地带。因此,必须依据其在具体场合下的行为目的、内容和方式,来辨析其行为的具体性质,进而明确司法介入的必要性、可行性和具体路径。

三、证券交易所自律管理行为的可诉性

辨析了证券交易所自律管理行为的性质之后,下文将进一步归纳这些行为在不同情形下的可诉性。总体而言,交易所的自律管理行为可能被滥用,仅靠其内部规范和自我约束并不充分,需要依靠外部力量的监督管理。证券交易所兼顾公共与会员两方利益,以维护会员利益为主要目标,又承担着维护公共利益的目标。这两项职能的履行很可能产生利益冲突。因此,有必要引入司法资源介入证券交易所自律行为。司法介入证券交易所自律既有助于以公正的方式恢复法律规范中被明确规定的权利,还能通过司法终局性避免当事人之间的关系长期处于不安定状态。

(一)行政可诉性

当事人提起行政诉讼的前提是做出损害行为的主体是享有国家行政权的组织,能以自己的名义对外行使行政权力和独立进行行政管理活动。同

时，该主体有凭借国家行政权产生、变更或消灭某种法律关系的行为。提起行政诉讼的原告不需要是行政法律关系的当事人，仅需与行政行为有直接利害关系即可（章剑生，250页）。如上文所述，我国证券交易所天生具有公权力的影子，虽然其以"会员制"法人的形式存在，但实质上是由国务院批准设立，组织和监督证券交易的自律管理机构。证监会颁布的《证券交易所管理办法》第68条规定，①证券交易所可以通过市场监管和处罚的方式来行使管理权力，这种权力实际上在一定程度上源于立法授权、行政放权与权利让渡；交易所依据会员章程和会员管理规则，对作为其内部成员的会员实行核准、纪律处分等监管权力带有强制性的公权力色彩。因此，证券交易所在履行公权职能时，受到交易所行为直接影响的利害关系人有权提起行政诉讼，通过外部监管的救济措施防止"既当运动员又当裁判员"的情形出现。

最高人民法院发布的司法解释和以往司法实践也认可特定情形下证券交易所自律管理行为的行政可诉性。《最高人民法院关于对与证券交易所监管职能相关的诉讼案件管辖与受理问题的规定》（以下简称《交易所相关诉讼管辖》）第1条规定："指定上海证券交易所和深圳证券交易所所在地的中级人民法院分别管辖以上海证券交易所和深圳证券交易所为被告或第三人的与证券交易所监管职能有关的第一审民事和行政案件。"第2条规定："与证券交易所监管职能相关的诉讼案件包括证券交易所根据国务院证券监督管理机构的依法授权、对证券发行人及其相关人员、证券交易所会员及其相关人员、证券上市和交易活动作出处理决定引发的诉讼。"最高人民法院在2016年作出的郑宇与上海证券交易所再审行政裁定书中认为，证券交易所作为法律法规规章授权组织，有权按照法律、法规、规章的规定实施包括对证券市场的违法行为予以处罚等监管行为，故证券交易所具有相应的行政管理职能。通过该判决，最高人民法院认可了证券交易所自律管理行为的行政可诉性。②

---

① 《证券交易所管理办法》第68条："发行人、证券上市交易公司及相关信息披露义务人等出现违法违规行为的，证券交易所可以按照章程、协议以及业务规则的规定，采取通报批评、公开谴责、收取惩罚性违约金、向相关主管部门出具监管建议函等自律监管措施或者纪律处分。"

② 最高人民法院行政判决书，(2016)最高法行申1468号。

（二）民事可诉性

行政诉讼仅涵盖证券交易所针对会员、上市公司及交易活动的行政管理行为，民事诉讼的引入可以为受到证券交易所非行政管理行为涉及的一般投资者提供诉讼途径。根据《交易所相关诉讼管辖》第3条规定："投资者对证券交易所履行监管职责过程中对证券发行人及其相关人员、证券交易所会员及其相关人员、证券上市和交易活动做出的不直接涉及投资者利益的行为提起的诉讼，人民法院不予受理。"换言之，证券交易所的自律管理行为"直接涉及投资者利益"，则具有可诉性。因此，针对交易所的自律管理行为，受直接利益影响的投资者也可以通过民事诉讼维护其合法权益。

（三）证券交易所管理行为的涉诉类型划分

我国行政诉讼的受案主要采用"主体标准"，即只有具有国家行政管理职权的机关和组织方可成为行政诉讼被告。全国人大常委会编写的《〈中华人民共和国行政诉讼法〉解读与适用》对行政诉讼被告进行了定义："行政诉讼的被告是因侵犯公民、法人或者其他组织合法权益而被起诉到法院的行政机关和法律、法规、规章授权的组织"（全国人大常委会法制工作委员会行政法室，59页）。因此，行政诉讼被告包括行政机关和法律、法规、规章授权履行公共管理事务的组织。若以"主体标准"判断证券交易所某一自律管理事务是否应受行政法律调整，则证券交易所履行其通过章程、基本业务规定等确定的自律管理职能不属于行政诉讼的受案范围，当事人和投资者可以通过民事程序要求司法介入。

然而，这种"主体标准"会导致证券交易所通过章程和业务规定进行的诸多具有单方强制性的自律管理行为无法得到有效审查，可能不当加重投资者的举证责任。因此，笔者建议采取"行政行为"标准认定以证券交易所为被告的诉讼类型。在"行政行为"标准下，如果一个组织行为背后的权力是公权力，行为执行的是公共职能，则其应当受行政法的规范制约，被列入行政诉讼审查范围。根据该标准，判断证券交易所某一自律管理行为应受行政法律调整，还是民商事法律调整，界限在于证券交易所履行职能是否属于公权力或者具有公共职能因素。只要交易所以自己的名义行使了公权力或者承担公共职能，就具备行政诉讼被告资格。例如，证券交易所为会员公司、上市公司提供市场化服务,向会员提供交易席位服务、为上市公司召开股东大会提供服务等应属于民事法律调整范围。相反,对于依据会员章程和会员管理规则,对作为其内部成员的会员实行强制性处分、采取技术性停牌、决定临时停市或强制披露涉及公共利益的信息时,则属于公法调整范畴。

司法实践对于证券交易所哪些行为属于民事法律行为、哪些行为属于行政行为采取的判断标准仍不清晰。虽然依据最高人民法院的裁判观点,交易所行使处罚权的行为可以纳入行政诉讼的受案范围,但诸如授予会员资格、创设权证、公布上市公司年报等履行一般自律管理权行为的定性仍较为混乱。笔者通过裁判文书网,将被告限定为"上海证券交易所"或"深圳证券交易所",检索到典型案例13件(如表1所示)。这些案件的裁判结果显示,实践中针对证券交易所的自律管理行为,行政诉讼和民事诉讼都是潜在的救济渠道。即使诉由都是"违规创设权证",两种诉讼程序也兼而有之。例如,针对申请交易所信息公开、申请交易所授予独立董事证书、申请等诉由,最高人民法院曾以行政诉讼的方式受理。针对交易所违规创设权证的诉讼,上海市高级人民法院通常以民事案件受理,而北京市高级人民法院则以行政案件受理。同时,在检索过程中,笔者还发现若干起以行政诉讼案由起诉但是被法院驳回的案例。[①]

表 1　以证券交易所为被告的典型案例(截至 2021 年 12 月 31 日)

序号	法　院	案件名称与案号	诉讼类型	诉　由
1	最高人民法院	郑拥军与深圳证券交易所不履行颁发独立董事资格证法定职责案,(2020)最高法行申 10330 号	行政诉讼	交易所未授予郑拥军独立董事证书
2		郑宇诉上海证券交易所信息公开案,(2016)最高法行申 1468 号	行政诉讼	郑宇申请证券买入顺序及数量信息公开

---

① 例如王维奇诉深圳证券交易所二审案,广东省高级人民法院行政裁定书,(2020)粤行终 782 号;陈映青诉深圳证券交易所二审案,广东省高级人民法院行政裁定书,(2019)粤行终 344 号。

续　表

序号	法　院	案件名称与案号	诉讼类型	诉　由
3		陈达宇与安信证券股份有限公司证券登记、存管、结算纠纷案,(2020)沪民终604号	民事诉讼	陈达宇篡改交易记录和资金余额、挪用股票和资金、虚构交易
4		胡珍珠与上海证券交易所等金融衍生品种交易纠纷上诉案,(2011)沪高民五(商)终字第5号	民事诉讼	交易所违规创设权证
5		孙建丽与中国银河证券股份有限公司烟台证券营业部等证券交易所证券欺诈赔偿纠纷案,(2011)沪高民五(商)终字第7号	民事诉讼	交易所违规创设权证
6	上海市高级人民法院	王问媛与中山证券有限责任公司等证券交易合同纠纷上诉案,(2011)沪高民五(商)终字第1号	民事诉讼	交易所违规创设权证
7		陈雨田与海通证券股份有限公司等证券交易所证券欺诈责任纠纷案,(2010)沪高民五(商)终字第60号	民事诉讼	交易所违规创设权证
8		卢树义与上海证券交易所等权证交易侵权赔偿纠纷上诉案,(2010)沪高民五(商)终字第10号	民事诉讼	交易所违规创设权证
9		邢立强诉上海证券交易所权证交易侵权纠纷案,(2009)沪高民二(商)字第41号	民事诉讼	交易所违规创设权证
10	广东省高级人民法院	陈迪与深圳证券交易所等证券纠纷上诉案,(2014)粤高法立民终字第1443号	民事诉讼	违规批准"11超日债"上市
11	北京市高级人民法院	曹晓海与中国证券监督管理委员会等其他案,(2016)京行终2600号	行政诉讼	交易所违规创设权证

序号	法　院	案件名称与案号	诉讼类型	诉　由
12	上海市第一中级人民法院	郭秀兰诉光大证券股份有限公司期货内幕交易责任纠纷案,(2013)沪一中民六(商)初字第30号	民事诉讼	光大证券内幕交易、交易所未适当监管
13	安徽省芜湖市中级人民法院	王新华诉华安证券有限责任公司芜湖新芜路营业部等证券交易合同纠纷再审案,(2017)皖02民再12号	民事诉讼	申请审查交易所规则

除了上述案例外,值得关注的还有上海金融法院于2022年9月审结的"厦门华侨电子股份有限公司诉被告上海证券交易所终止上市决定案",该案是全国首例因不服依退市新规作出的终止上市决定而诉请撤销的案件,也是上交所首例因退市决定被诉的行政案件(葛翔、祝彧 * 尾注8)。在该案中,上海市金融法院进一步明晰了证券交易所的行政可诉性,明确了交易所在基于公益目的实施自律管理行为时,可以作为公法上的法律主体履行职责并承担相应责任。其中,强制退市决定属于可能承担行政责任的自律管理行为。

回到本案,上交所本身就是在行使市场管理职权的过程中引发诉讼,各方都希望司法能为其行为的正当性提供标尺。根据公开法律文书显示,邢立强早在2006年就开始起诉,但当时上海市第一中级人民法院以原被告"不属于平等民事主体之间的法律关系"为由裁定不予受理。① 然而,当邢立强于2008年以同一事实再次起诉时,法院最终以民事侵权纠纷为案由予以受理,并作出判决。这说明,法院认为证券交易所通过基本业务规定确立的"创设权证职能"应纳入民事法律范畴。不过,这并不意味着证券交易所发挥的类似行政机关的公共职能就会随之消失。此时,如何依据侵权行为理论评价交易所履行公共职能的合法性与合理性将成为司法审查的重点。下文将具体评析法院对证券交易所侵权责任构成要件的审查。

---

① 上海市第一中级人民法院行政裁定书,(2005)沪一中受初字第19号;上海市高级人民法院行政裁定书,(2006)沪高受终字第2号。

四、证券交易所侵权构成要件解析

本案主审法官在判决之后撰写的案例评析中认为,因果关系和过错是本案最具争议的构成要件(宋航、张文婷,43—46页)。一方面,本案在既有判例的基础上细化了交易所侵权责任分析中对因果关系和过错的审查标准;另一方面,法院对于证券交易所履行公共管理职能的分析并不充分,导致因果关系和过错两个要件的司法审查标准发生混同。在判断侵权责任是否成立时,一般认为只有先存在加害行为、损害后果和因果关系等客观构成要件后,方有讨论过错的必要性(程啸,215页)。

（一）因果关系解析

本案主审法官认为,案件审理中选取了从责任确定到责任范围两个层次判断的理论标准,前者要求可归责行为与损害之间存在因果联系;后者要求损害与相应责任之间存在因果联系(宋航、张文婷,46页)。本案中,被告上交所核准合格券商超量创设认沽权证,导致供应量激增,权证价格随之迅速下跌。该行为与资本市场中的其他因素共同构成了复杂的交易环境,因此上交所提前创设权证的行为与原告损失之间满足责任确定的因果关系。在释明资本市场的专业性和高风险性之后,法院将"证券交易所做出的监管行为是否超出了合理与必要的限度"作为司法审查标准,认为只有当交易所"在有限信息条件下,做出的监管行为不合理、不必要或者监管措施引发的投资者损失大于给整个证券市场带来的利益"时,才承担管理侵权责任。法院进一步指出,证券交易所行使管理职责必然会对投资者产生影响,但既然其事先已履行必要的信息披露和风险揭示,投资者仍不顾风险贸然入市,由此造成的损失则与其行为之间"不存在必然的、直接的因果关系"。

然而,本案对责任确定和责任范围两个层次的划分实际并不清晰,而是直接通过多因一果的视角指出"原告不顾风险贸然入市"是其受损不可忽视的重要原因。换句话说,法院在判断因果关系时重点审查了上交所的管理行为是否超出必要限度、是否出于恶意,以及是否为证券市场带来更大的利益这些明显带有主观价值衡量的标准。由此引发的疑问是,为何这些考量隶属于因果关系的审查范畴,而非作为交易所注意义务的一部分归入过错要件审查？对此，有学者认为，本案事实上采用的就是必然因果关系理论。必然因果关系说源于苏联民法，认为"所谓因果关系，是指各个客观现象之间的一种必然联系。即某一现象的出现，是在一定条件下必然由另一已经存在的现象所引起的"（佟柔，227 页）。该理论通常将过错作为认定因果关系的重要标准。不过，就证券市场虚假陈述侵权责任而言，被告的虚假陈述行为很难说"必然"会导致原告遭受投资损害，而是只能认定在哪些情形下此种行为"更可能"造成这一损害（程啸，251 页）。交易所和投资者之间的复杂关系使得交易所的任何行为都会因为距离损害结果"太过遥远"而不必承担责任，这对于现代证券市场中受侵害的投资者而言无疑是天然的"致命伤"。

　　笔者认为，我国司法实践可以借鉴二元论因果关系学说。在大陆法系和英美法系的现代民法理论中，因果关系分别通过不同的形式被分为两个层次。大陆法系将第一层次的因果关系称为责任成立的因果关系，英美法系则将其称为事实因果关系。这一层次主要考察加害行为与损害结果之间有无客观联系，判断标准是"条件说"（或等价说），即判断加害行为是否属于损害结果的条件。若该层次的因果关系不成立，则无需考察第二层次的因果关系。第二层次的因果关系在大陆法系被称为责任范围的因果关系，在英美法系则被称为法律上的因果关系。该层次因果关系进一步解决损害赔偿范围的问题，判断标准有相当因果关系说、可预见说等（程啸，236 页）。美国证券法借鉴该因果关系两层次理论，演化出交易因果关系（transaction causation）和损失因果关系（loss causation）的两阶段判断标准。首先，通过信赖要件（reliance）考察被告的欺诈行为是否构成原告交易活动的事实原因，即判断如果原告事先知道存在重大隐瞒或者虚假陈述，是否会因此受到影响而采取不同的投资行为。其次，通过损害因果要件（causation of damages）进一步考察原告的损失是否有被告的欺诈行为所引起（托马斯·李·哈森，695—701 页）。

　　具体而言，在证券交易所自律侵权责任案件中，第一步，需要从事实层面考察自律管理行为是否为损害产生的充分原因，即如果不存在交易所的积极作为或消极不作为行为，损失是否还会发生？此时可以同步进行对交易是否尽到注意义务的审查——如果交易所没有积极履行或不恰当地履行管理义务,即可认定交易所行为与损失之间具有事实上的因果关系。在此基础上,第二步,从法律层面考察此种因果关系是否具有相当性。这里的重要问题是如何判断"介入原因",即证券市场中瞬息万变的因素是否中断法律上的因果关系。一般而言,可将存在"介入原因"的举证责任分配给证券交易所,如果交易所无法举证证明,则该因素不属于可以中断因果关系的介入,不阻断交易所的侵权损害责任(韩朝炜,252页)。

(二) 过错要件解析

本案主审法官事后将该案对过错的审查要点总结为"目的正当性"和"依据合法性"两点(宋航、张文婷,45页),有学者又增加了第三点"监管充分性"(徐明、卢文道,67—96页)。在理论上,这些标准的组合都属于主客观相结合过错说,即同时考察行为人的心理状态及其是否违反法律法规等客观标准。有学者认为,这种标准本质上就是主观过错理论,与主观过错说并无本质区别(韩朝炜,200页)。对于证券交易所这类法人的侵权行为,很难通过主观心理状态来判断其过错与否。虽然"过错意味着主观责任",但是应力求能够推导出证券交易所尽到了注意义务的客观标准。对此,有学者提出了法定标准和善良管理人(或理性人)两个并列标准(郑伟,68页;韩朝炜,214页)。法定标准即判断交易所是否违反了包括《证券法》在内的法律、行政法规和其他具有重要保护投资者目的的规范性文件;善良管理人标准的核心是对注意义务的厘定。证券交易所的注意义务主要包括自律管理行为是否经过足够的专业性论证、对金融创新行为是否进行了充分的说明和公告、对于投资者潜在遭受的损失是否事先进行了预判等(韩朝炜,242页)。

本案法院还结合善良管理人标准和法定标准对过错要件进行审查,将善良管理人标准细化为"目的正当性",将法定标准细化为"依据合法性"。一方面,上交所为抑制对权证的过度炒作行为,通过增加权证供应量的手段平抑权证价格,目的在于维护权证交易的正常秩序,是针对权证交易活动本身做出的普遍管理行为,属于交易所的职责所在,具备目的正当性。另一方面,上交所系根据合法有效的《权证管理暂行办法》第 29 条规定审核合格券商创设武钢权证,符合权证创设的惯例,未违反业务规则,具备依据合法性。

(三) 证券交易所为被告人案件的侵权要件改造

本案中,法院认为上交所事前信息披露、风险告知、善意权衡等行为阻却了其与投资者损失之间的相当因果关系。但这些行为的本质是上交所履行应急性市场管理义务。即使管理行为本身具有正当性基础,也不当然阻却其与投资者损害结果之间的因果关系。笔者认为,应当通过事前审查更加严格地限制交易所行使具有公共管理属性的自律管理行为,实现交易所对证券市场自由交易的审慎介入。

虽然因果关系本身也不完全排斥政策判断的成分,但不同的法律政策可能需要通过不同的要件来实现。有学者主张在相当因果关系理论中融入交易所行为"社会有用性"的考量,建立交易所自律管理行为的社会有用性程度与相当性判断之间的负相关关系,以此实现"相当性的弹性为价值理念提供的充分空间"(叶金强,48—49 页)。具体而言,行为对证券市场的有用性程度越高,因果关系的相当性程度就越低,证券交易所的责任就越小(韩朝炜,251 页)。笔者认为,虽然这种考量与对交易所行为是否"合比例"的考察出发点相同,但并未揭示足以影响相关性成立的社会有用性"临界点"究竟如何确定。针对上交所履行公共职能的行为,法院需要在民法的理论框架中对行为的合法性与合理性同时作出评价。因此,在引入法政策系进行价值判断时,更应对交易所行为的公权力属性进行严格的事前审查,保证交易所在行使公权力时的审慎介入,平衡双方当事人的权利。

笔者建议,可以为证券交易所开展金融创新这一行为的注意义务列明客观标准,具体界定为两个层次:一是私法意义上的注意义务,主要包括证券交易所是否有必要开展金融创新、是否对金融创新进行了充分的说明和公告、是否遵循说明和公告的内容行使职权等;二是参照行政法的比例原则,对其公共职能所规定的应课以更加严格的注意义务,主要包括证券交易所在履行应急性市场管理义务时是否采取了对投资者损失最小的手段、是否充分权衡了投资者的损失小于带给市场的公共利益、是否做到了诚实守信且不损害投资者的信赖利益等。

反思"邢立强案",法院应着重增强以下几点说明:首先,证券交易所为何选择在 25 日发布提前创设权证的通知,这是否为保证投资者损失最小的手段。其次,证券交易所维护的市场公共利益除了表现为抑制投资者的"非理性炒作"之外,是否还包括更深层次的市场价格机制等秩序,这些秩序与个别投资者损失之间存在怎样的关系。再次,证券交易所的提前创设行为是否会损害投资者的信赖利益,如果有所损害,是否应通过民法上的诚实信用原则予以赔偿? 这也需要法院对《关于证券公司创设武钢权证有关事项的通知》这一文件及其文义进行更细致的解释。就本案现有资料来看,证券交易所未充分说明提前创设行为在当时具体市场环境下可能起到的政策效果和潜在成本,亦未充分论证市场价格稳定与投资者保护之间的复杂关系。同时,法院未将诚实信用原则融入侵权要件的审查。虽然这些不足不直接影响侵权责任构成要件的证成,但是可以为证券交易所未来更加科学、有效地履行自律管理职能提供改进方案。

总之,证券交易所作为证券市场的一线管理者,在行使自律管理权限时,会与市场参与者发生冲突,进而成为民事诉讼的被告。为保护投资者利益以及提高市场效率,需明确交易所自律管理行为所产生的纠纷具有可诉性,并且明确区分不同情形下交易所行为的法律性质。此外,也需要通过对民事侵权法理论和行政法理论的进一步梳理,用更加精细化的标准体系去审查证券交易所的行为。近年来,我国包括注册制改革在内的一系列资本市场改革进一步凸显了完善证券交易所自律管理行为救济渠道的重要性(唐骜,65 页)。在这个意义上,"权证"虽已退出历史舞台,但厘清证券交易所法律性质"公"与"私"的双重面向,探求鼓励金融创新、保持市场稳定和保护投资者权益三者之间的平衡依旧任重而道远。

参考文献

1. 彭冰、曹里加:《证券交易所监管功能研究——从企业组织的视角》,《中国法学》2005 年第 1 期。

2. 卢文道:《证券交易所及其自律管理行为性质的法理分析》,《证券法苑》2011 年第 2 期。

3. 冷静:《法定自律组织还是法律法规授权组织:新形势下证券交易所及其一线监管性质辨》,《证券法苑》2017 年第 5 期。

4. 马辉：《自治规则在民事司法裁判中的作用——基于对最高院公报侵权案例的梳理》，《法制与社会发展》2012 年第 5 期。

5. 章剑生：《行政诉讼原告资格中"利害关系"的判断结构》，《中国法学》2019 年第 4 期。

6. 全国人大常委会法制工作委员会行政法室：《〈中华人民共和国行政诉讼法〉解读与适用》，法律出版社 2015 年版。

7. 宋航、张文婷：《证券交易所自律监管行为正当性的司法审查标准》，《人民司法》2011 年第 4 期。

8. 葛翔、祝彧："退市新规行政诉讼第一案今当庭宣判"，https://mp.weixin.qq.com/s/lDZKPxaUCuw6UGu4fYOKzg，最后访问日期：2022 年 9 月 10 日。

9. 佟柔：《民法原理》，法律出版社 1983 年版。

10. 程啸：《侵权责任法》(第三版)，法律出版社 2021 年版。

11. ［美］托马斯·李·哈森：《证券法》，张学安等译，中国政法大学出版社 2003 年版。

12. 梁清：《原因力研究》，人民法院出版社 2012 年版。

13. 韩朝炜：《证券交易所自律的司法介入》，上海人民出版社 2015 年版。

14. 徐明、卢文道：《证券交易所自律管理侵权诉讼司法政策——以中美判例为中心的分析》，载应勇、郭锋：《金融危机背景下的金融发展与法制》，北京大学出版社 2010 年版。

15. 郑伟：《论证券交易所补充责任制度的创设——以投资者民事权利保护为基点》，《南方金融》2010 年第 6 期。

16. 叶金强：《相当因果关系的展开》，《中国法学》2008 年第 1 期。

17. 唐骜：《改革背景下证券交易所公权性质监管外部救济探析》，《湖北社会科学》2020 年第 4 期。

作者：上海交通大学凯原法学院博士研究生　李　有
　　　上海交通大学凯原法学院硕士研究生　徐沁杰

案例 17 证券纠纷代表人诉讼程序的适用

——丁红春等 315 名投资者诉上海飞乐音响股份有限公司证券虚假陈述责任纠纷案

上海金融法院(2020)沪 74 民初 2402 号民事判决
上海市高级人民法院(2021)沪民终 384 号民事判决

【事实概要】

上海飞乐音响股份有限公司(以下简称飞乐音响公司)是一家在上海交易所上市的公司(证券代码 600651)。2017 年 8 月 26 日,该公司发布 2017 年上半年度报告,声称收入和利润实现增长。报告发布后,飞乐音响公司股价连续 3 个交易日上涨。2018 年 4 月 13 日,飞乐音响公司在其发布的《2017 年年度业绩预减及股票复牌的提示性公告》(以下简称《公告》)中承认,2017 年的半年报和三季度报在收入确认方面有会计差错,预计将导致营业收入减少。《公告》发布后,飞乐音响公司股价连续 3 个交易日跌停。2019 年 11 月,中国证券监督管理委员会作出行政处罚决定,认定飞乐音响公司因项目确认收入不符合条件,导致 2017 年上半年度报告、三季度报告收入、利润虚增及相应业绩预增公告不准确。

2020 年 8 月,魏锋等 34 名投资者认为,飞乐音响公司上述虚假陈述行为造成其投资损失,遂共同推选其中 4 人作为拟任代表人,提起普通代表人诉讼。上海金融法院受理后作出民事裁定,确定权利人范围并发布权利登记公告。经权利登记,共有丁红春等 315 名投资者成为本案原告,其中朱为茹等 5 名原告经在线推选当选为代表人,诉请被告飞乐音响公司赔偿投资损失及律师费、通知费等合计 1.46 亿元。

【裁判要旨】

在证券侵权群体性纠纷中,10人以上投资者,推选2—5名拟任代表人,能够提供被告侵权的初步证据,并符合《民事诉讼法》规定的起诉条件的,可以发起普通代表人诉讼。败诉的被告方除赔偿原告方投资差额损失、佣金损失外,还应赔偿律师费等合理费用。普通代表人诉讼生效判决的既判力可以扩张至特定范围的案外人。

本案的争议焦点主要在于:① 被告虚假陈述行为与原告买入被告股票是否存在交易上的因果关系,即原告买入股票是否受虚假陈述行为诱导所致;② 被告虚假陈述行为与原告的损失是否存在因果关系,损失金额如何确定,其中包括原告的损失或部分损失是否由证券市场风险因素导致,如果存在证券市场风险因素的影响,应当如何确定其影响程度及相应的扣除比例;③ 原告主张的律师费、通知费是否合理。

由于本案例主要围绕代表人诉讼程序性问题展开,故对上述争议焦点的认定简要概述如下。

法院经审理后认为,被告飞乐音响公司虚增营业收入、虚增利润总额的行为构成证券虚假陈述侵权,应当承担民事赔偿责任。315名投资者均在实施日到揭露日期间买入飞乐音响公司股票,并在揭露日后因卖出或继续持有产生亏损,应当推定其交易与虚假陈述之间存在因果关系。飞乐音响公司提出的行业利好政策等因素不足以排除交易因果关系的成立,但其中受证券市场风险因素所致的部分损失与涉案虚假陈述行为之间没有因果关系,飞乐音响公司不应对此承担赔偿责任。法院最终采纳中证资本市场服务中心出具的《损失核定意见》,认定原告所应获赔的损失金额为:扣除证券市场风险因素后的投资差额损失与相应的佣金、印花税、利息损失之和,其中,证券市场风险因素采用个股跌幅与同期指数平均跌幅进行同步对比的方法扣除;判决飞乐音响公司赔偿315名原告投资损失共计123 547 952.40元,以人均50元为标准按照310名原告计算的通知费15 500元,以及以人均3 000元为标准按照315名原告计算的律师费945 000元。一审判决作出后,5名代表人均表示不再上诉,但原告刘跃武与被告飞乐音响公司不服,提起上诉。二审法院最终判决驳回上诉,维持原判。

【解　析】

一、本判决的意义

代表人诉讼制度并非新鲜事物,早在 1991 年,《民事诉讼法》第 54、55条就规定了人数确定的代表人诉讼和人数不确定的代表人诉讼,这是我国专门用于解决群体性纠纷的民事诉讼程序。然而,从司法实践看,适用这一制度审理的群体性纠纷案件寥寥无几。2019 年《证券法》在《民事诉讼法》规定的基础上,确立了证券侵权领域的代表人诉讼制度。2021 年,"丁红春等 315 名投资者诉上海飞乐音响股份有限公司证券虚假陈述责任纠纷案"(以下简称"飞乐音响案")与"顾华骏等投资者诉康美药业股份有限公司等证券虚假陈述责任纠纷案"(以下简称"康美药业案")民事判决的生效,①标志着普通代表人诉讼和特别代表人诉讼制度均已落地。"飞乐音响案"系全国首例证券纠纷普通代表人诉讼,法院在审理中积极探索符合我国国情和证券市场司法需求的群体性诉讼模式,提高了证券集体诉讼案件的审理效能,为代表人诉讼制度常态化提供了可复制、可推广的样本,对构建中小投资者司法保护体系具有重要意义。目前已入选我国最高人民法院"新时代推动法治进程 2021 年度十大提名案件",并被证监会评为 2022 年度投资者保护典型案例。笔者从"飞乐音响案"的审判实践出发,在制度构建、价值考量、利益平衡、制度属性等四个方面分析我国代表人诉讼制度特有的双重结构以及实践中存在的症结。

二、双足并立: 普通代表人诉讼与特别代表人诉讼

根据《民事诉讼法》的规定,我国代表人诉讼为加入制,即只有向法院明确作出参加诉讼的意思表示,方能成为代表人诉讼的原告。其背后的理论

---

① 广东省广州市中级人民法院民事判决书,(2020)粤 01 民初 2171 号。

基础为,受大陆法系当事人处分权理论的影响,权利主张应当由当事人自行作出,以凸显当事人程序主体地位。20 世纪 90 年代,日本在《民事诉讼法》修订时曾就是否引入美国集团诉讼引发热烈讨论,最终未予引入,而是改造原有选定当事人制度,允许诉讼外第三人选定(高桥宏志,302—304 页)。2019 年,我国《证券法》修订时在程序法上规定了证券纠纷代表人诉讼制度,其创新之处在于第 95 条第 3 款规定,投资者保护机构可以作为代表人参加诉讼,此时应采用"默示加入"制。2020 年《代表人诉讼规定》进一步细化,将证券侵权领域的代表人诉讼制度分为普通代表人诉讼(与 2019 年《证券法》第 95 条第 1、2 款对应)和特别代表人诉讼(与 2019 年《证券法》第 95 条第 3 款对应),由此形成两类代表人诉讼制度双足并立的局面。

普通代表人诉讼只能由当事人提起,法院不能依职权启动代表人诉讼审理程序。10 人以上投资者,推选 2—5 名拟任代表人,能够提供被告侵权的初步证据,同时符合《民事诉讼法》规定的起诉条件,即可发起普通代表人诉讼。该类诉讼程序最重要的特征在于"明示加入",即经法院审查进入普通代表人诉讼程序后,符合权利人范围的投资者均可在法院发布的权利登记公告期间内通过登记参加诉讼;未能在公告期间登记的,可以在一审开庭前补充登记。只有进行了权利登记,才能成为案件原告。"飞乐音响案"即适用普通代表人诉讼程序。

特别代表人诉讼制度借鉴了境外多个国家和地区的集体诉讼制度。在诉讼主体上,借鉴了德国的团体诉讼制度,即由法律规定的具有公益职能的社会团体参加诉讼,在我国则为依照法律、行政法规或者国务院证券监督管理机构的规定设立的投资者保护机构,目前有中证中小投资者服务中心有限责任公司、中国证券投资者保护基金有限责任公司、中证资本市场法律服务中心有限公司等三家。在原告名单的确立上,则借鉴了美国集团诉讼制度,采用"默示加入、明示退出"机制,即除非向法院明确表示退出诉讼,否则默认符合权利人范围的所有投资者均为本案原告,这也是 2019 年《证券法》改革的亮点之一。值得注意的是,特别代表人诉讼并非独立的诉讼制度,而是嫁接在普通代表人诉讼程序上的。换言之,投资者保护机构不能主动发起特别代表人诉讼,只有在普通代表人诉讼的权利登记公告期间才能参加诉讼,此时,普通代表人诉讼转化为特别代表人诉讼。

上述两种诉讼程序的制度设计也导致诉讼规模的不同。在"明示加入"制度下,大部分投资者由于不知晓诉讼的存在,或是囿于时间精力未能主张权利。在"飞乐音响案"中,最终确定的原告规模为 315 名投资者。在杭州市中级人民法院审理的"王放等投资者诉五洋建设集团股份有限公司等证券虚假陈述责任纠纷案"中,原告规模为 487 名投资者。① 而与此相对应的是,"康美药业案"中的原告人数多达 5.5 万余名。显然,特别代表人诉讼形成的大规模诉讼对上市公司造成了极大的威慑力。而在两类代表人诉讼制度并立的情况下,无法回避的问题就是普通代表人诉讼制度是否仍有存在的意义,以及两者适用案件的区分点如何界定。同样,投资者保护机构也面临着如何在普通代表人诉讼中选择案件进行特别代表人诉讼的难题。

此外,根据《代表人诉讼规定》第 2 条的规定,特别代表人诉讼案件由涉诉证券集中交易的证券交易所、其他全国性证券交易场所所在地的中级人民法院集中管辖,因此,在普通代表人诉讼向特别代表人诉讼的转化过程中,不仅存在诉讼程序的衔接,而且还存在管辖法院的衔接问题。在被告破产的情形下,根据《破产法》第 21 条规定,法院受理破产申请后,有关债务人的民事诉讼只能向受理破产申请的法院提起。上述两条关于集中管辖的规定可能带来实践中的冲突,根据法律位阶,应当优先适用《破产法》的规定。移送管辖中更为突出的问题是,特别代表人诉讼的管辖法院与前期普通代表人诉讼的管辖法院对权利人范围的认定不一致时如何处理。笔者认为,当前,法院确定权利人范围的主要依据是交易区间,通常将自实施日至揭露日(不含)期间买入涉案股票且未全部卖出的投资者列为适格权利人,此时实质上认定了虚假陈述侵权行为的实施日和揭露日,但由于裁定权利人范围时尚未经过实体审理,即使该裁定经过上级法院的复议程序,仍存在误判的可能性。况且,在普通代表人诉讼中,如果在审理过程中确有证据证明应重新划定权利人范围,也应裁定变更权利人范围并重新公告。因此,如果两地法院对权利人范围的认定不同,特别代表人诉讼管辖法院可以裁定变更

---

① 浙江省杭州市中级人民法院民事判决书,(2020)浙 01 民初 1691 号。

权利人范围。

三、双重价值：程序保障与诉讼效率

立法上规定集体诉讼程序的初衷在于提高诉讼效率,但所谓诉讼经济原则,绝不仅是谋求避免重复诉讼或减轻法院负担,还在于保护当事人之程序利益。"程序保障并非仅指应赋予当事人有优先选择追求系争实体利益(达成慎重而正确的裁判)之机会而已,亦包含应赋予当事人有优先选择追求程序利益(达成迅速而经济的裁判)之机会"(邱联恭 * 尾注 2,335 页)。对于证券侵权类案件,受损害的投资者往往在侵权事实和法律适用上具有高度一致性,只是在交易区间和赔偿金额的计算上有所不同。在传统的单独诉讼审理模式下,每起案件都要经历起诉、开庭、调解、判决、上诉程序,不仅使审理周期冗长、正义迟延,而且造成司法资源的极大浪费。特别代表人诉讼程序在最大范围内将同类投资者囊括在同一案件中,能够通过一次诉讼解决大量纠纷,对于诉讼效率的积极作用自不待言。在普通代表人诉讼程序中,如前所述,案件规模通常较小,相当一部分案件是在代表人诉讼之外的单独诉讼。为提高整体诉讼效率,法律确立了代表人诉讼生效判决既判力的扩张效力。

既判力的根据在于当事人在诉讼过程中得到了充分的程序保障(伊藤真,355 页)。在普通代表人诉讼案件审理中,须进行权利人范围裁定、权利登记公告、原告名单审查、代表人推选、退出登记、补充登记、特定环节的通知和异议等多重环节。经过复杂而严谨的审理程序,充分听取各方意见,给予被代表原告、代表人、被告实质的程序保障,判决的既判力方有依据。一般而言,受既判力所及的限于诉讼中被赋予程序保障的当事人,不及于案外人。[①] 然而,根据《民事诉讼法》第 57 条和《代表人诉讼规定》第 29 条的规定,符合权利人范围但未参加登记的投资者提起诉讼,且主张的事实和理由与代表人诉讼生效判决、裁定所认定的案件基本事实和法律适用相同的,法

---

① 通常,既判力主观范围的扩张还表现为,以诉讼担当人为当事人作出的判决的效力及于被担当人,但在我国代表人诉讼制度中,被代表人系案件原告,故其当然受到代表人诉讼生效判决的约束。

院可以裁定适用已经生效的判决、裁定,裁定一经作出立即生效。此系法律就特定范围之案外人扩张既判力的专门规定,除为提高群体性纠纷的诉讼效率外,亦有维护诉讼秩序、"同案同判"等价值的考量。而且,代表人诉讼的审理模式,尤其是发布公示公告、允许补充登记等程序设计的目的是让社会公众知悉代表人诉讼的存在,并最大限度地给予适格投资者参与诉讼的可能,对于既判力扩张之对象亦施以了程序保障。据此,后续案件无需开庭,可以直接作出裁定,且对于该类裁定,双方当事人均不得上诉,审理周期大幅缩短。据统计,截至 2021 年 12 月,上海金融法院共裁定 447 名投资者适用"飞乐音响案"生效判决,平均审理周期不到一个月,极大提高了诉讼效率。

此外,对于明示不加入代表人诉讼以及明示退出的这一部分投资者,亦应给予其程序选择权。具体情形包括:① 在代表人诉讼发起前已诉至法院的"在先诉讼",经法院释明不愿意撤诉加入代表人诉讼的;② 在普通代表人诉讼中代表人推选结果公告后撤回权利登记、另行起诉的;③ 在特别代表人诉讼中声明退出并另行起诉的。"成为程序主体之当事人,不仅应有实体法上处分权,亦应被肯定享有相当之程序法上处分权,在一定范围内决定如何取舍程序利益,以避免因其程序之使用和进行招致减损、消耗、限制系争实体利益之结果"(邱联恭 * 尾注 4,33 页)。对于上述投资者,其已明确表示在程序选择上不愿适用代表人诉讼机制,故为充分保障其程序利益,法院应按照单独诉讼模式予以开庭审理,给予其完整的提出诉讼主张、提交证据材料、进行法庭辩论等行使诉讼权利的机会。对于法院作出的一审判决,该部分投资者有权提起上诉。

司法实践中,对于后续裁定案件和单独诉讼案件的区分尚有争议。对于后续裁定案件的起算点,一种观点认为自代表人诉讼立案后未参加权利登记的都属于可裁定适用的范围;另一种观点认为起算点应为权利登记公告期间届满之日,因为在公告期间,符合权利人范围的投资者有权参加权利登记但未登记,而是选择了另行起诉,即以实际行动表示对集体诉讼程序的拒绝,应对其按照单独诉讼案件处理;还有观点对第二种观点进行修正,认为根据《代表人诉讼规定》第 8 条的规定,在一审开庭之前都可以进行补充登记,故只有在一审开庭日之后诉至法院的案件才可以裁定适用代表人诉讼生效判决。笔者认同第三种观点,既判力的时间基准一般为法庭辩论终结时,且既判力扩张至案外人更需审慎。在审判实践中,为妥善处理该问题,对代表人诉讼立案后到一审开庭日期间诉至法院的投资者,法院应就代表人诉讼相关法律规定和案件进展情况进行释明,如果经过释明,投资者仍未进行权利登记,则应认为其明确排除适用代表人诉讼程序,不属于可裁定适用代表人诉讼生效判决的范围。

综上所述,在普通代表人诉讼程序的运行过程中,群体性案件可以分为三类:一是普通代表人诉讼案件本身;二是可以裁定适用代表人诉讼生效判决的后续案件;三是应当适用普通一审程序审理的单独诉讼案件。通过代表人诉讼审理的"繁"和后续案件审理的"简",以及单独诉讼案件审理的流程之"全"三者相结合,达成了完善程序保障和提高诉讼效率双重价值的平衡。

四、双层格局:诉辩双方与原告群体

传统的单一诉讼结构通常表现为双方当事人对抗、法官居中裁判,证券纠纷代表人诉讼则呈现了更为复杂的利益格局。一方面,需要动态平衡原告与被告之间的利益,既要维护原告作为投资者的合法权利,又要审慎判定因果关系,将与虚假陈述等侵权行为无关的因素从原告投资损失中剔除,使被告的赔偿额与其侵权行为相匹配。另一方面,由于原告人数众多,在其内部又分化成代表人和被代表原告两个群体,如何维持原告内部的利益平衡,既要赋予代表人充分权限,以推进集体诉讼顺利进行,又不能忽视被代表原告的利益。这已成为代表人诉讼制度所要解决的关键问题。

在代表人的赋权上,《代表人诉讼规定》与《民事诉讼法》略有不同。《民事诉讼法》第 56、57 条规定:代表人变更、放弃诉讼请求或者承认对方当事人的诉讼请求,进行和解,必须经被代表的当事人同意。而根据《代表人诉讼规定》第 7 条的规定,投资者参加权利登记视为对代表人进行特别授权,代表人的权限包括:代表原告参加开庭审理;变更、放弃诉讼请求或者承认对方当事人的诉讼请求;与被告达成调解协议;提起或者放弃上诉;申请执

行；委托诉讼代理人；等等。因此，代表人在进行变更诉讼请求、调解等诉讼行为时，无需再逐一取得原告的授权，而是通过参加权利登记，即"默示授权"的方式统一赋予代表人上述权限。该种"默示授权"方式在投资者极为分散的证券侵权集体诉讼中起到了积极作用，这也是"飞乐音响案"中普通代表人诉讼制度得以落地的重要原因之一。

同时，为充分保障被代表人的权利，原告仍保有六项基本权利：一是表决权，即推选代表人的权利。这是普通代表人诉讼中原告所享有的固有权利，在特别代表人诉讼中，投资者保护机构是当然的代表人。二是知情权。原告有权获知所有诉讼进展，尤其是在代表人行使其特别权限，包括变更、放弃诉讼请求或承认对方诉讼请求，与被告达成调解协议以及申请撤诉时，均须通知全体原告。三是异议权。原告收到前述通知后，有权表达异议意见，法院应当充分听取；除此之外，案件审理过程中，原告认为代表人不适格的，可以申请法院撤销代表人资格；判决作出后，原告可就计算方法和赔偿金额申请复核，对赔偿款项分配方案还可以提出执行异议。四是复议权。对法院作出的权利人范围裁定有权提起复议。五是退出权。无论是普通代表人诉讼还是特别代表人诉讼，原告均可在法定期间内退出诉讼；在案件调解环节，原告还可以部分退出调解，对于不愿意调解的原告，法院应继续审理并作出判决。六是上诉权。《代表人诉讼规定》专门用两个条文设计了一套精细的上诉制度，各原告均享有单独的上诉权，而非将原告"捆绑"在一起一致行动。具体而言，代表人决定不上诉时，应当通知全体原告，各原告均可提起上诉，若被告选择不上诉，则一审判决在不上诉的原告与被告之间生效，提起上诉的原告进入二审程序，反之亦然（林文学、付金联、李伟、张凌云，37页）。

尽管在制度设计时力争达成原告内部的利益平衡，然而，在司法实践中，上述权利义务的安排仍引发了一定争议。例如，对于原告的退出权，《代表人诉讼规定》第16条规定：在普通代表人诉讼中，原告可以自代表人确定公告之日起10日内申请撤回权利登记，另行起诉；而在特别代表人诉讼中，根据第34条的规定：投资者明确表示不愿意参加诉讼的，应当在公告期间届满后15日内向法院声明退出。从前述"可以"和"应当"的措辞来看，似乎特别代表人诉讼对声明退出的期限规定较为严格，投资者只能在法定期限内声明退出，否则将被视为同意参加代表人诉讼，被法院登记为该案原告。那么，这是不是意味着普通代表人诉讼中的 10 日法定期限届满后，原告可以在任一时间退出？笔者认为，从司法解释规定的本义看，并非要赋予投资者任意的退出权，否则法定期间的设置就变得毫无意义，因此，投资者若要行使退出权，应当在法定期间内进行。但是，该问题的核心在于，无论是普通代表人诉讼还是特别代表人诉讼，投资者参加代表人诉讼后，均享有原告的诉讼地位，作为原告能否行使撤诉权？若允许其撤诉，那么实际达到了任意退出的效果，同样消解了上述法定期间的规定。而且，在极端情形下，如果撤诉的投资者数量较多，导致原告不足 10 名，则将不再构成集体诉讼。另外，对于原告的上诉权，在被告未提起上诉的情况下，如果部分原告上诉，部分原告未上诉，则一审判决在未上诉的原告与被告之间生效。问题在于，如果经二审程序改判了一审判决，未上诉的原告和被告能否据此提起再审？在司法实践中，申诉审查阶段往往不会仅因当事人未提起上诉即驳回其再审申请，有证据证明一审判决确有错误的才有可能进入再审程序。如此一来，一审生效判决的稳定性受到极大挑战，亦有可能造成当事人不管是否认可一审判决均提起上诉的局面。综上，上述为保障被代表人利益所进行的一系列复杂的诉讼权利保留安排，需要在法律修订时进一步完善。

五、双向互动：诉讼担当与诉讼代理

集体成员人数众多这一特征决定了在集体诉讼中，不可能让所有人都直接行使诉讼权利、承担诉讼义务，否则集体诉讼将无法进行。美国集团诉讼制度是通过拟制"集团"，使集团起到法人实体一样的效果。集团代表的诉讼行为被视为各成员实现其诉讼权利的行为，集团代表享有当事人的全部权利（肖建华，227—228 页）。除集团代表外，其余投资者被称为隐名成员，主要权利是对代表人的充分性提出异议，要求更换集团代表（罗建豪，26—27 页）。日本和我国台湾地区均采用选定当事人制度，即"具有共同利益的多数人可以从中选定某人作为代表人进行诉讼，被选定人将代替做出选择的人成为诉讼上的当事人"（高桥宏志，296 页），选定人退出诉讼，不再是案件的当事人,这属于一种任意的诉讼担当。德国的团体诉讼也是一种诉讼担当,①通过立法赋予某些团体诉讼主体资格和团体诉权,使其可以代表团体成员提起、参加诉讼,独立享有和承担诉讼上的权利义务,并可以独立做出实体处分,裁判结果间接惠于团体成员(章武生,444 页),实质是将集体诉讼转化为单独诉讼模式,团体成员并非诉讼当事人。

从上述国家和地区的集体诉讼制度看,被代表的普通投资者或不享有当事人地位,或虽作为当事人,但并不享有全部的诉讼权利。与之不同的是,德国参议院在 2005 年 7 月通过《投资者示范诉讼法》,②确定了民事诉讼中的示范诉讼制度,即在群体性诉讼中选出一名或多名示范原告,对共同事实和法律问题作出示范裁判;平行案件中止审理,但平行案件当事人有权作为第三人参与示范诉讼,可实施所有示范原告的诉讼行为。德国示范诉讼制度推出后,事实上并未提高诉讼效率,其中平行案件当事人作为第三人的参与诉讼制度即是为人诟病的原因之一(张大海,93—100 页)。上海金融法院在创建该院示范判决机制时,实际并未引入第三人参与诉讼制度。

从代表人诉讼制度本身而言,应属于诉讼担当。通常认为,诉讼担当是指第三人基于诉讼实施权而以自己的名义为原告或被告,就他人之实体权利义务进行诉讼的法律制度,诉讼结果中确定的实体权利义务仍然归属于他人(纪格非,159 页)。诉讼担当和诉讼代理的区别在于,诉讼代理人并非案件当事人,其权限以委托人授权为限,特殊事项需本人特别授权。"由于代表人是以所有的被代表人的名义、诉讼请求和诉讼理由来向对方当事人提出诉讼主张和进行诉讼抗辩,该诉讼实施权源于所有被代表的当事人,这是一种任意的诉讼担当形式"(肖建华,239 页)。然而,我国代表人诉讼制度的特点在于,代表人确定后,原告并不退出诉讼,仍享有原告的诉讼地位,由此形成"原告+代表人+诉讼代理人"共存的局面。在代表人的授权上,类似于诉讼代理人的权限限制。虽然《代表人诉讼规定》确立了默示特别授权制度,但当代表人真正实施放弃、变更诉讼请求等"特别权限"时,均应通知

---

① 也有观点认为属于诉讼信托(肖建华,236 页)。
② 该部法律于 2007 年 11 月生效。

全体原告,且原告有权提出异议。此时,法院将根据原告的异议情况决定是否准许代表人的请求,故代表人未必能够真正行使"特别权限"。对比一下日本选定当事人制度,选定人可以和选定当事人在内部关系上做出限制,例如不能对外和解,但选定当事人的和解行为对外是有效的,只是在内部关系上可能要赔偿选定人的损失(高桥宏志,300页)。所以,我国代表人诉讼制度兼具诉讼担当和诉讼代理的特点,代表人并未获得完整的诉讼实施权。

由此带来的问题是,代表人能否按照自己的意愿发表诉辩意见。笔者认为,代表人作为诉讼担当人,有权根据自身的专业能力、对案件的理解就实体问题发表意见,除了法律规定的特定诉讼环节(例如前述放弃、变更诉讼请求或承认对方诉讼请求、撤诉、调解等),其并没有义务在征询完所有原告意见后加以归纳总结,再行确定诉讼策略。当然,这并不意味着原告不能表达自己的诉讼见解。案件审理中,原告可以以书面或口头方式直接向法院发表意见,也可以向代表人表达意见。在原告已经向代表人明确表达意见且意见与代表人不一致的情形下,代表人有义务向法院转达。

律师费损失的赔偿也是司法实践中争议较大的问题。《代表人诉讼规定》第 25 条规定:"代表人请求败诉的被告赔偿合理的公告费、通知费、律师费等费用的,人民法院应当予以支持。"根据相关司法解释,代表人具备委托诉讼代理人的权限。一般而言,代表人为更好地参与诉讼往往委托律师作为诉讼代理人,并为此支付律师费。为弥补该项损失,相关司法解释增设了败诉被告赔偿律师费等合理费用的责任。然而,实践中并非照此逻辑运行。由于普通投资者对于能否维权和如何维权并不了解,自 2002 年最高人民法院通知可以受理证券侵权赔偿纠纷以来,市场逐渐自发形成了一套律师出面招揽客户、签订风险代理合同、待被告赔偿后从中提取 15%～30% 作为律师费的运转模式。"飞乐音响案"中,代表人亦与委托诉讼代理人签订了风险代理合同,并请求被告支付以 315 名原告诉讼标的额总和为基数按 15% 计收的律师费,即 1 800 万余元。法院认为,在侵权案件中,被告所应承担的律师费损失是原告为维权所支出的合理费用,代表人与律师签订的律师费收取方式不能约束被告,综合考虑案件繁简、难易程度,律师工作量,诉讼规模等因素,最终判决被告支付以人均 3 000 元为标准、按 315 名原告计算的律师费 94.5 万元。尽管本案根据合同关系和侵权损害赔偿关系相区分的原则处理了律师费争议,但仍存在这样的疑问:代表人聘请的律师是全体原告的诉讼代理人,还是仅为代表人的诉讼代理人? 笔者认为,代表人是代表全体原告聘请律师,原告亦未退出诉讼,因此,律师是为全体原告服务,是全体原告的诉讼代理人。但随之产生的问题是:代表人与律师关于律师费收取的约定能否约束全体原告? 如果对这个问题予以肯定回答,那么,判决后律师将有权向所有原告按合同收取 15% 的律师费。"飞乐音响案"中,赔偿款分配后,诉讼代理人仅向自己前期招揽的投资者依据合同收取律师费,并未向通过权利登记参加诉讼的其他原告收取 15% 的律师费,故未引发上述争议,但该处法律漏洞仍有待在今后的司法实践中予以填补。

六、结语

"法院裁量权之行使应指向于平衡保护相关共同利益人之程序利益及系争实体利益"(邱联恭 * 尾注 2,124 页)。长期以来,我国民事诉讼程序倾向于注重实质正义,形成"程序虚无主义""程序工具主义"。在本次《证券法》的修订和实践中,通过代表人诉讼制度一次性解决了大量纠纷,降低了投资者的维权成本。尤其是特别代表人诉讼制度通过"默示加入"的程序设计,将"沉默的大多数"纳入原告范围,使得分散在大江南北的实体权利碎片有了实现的可能,这充分证明了程序权利的价值,即没有程序权利就没有实体权利。

"飞乐音响案"和"康美药业案"落地后,证监会表示要推进代表人诉讼常态化开展(王建军演讲 * 尾注 11)。然而,如前所述,我国证券纠纷代表人诉讼制度在借鉴境外成熟经验的基础上,形成了极具本土特色的双重结构,兼顾了当事人的程序利益保障、程序处分权及程序选择权,但在双重结构的运转中尚存在一些矛盾和冲突之处,有待在实践中加以解决和完善。首先,在制度支持方面,建议针对证券交易电子化的特点,打造全国统一的代表人诉讼权利登记平台,以此为依托,使投资者得以聚集,实现普通代表人诉讼中代表人的有效推选。其次,在制度优化方面,建议扩大特别代表人诉讼的功能,赋予投资者保护机构直接发起特别代表人诉讼的权限,而非嫁接在普通代表人诉讼之上。同时,厘清诉讼担当和诉讼代理的关系,在兼顾被代表人利益的同时,进一步向诉讼担当转化。再次,在制度体系方面,建议在常态化运行代表人诉讼制度的同时,也要充分运用示范判决机制、先行赔付制度、强制调解制度,并可探索公益诉讼制度,扩充权利救济途径,为当事人提供更多的制度选择。此外,还要持续加强投资者教育,让其了解相关法律制度。只有畅通维权通道,使投资者维权取得实效,代表人诉讼制度才具有持久的生命力。

参考文献

1.［日］高桥宏志:《民事诉讼法重点讲义》,张卫平、许可译,法律出版社 2021 年版。

2. 邱联恭:《程序利益保护论》,台湾三民书局 2005 年版。

3.［日］伊藤真:《民事诉讼法》,曹云吉译,北京大学出版社 2019 年版。

4. 邱联恭:《程序选择权论》,台湾三民书局 2000 年版。

5. 林文学、付金联、李伟、张凌云:《〈关于证券纠纷代表人诉讼若干问题的规定〉的理解与适用》,《人民司法》2020 年第 28 期。

6. 肖建华:《群体诉讼与我国代表人诉讼的比较研究》,《比较法研究》1999 年第 2 期。

7. 罗建豪:《美国集团诉讼退出制研究》,复旦大学博士论文,2008 年。

8. 章武生:《论群体诉讼的表现形式》,《中外法学》2007 年第 4 期。

9. 张大海:《德国群体诉讼制度研究》,复旦大学博士论文,2008 年。

10. 纪格非:《功能论视角下任意诉讼担当的类型研究》,《东方法学》2020 年第 2 期。

11. "加强投资者保护,筑牢注册制度之基——王建军副主席在国际金融论坛第十八届全球年会上的演讲",http://www.csrc.gov.cn,最后访问日期:2022 年 4 月 29 日。

作者:上海金融法院综合审判一庭法官　孙　倩

案例 18　投保机构股东直接诉讼

——中证中小投资者服务中心有限责任公司诉上海海利生物技术股份有限公司公司决议效力确认纠纷

上海市奉贤区人民法院(2017)沪 0120 民初 13112 号民事判决

【事实概要】

2014 年 8 月 22 日,上海海利生物技术股份有限公司(以下简称海利生物)于 2014 年第三次临时股东大会通过了《关于修改上市后生效的公司章程(草案)的议案》,并于 2015 年 5 月 14 日公告发布了《公司章程(草案)》,其中第 82 条第 2 款第(一)项规定:"董事会、连续 90 天以上单独或者合并持有公司 3% 以上股份的股东有权向董事会提出非独立董事候选人的提名,董事会经征求被提名人意见并对其任职资格进行审查后,向股东会提出提案"。海利生物于 2015 年 6 月 30 日发布 2015 年第一次临时股东大会决议公告,通过了修订版《公司章程》,但未修订上述条款。

中证中小投资者服务中心有限责任公司(以下简称投服中心)在对海利生物展开日常行权工作的过程中,发现海利生物《公司章程》第 82 条第 2 款第(一)项中对持有公司 3% 以上股份的股东增加了连续持股 90 天以上的时间限制,涉嫌违反《公司法》第 102 条第 2 款关于股东临时提案权的规定,侵害了股东通过提案选择公司管理者的权利。

2017 年 4 月 18 日,投服中心通过邮件形式向海利生物发送《股东质询建议函》(以下简称《建议函》),《建议函》中认为海利生物《公司章程》第 82 条增加持股 90 日以上的条件不合理地限制了股东对董事候选人的提名权,违反了我国《公司法》及相关规定,建议取消此限制类条款。

　　2017年4月24日,海利生物回复投服中心,并认为《公司法》《上市公司章程指引》等法律、法规及规范性文件虽然没有对单独或合计持有3%以上股份的股东提名董事、监事候选人的权利做出持股时间上的限制,但也没有对《公司章程》能否就该条款进行自行规定作出禁止性规定。同时,《上市公司章程指引》第82条注释明确"公司应当在章程中规定董事、监事提名的方式和程序",该规定赋予了《公司章程》在未违反法律法规及规范性文件禁止性规定的前提下对公司董事、监事提名权进行自治性设定的权利。海利生物还认为,《公司章程》第82条增加了连续持股90天以上的条件,目的是鼓励长期持股投资的股东参与公司重大事项的讨论和管理,同时避免短期投机的股东滥用股东权利、影响公司组织机构稳定及正常经营,未违反《公司法》及相关规定。

　　鉴于海利生物拒不采纳投服中心的股东建议,投服中心依据《公司法》第22条的规定,以海利生物股东的名义(投服中心持有海利生物1手股份)向有管辖权的人民法院提起股东直接诉讼。

　　2017年6月26日,本案获上海市奉贤区人民法院受理。案件受理后,法院依法适用普通程序,组成合议庭,于2017年8月16日、2017年12月15日进行两次调解,因调解未能达成一致意见,于2018年3月21日公开审理。

　　2018年4月18日,法院一审判决支持原告诉请,确认被告海利生物于2015年6月29日作出的2015年第一次临时股东大会决议中有关《公司章程》第82条第2款第(一)项内容无效。被告海利生物未上诉。

【裁判要旨】

　　本案的争议焦点:被告海利生物于2015年6月29日作出的2015年第一次临时股东大会决议中《公司章程》第82条第2款第(一)项内容是否应确认无效。

　　原告以其选择公司管理者的权利受到限制为由,请求确认被告2015年第一次临时股东大会决议中相关内容无效。法院经审理对该诉讼请求予以支持,理由如下。

第一,根据《公司法》规定,公司股东依法享有资产收益、参与重大决策和选择管理者等权利。在权利的具体行使方式上,单独或者合计持有公司3‰以上股份的股东,可以在股东大会召开 10 日前提出临时提案,并书面提交董事会。上述规定表明,只要具有公司股东身份,就有选择包括非独立董事候选人在内的管理者的权利,在权利的行使上并未附加任何的限制条件。被告设定"连续 90 天以上"的条件,违反了《公司法》的规定,限制了部分股东就非独立董事、候选人提出临时提案的权利,该决议内容应认定为无效。

第二,被告虽于 2017 年第三次临时股东大会作出决议,通过了修订《公司章程》的议案,取消了"连续 90 天以上"的限制条件,但鉴于上述限制条件存在于 2015 年第一次临时股东大会决议中,该决议自作出之日起即客观存在且发生效力,后作出的股东大会决议与此前形成的股东大会决议分属相互独立的不同法律行为,并不能当然补正此前股东大会中相关内容的法律效力。

【解　析】

一、本判决的意义

投服中心于 2016 年 7 月首次发起证券支持诉讼,在本案之前均以委派公益律师代理形式支持权利受损的投资者向相关责任主体提起证券虚假陈述民事赔偿诉讼,无股东诉讼的先例。本案是投服中心首次探索以上市公司股东身份提起的股东直接诉讼,也是首例反收购条款司法确认案件。

二、投服中心起诉理由

投服中心认为海利生物关于董事提名权的限制违反了《公司法》的相关条款,同时 2017 年 4 月 24 日海利生物的有关答复也不能成立,主要基于以下几点理由。

（一）公司自治性规定不得严于法定权利

《公司法》《上市公司章程指引》等法律、法规及规范性文件虽然没有对单独或合计持有 3％以上股份的股东提名董事、监事候选人的权利作出持股时间上的限制，也没有对《公司章程》能否就该条款进行自行规定作出禁止性规定，但公司的自治性权利不得严于《公司法》的规定。

（二）持股时间限定违反了公司法的强制性规定

所谓"董事提名权"是指组成董事会或需要更换、增加新的董事进入董事会时，向股东大会推荐拟进入董事会的人选，并提交股东大会决议的权利。需要明确的是，现行《公司法》并没有"董事提名权"的具体规定。一般认为，《公司法》第 102 条第 2 款关于"股东临时提案权"的规定是股东"董事提名权"的法源条款，该条规定："单独或者合计持有公司百分之三以上股份的股东，可以在股东大会召开十日前提出临时提案并书面提交董事会。"股东可依据该条款规定，通过"临时提案"方式实现推举董事的目的，行使股东的董事提名权。可见，现行《公司法》中股东的董事提名权是以提案权的形式行使的。

海利生物《公司章程》第 54 条第 2 款规定："单独或合计持有公司 3％以上股份的股东，可以在股东大会召开 10 日前提出临时提案并书面提交召集人，召集人应当在收到提案后 2 日内发出股东大会补充通知，将临时提案的内容通知全体股东"，该条款对持股 3％以上股东行使提案权没有持股时间的限制。然而，根据海利生物《公司章程》第 82 条规定，持股时间少于 90 天的 3％以上股份的股东无法提出推荐董事的提案。

《公司章程》第 82 条第 2 款规定："董事会、连续 90 天以上单独或者合并持有公司 3％以上股份的股东有权向董事会提出非独立董事候选人的提名，董事会经征求被提名人意见并对其任职资格进行审查后，向股东会提出提案"，即持股 3％以上的股东要想提名董事候选人，必须连续持股 90 天以上，不足 90 天则无权提名，也就没有办法形成提案，因此，《公司章程》第 82 条第 2 款违反了《公司法》第 102 条第 2 款关于股东"董事提案权"的规定。

（三）持股时间限定限制和剥夺了股东选择公司管理者的权利

《公司法》第 4 条明确规定："公司股东依法享有资产收益、参与重大决策和选择管理者等权利。"董事的提名权是股东选择管理者权利的重要内容之一，是股东的基本权利，对这种权利的保护属于《公司法》中的强制性规定,不属于股东会自治性规定的范畴,非依法律法规的规定,任何人不得以任何方式加以限制和剥夺。海利生物《公司章程》第 82 条增加连续持股 90天以上的条件,限制和剥夺了其他股东选择公司管理者的权利。

（四）《公司章程》第 82 条因违反法律规定而无效

由于被告《公司章程》第 82 条第 2 款第（一）项内容违反了《公司法》第 4条和第 102 条第 2 款的规定,根据《公司法》第 22 条:"公司股东会或者股东大会、董事会的决议内容违反法律、行政法规的无效"规定,投服中心认为被告 2015 年 6 月 29 日 2015 年第一次临时股东大会决议通过的《公司章程》第 82 条第 2 款第（一）项内容无效。

（五）证监会曾确认对董事提名权作出持股时间上的限制属于违法行为

1998 年 5 月,爱使股份（股票代码 600652,现"游久游戏"）股东大会年会对其《公司章程》第 67 条作了修订:"董事、监事候选人名单以提案的方式提请股东大会决议;单独或合并持有公司有表决权股份总数 10%（不含股票代理权）以上、持有时间半年以上的股东,如要推派代表进入董事会、监事会的,应当在股东大会召开前 20 日,书面向董事会提出,并提供有关材料。"

1998 年 7 月 1 日,大港油田发布公告,称其关联企业已合并持有爱使股份 5.0001% 股份,成为第一大股东。此后,大港油田持续收购爱使股份的股票,最终共持有爱使股份总股本的 10% 以上,获得提议召开临时股东大会的权利。大港油田的敌意收购受到了爱使股份管理层的抵制。针对该反收购条款的效力,收购方和反收购方各持己见、争执不下。后在大港油田的要求下,证监会向爱使股份发送函件确认该章程条款违法,最终爱使股份不得不修改《公司章程》而使大港油田进驻董事会（王建文,135 页）。

三、本案的特点与难点

（一）特点

1. 本案是首例反收购条款司法确认案件

虽然上市公司在《公司章程》中增加反收购条款的做法由来已久,但长久以来,反收购条款的性质始终未在司法层面得到确认,这也致使上市公司能够利用该类条款排除"外敌",甚至对该类条款不断进行"发展创新"。即使如前述的"爱使股份"案,最终的结果也仅是在大港油田的举报和要求下,由证监会向爱使股份发送函件确认有关章程条款违法,而没有借此案从司法层面对反收购条款予以定性,这不得不说是一次遗憾。有鉴于此,投服中心希望借助海利生物案能够在反收购条款司法定性问题上有所突破,向市场发出积极的信号,一方面,督促上市公司依法完善公司治理;另一方面,保护上市公司中小股东的合法权益。

2. 本案是投服中心首例股东诉讼案件

在该案之前,投服中心维权诉讼业务主要以支持诉讼为主,先后发起了"匹凸匹案"[①]"康达新材案"[②]"上海绿新(现为顺灏股份)案"[③]"安硕信息案"[④]"鞍重股份案"[⑤]共5起支持诉讼案件。在不断巩固和完善支持诉讼业务的同时,积极开拓新的诉讼业务是投服中心的必然选择。投服中心发起股东诉讼,是基于投服中心上市公司股东身份发展而来的,从支持诉讼中的"幕后角色"到股东诉讼的"主角",变化的不仅是案件中的不同身份,而且更是从"帮助受损害的中小投资者追索赔偿"向"保护中小股东合法权益,促使上市公司依法完善公司治理"的拓展。由于"海利生物案"本身的案件争点较为清晰,该案作为投服中心第一起股东诉讼也较为适合。

3. 本案也是投服中心行权业务与维权诉讼业务首次结合

投服中心自2016年2月在上海、广东(不含深圳)和湖南开展持股行权试点,2017年4月将持股行权试点扩大至全国,截至2022年6月,投服中心共持有4 833家上市公司每家一手(100股)A股股票。在日常的行权业务中,投服中心通过发函、参加股东大会、现场查阅、现场问询、公开发声等方

---

① 上海市第一中级人民法院民事判决书,(2016)沪01民初第166号。
② 上海市第一中级人民法院民事判决书,(2016)沪01民初第580号。
③ 上海市高级人民法院民事判决书,(2018)沪民终第322、324、325、490、491号。
④ 上海市第二中级人民法院民事判决书,(2017)沪02民初第500、691、697号。
⑤ 辽宁省沈阳市中级人民法院民事判决书,(2018)辽01民初第868-871、873、879-883、899、901-908、910-914、927-929号。

式,行使股东查阅权、建议权、质询权、表决权等,而在"海利生物案"中,投服中心行使了股东的诉讼权。诉讼是股东维权的最有效手段,也是股东行权的强有力保障。本案是投服中心行权业务与维权诉讼业务的首次结合,既丰富了行权方式,也拓展了维权诉讼的范围,通过行使法律赋予股东的合法权利,促使上市公司修改公司章程中的不合理条款,删除对股东持股时间的限制,从而维护好中小投资者合法权益。

(二) 难点

1. 投服中心是否为适格原告

投服中心在诉前对本案开展研究的过程中,曾就投服中心是否为本案的适格原告存在争议。一种观点认为,在本案争议《公司章程》通过时投服中心不是上市公司股东,其作为后加入公司的股东,无法对加入前股东大会通过的《公司章程》争议条款主张权利。一般认为,对于股东会决议无效之诉的原告,应当在该决议作出的时候拥有股东身份或有其他直接利害关系。另一种观点认为,即使投服中心是在《公司章程》通过后加入公司,但只要投服中心在起诉时具有股东资格就有权对《公司章程》中损害股东权益的条款向公司主张权益。

另外,投服中心也在密切关注当时《公司法司法解释(四)》的制定进展,通过当时披露的《公司法司法解释(四)》(征求意见稿)第 1 条的规定,即"公司股东、董事、监事及与股东会或者股东大会、董事会决议内容有直接利害关系的公司高级管理人员、职工、债权人等,依据《公司法》第 22 条第 1 款起诉请求确认决议无效或者有效的,应当依法受理",基本确定投服中心起诉具有原告资格。虽然《公司法司法解释(四)》在 2016 年 12 月 5 日已经最高人民法院审判委员会全体会议审议并原则通过,但公开信息中始终未能找到发布的正式条文,直至 2017 年 8 月 28 日最高人民法院正式发布,其中第1 条规定:"公司股东、董事、监事等请求确认股东会或者股东大会、董事会决议无效或者不成立的,人民法院应当依法予以受理。"另根据最高人民法院的进一步解释,本条列举的适格原告仅包括起诉时具有股东、董事、监事资格的主体(杜万华,30 页)。由于投服中心在起诉时持有上市公司股票,因此对于投服中心原告适格问题的顾虑已经解决。

2. 诉讼请求的确定

本案焦点在于海利生物《公司章程》第 82 条第 2 款第（一）项中对持有公司 3％以上股份的股东增加了连续持股 90 天以上的时间限制，不合理地限制了股东对董事候选人的提名权，而依据现有《公司法》规定，股东无法直接起诉公司请求确认《公司章程》相关条款无效，只能依据《公司法》第 22 条"公司股东会或者股东大会、董事会的决议内容违反法律、行政法规的无效"规定，请求法院确认通过海利生物《公司章程》的股东大会的决议内容无效。

投服中心认真梳理了本案争议条款的历史沿革，并在总结后作出如下认定：本案《公司章程》（2015 年 6 月版）中的争议条款所对应的最早的股东大会为 2015 年 6 月 29 日公司召开的 2015 年第一次临时股东大会。虽然该次临时股东大会修改《公司章程（草案）》（2014 年 8 月版）时并未对本案的争议条款进行修改，但该次股东大会通过的修订《公司章程》议案的决议应当认为是对新的《公司章程》的确定，包括对本案争议条款的确定。综上所述，投服中心将本案的诉讼请求确定为"确认被告于 2015 年 6 月 29 日作出的 2015 年第一次临时股东大会决议通过的《公司章程》第 82 条第 2 款第（一）项内容无效"。

四、诉讼过程中投服中心未同意调解的理由

在案件审理过程中，被告海利生物提出以下意见：被告已认可原告的诉讼请求，并已在庭前就《公司章程》有关条款作出了修订。同时，原、被告双方在庭前已进行充分沟通，原告亦认可被告对《公司章程》有关条款的修订和积极表现。因此，建议双方调解结案。

投服中心经过认真分析和研究，最终并未采纳被告的意见，认为调解结案存在以下弊端。

（一）调解书不包含法院观点或意见且普遍具有不公开性

根据《民事诉讼法》有关规定，调解书是法院在案件双方当事人都具有调解意愿并已达成调解协议的情况下制作的法律文书，调解书应当写明诉讼请求、案件的事实和调解结果。一方面，因调解书的基础是案件双

方当事人达成的调解协议,通常情况下,法庭只对调解协议内容进行形式审查,而不会单独对其内容进行实质审理,因此无法在调解书中表达法院的观点或意见。另一方面,调解书只向案件当事人发出,一般不向社会和媒体公开,社会公众难以获知调解内容,对背后案件的发起目的和影响更是无从知晓,因此,无法达到投服中心"以点带面"警示市场的初衷。

(二) 基层法院调解书示范效应低,无法达到引领的效果

本案管辖法院上海市奉贤区人民法院属于基层人民法院,即使法院在调解中就本案表达明确观点,其作出的调解书示范效应也无法与其上级法院相比,所表达的观点对市场的影响十分有限。此外,从诉讼实践的角度出发,调解书中的观点日后也很难被其他诉讼所援引,因此,调解书无法达到引领的效果。

(三) 调解书对上市公司无现实意义

本案被告海利生物认同投服中心的诉讼请求,同时已按照投服中心的建议就《公司章程》有关条款作出了修订,因此,从调解内容所要达到的目的而言,被告已经在庭前行动并在庭审中表态认同,故调解书逻辑上不会对被告产生现实影响。

综上所述,从本案发起诉讼的目的考虑,采用调解书结案的方案无法达到通过本案警示市场、规范上市公司《公司章程》反收购条款的目的,因此,投服中心请求法院作出判决。

五、案件的社会意义和示范效果

本案的获胜为解决反收购条款的合法合规性问题提供了有效的借鉴,弥补了司法层面的空白,同时也标志着投服中心积极行权、示范维权的全覆盖和体系化,投服中心业务范围和模式日趋成熟。投服中心以"内部人"的身份,针对公司治理中监管活动暂时难以覆盖的领域提出质询或提起诉讼,以完善公司治理和践行"三公"原则,既为广大中小投资者"全面知权、主动行权、依法维权"树立了榜样,也为证监会的行政监管和交易所的自律监管提供了有益的补充。

参考文献

1. 王建文：《我国公司章程反收购条款：制度空间与适用方法》，《法学评论》2007 年第 2 期。

2. 杜万华：《最高人民法院公司法司法解释（四）理解与适用》，人民法院出版社 2017 年版。

作者：中证中小投资者服务中心有限责任公司维权事务部　周理岗

案例 19　全国首例通过判决形式结案的"支持诉讼＋示范案件"

——范留玲诉深圳市联建光电股份有限公司等证券虚假陈述责任纠纷案

中国证券监督管理委员会深圳监管局〔2018〕7 号行政处罚决定

广东省深圳市中级人民法院(2019)粤 03 民初 2196 号民事判决①

【事实概要】

2018 年 12 月 21 日,深圳市联建光电股份有限公司(以下简称联建光电,股票代码 300269)公告收到《行政处罚决定书》。2014—2016 年,联建光电子公司四川分时广告传媒有限公司(以下简称分时传媒)虚增营业收入和利润,导致联建光电 2014—2017 年公司半年度报告或年度报告存在虚假记载。

中证中小投资者服务中心有限责任公司(以下简称投服中心)委派公益律师支持投资者范留玲向联建光电、何吉伦(分时传媒的控股股东)、刘虎军(联建光电法定代表人、董事长、总经理)提起诉讼。

2019 年 6 月,因被告先后申请行政复议、提起行政诉讼,深圳市中级人民法院(以下简称深圳中院)依法裁定中止本案审理程序。2020 年 12 月,深圳中院将投服中心支持诉讼选定为示范案件之一。2021 年 5 月 25 日,本案一审开庭。除公益律师出庭应诉外,投服中心工作人员亦出庭,并在法庭调查阶段介绍了投服中心法律地位和机构职能,在辩论阶段阐明了投服

---

① 该判决信息已在 2021 年 8 月 13 日《深圳市联建光电股份有限公司关于诉讼事项进展的公告》中披露。

中心关于联建光电案的法律观点。2021 年 8 月,深圳中院作出一审判决。

【裁判要旨】

本案争议焦点:① 联建光电被行政处罚的行为是否构成证券虚假陈述;② 如果构成证券虚假陈述,则本案虚假陈述实施日、揭露日和基准日应如何认定;③ 联建光电该虚假陈述行为与原告投资损失之间是否存在因果关系;④ 如果存在因果关系,联建光电应承担的责任范围及具体数额;⑤ 何吉伦、刘虎军是否应当承担赔偿责任。

深圳中院认为,证券市场投资出现亏损往往是多因造成的。结合本案实施日至揭露日时间较长、联建光电公司宣布资产收购期间的股价表现、对投资者决策的影响及与损失之间的多因一果关系,并考虑虚增利润的比例较小等情况,可以酌情认定,在扣除系统性风险后,联建光电公司应当对原告损失的 50% 承担赔偿责任。

【解　析】

一、本判决的意义

联建光电证券虚假陈述民事赔偿案件是新《证券法》后,第一例作出判决的"支持诉讼＋示范判决"案件。依照《深圳市中级人民法院关于依法化解群体性证券侵权民事纠纷的程序指引(试行)》(以下简称《指引》)第 27 条的规定,示范判决是围绕共通的事实争点和法律争点展开充分论述,着重分析共通的证据,认定共通的事实,阐明共通的法律适用,以体现示范效应。根据《指引》第 12 条的规定,按照"支持诉讼＋示范判决"机制作出示范判决后,其他案件将会作为"平行案件"参照《指引》第 10 条和第四章规定处理。该案件的判决,大大有利于快捷、低成本地解决其他平行案件,维护中小投资者的合法利益。

二、联建光电被行政处罚的行为是否构成证券虚假陈述

原告以联建光电存在证券虚假陈述行为造成其损失为由,要求联建光电进行赔偿。联建光电全资子公司分时传媒通过虚构广告业务收入、跨期确认广告业务收入等方式,虚增营业收入,联建光电将上述营业收入纳入合并报表范围,导致多期年度报告存在虚假记载。

联建光电、刘虎军都主张其不构成证券虚假陈述,且前述行为系分时传媒原股东所为,自己并不参与分时传媒的经营,故不应承担赔偿责任。何吉伦则主张《行政处罚决定书》中所列明的合同已履行完毕,即使未履行完毕,按约定,合同相对方亦应当支付合同款项,进而主张自己也不存在虚假陈述行为。

对此,法院认为,是否存在虚增营业收入及利润是本案审查的核心事实,联建光电、何吉伦、刘虎军对此应负举证责任。虽然至本案作出判决时,针对《行政处罚决定书》所提起的行政诉讼尚未终审,但联建光电并未提交证据证明《行政处罚决定书》所列明的合同已经履行完毕,故无法否定其存在虚增营业收入及利润的事实。何吉伦所提交的履行情况说明系其自行制作,不能证明分时传媒已经完全履行合同的事实,其所提交的发票等证据只能证明收取了合同款项及开列发票,亦不能证明合同已实际履行完毕,不能推翻《行政处罚决定书》所列明的虚增营业收入及利润的事实,故法院确认联建光电子公司分时传媒存在虚增营业收入及利润的事实。联建光电与分时传媒原股东之间的《盈利预测补偿协议》属于合同当事人之间的法律关系,不能对抗第三人。2014年4月29日,分时传媒完成股权变更登记手续,成为联建光电全资子公司。自2014年5月起,联建光电开始将分时传媒纳入合并报表范围。联建光电对分时传媒的经营信息、财务数据负有披露义务。诚实经营、如实披露是对上市公司的基本要求,上市公司所披露的信息特别是财务数据,无论所涉金额大小、是否造成上市公司的损失,均不容许任何虚假记载。联建光电2014年年度报告、2015年半年度报告、2015年年度报告、2016年半年度报告、2016年年度报告和2017年半年度报告虚增收入及利润,存在虚假记载,其行为已构成《证券法》第85条所规定的披

露信息有虚假记载的违法行为,构成虚假陈述。分时传媒虚增营业收入及利润的事实,联建光电作为信息披露义务人,依法应对该不实信息披露所产生的法律后果承担相应的法律责任,相关责任人员亦应当承担相应的赔偿责任。

三、如果构成证券虚假陈述,则本案虚假陈述实施日、揭露日和基准日应如何认定

各方对本案虚假陈述揭露日为 2017 年 12 月 8 日、基准日为 2018 年 2 月 26 日无异议,法院予以确认,但对实施日的认定存在争议。依据 2003 年《虚假陈述规定》第 20 条①的规定,虚假陈述实施日是指作出虚假陈述或者发生虚假陈述之日。本案中,联建光电自 2015 年 4 月 1 日发布 2014 年度报告起,连续多份报告存在虚假记载,其违法行为存在持续性,故应以其违法行为最初开始实施行为之日认定为实施日。联建光电主张 2014 年年报涉及的金额占比较小,不构成重大性,应将 2015 年报公布之日认定为实施日的理由不能成立,法院不予采纳。据此,本案虚假陈述实施日为 2015 年 4 月 1 日、揭露日为 2017 年 12 月 8 日、基准日为 2018 年 2 月 26 日。根据深圳证券交易所联建光电股票交易公开信息核算,从揭露日 2017 年 12 月 8 日至基准日 2018 年 2 月 26 日,联建光电股票的基准价为 12.545 元。

四、关于联建光电虚假陈述行为与原告投资损失之间是否存在因果关系的问题

虚假陈述行为造成投资者损失的一般情形是:从虚假陈述行为被公开揭露或更正之日起,其股票价格因受到该披露行为影响,出现较大幅度异常波动,严重偏离其本来价值;投资者因股价异常涨跌而受到损失;该异常波动会在持续一段时间后逐渐为市场所冲淡和消化,最后股票价格回归本来

---

① 该判决所依据的系 2003 年《虚假陈述规定》,该司法解释已于 2022 年 1 月修订为 2022 年《虚假陈述规定》。对于实施日,较之 2003 年《虚假陈述规定》第 20 条的"作出虚假陈述或者发生虚假陈述之日"的简单定义,2022 年《虚假陈述规定》第 7 条,在原先规定的基础上进一步通过列举方式,明确不同情形下对实施日的认定标准。

价值。根据 2003 年《虚假陈述规定》第 18、19 条的规定,①只要投资者在虚假陈述(通常指诱多型虚假陈述行为)实施日以后至揭露日或者更正日之前买入了联建光电股票,且在虚假陈述揭露日或者更正日及以后至基准日前因卖出,或者至基准日因持续持有该证券而产生亏损,均推定为与虚假陈述行为之间存在因果关系,但被告能够证明损失或者部分损失是证券市场系统风险等其他因素所导致的除外。

本案原告投资联建光电股票符合 2003 年《虚假陈述规定》第 18 条规定的情形。原告请求联建光电赔偿其买入市值与基准日市值之间产生的投资差额损失,而各被告抗辩主张联建光电股价产生波动是市场因素、重组因素等多重因素影响,并非联建光电虚假陈述行为导致,原告的投资差额损失与联建光电虚假陈述行为之间没有因果关系。法院认为,任何股票的走势均受本身微观因素和证券市场中宏观经济、产业等系统因素的影响。在考量上市公司虚假陈述行为与投资者的损失之间因果关系时,理应分析市场系统风险因素。虽然 2003 年《虚假陈述规定》第 19 条规定了市场系统风险因素的例外,但对系统风险的内涵特别是如何认定系统风险没有进一步的规定,审判实践中对如何认定和考量投资者损失中系统风险因素的占比,一直是处理相关案件的难点,故法院委托中证资本市场法律服务中心有限公司就市场风险进行了评估核算。根据中证资本市场法律服务中心有限公司向法院出具的《证券投资者损失核定意见书》,在本案实施日至基准日期间,证券市场存在系统性风险,但该系统性风险并不能涵盖原告的损失。

联建光电又主张其在 2015 年 4 月 1 日发布 2014 年报时股价涨幅较小,而在同年 4 月 8 日发布重大资产收购公告时,联建光电股价在 5 个交易日累计上涨了 54.15%;2016 年 4 月 19 日发布 2015 年年报时,股价在 3 个交易日内累计跌幅为 14.18%,进而主张年报数据对投资者的影响较小,不

---

① 2003 年《虚假陈述规定》第 18 条并未明确区分交易因果关系和损失因果关系,但随着审判实践的发展,各地法院开始使用交易因果关系的分析框架,审查虚假陈述行为是否诱发了相关交易行为。基于此,2003 年《虚假陈述规定》第 11 条对 2003 年《虚假陈述规定》第 18 条予以适当拆分,单独规定交易因果关系的认定;第 31 条则是关于损失因果关系的认定(林文学、付金联、周伦军,43—50 页)。

构成诱多行为,与损失之间不存在因果关系。对此,法院认为,上市公司的
业绩是投资者决策的因素之一,上市公司业绩增长对投资者的影响必然是
积极的,抛开其他因素而言,正常的投资者不可能因为上市公司业绩增长而
进行反向投资,对投资者而言,虚增营业收入、虚增利润是典型的诱多行为,
联建光电有关不构成诱多行为的理由不能成立,故原告的投资损失与联建
光电虚假陈述行为之间存在因果关系。

五、如果存在因果关系,联建光电应承担的责任范围及具体数额

关于损失金额,法院采用了"委托核定系统性风险＋酌定多因一果关系
和全案情况的影响"的方式,委托并认可了法律服务中心关于系统性风险扣
除的意见,在此基础上以酌定方式再扣除了非系统性风险因素的影响,最终
确定投资者损失金额。

证券市场投资出现亏损往往是多因造成的。联建光电在虚假陈述行为
实施日至揭露日期间,筹划了两次重大资产收购,从公开信息看,联建光电
股价在第一次资产收购过程中确有较大升幅,而第二次资产收购信息披露
后联建光电的股价虽然不升反跌,但跌幅也比同期创业板指数小。依据经
验规则,上市公司资产收购通常对改善上市公司经营构成利好,不能排除市
场投资者对联建光电资产收购存在较高预期,特别是一些短线操作的投资
者对资产收购抱有投资兼投机的心态,故不能排除投资者系基于联建光电
进行资产收购而买入联建光电股票。即使投资者是基于联建光电所公布的
业绩进行投资,在联建光电所公布的业绩中,虚增的比例整体上也较小,假
如仅因为小比例的虚增而由联建光电承担投资者的全部损失,显然有失公
允。故结合本案实施日至揭露日时间较长、联建光电宣布资产收购期间的
股价表现、对投资者决策的影响及与损失之间的多因一果关系,并考虑虚增
利润的比例较小等情况,法院酌情认定,在扣除系统性风险后,联建光电应
当对原告损失的50%承担赔偿责任。

原告请求的损失包括:投资差额损失、交易手续费损失、印花税损失及
利息损失。对于投资差额损失,各方当事人均同意由法院调取原告交易数
据径行核定,但对计算方法有不同意见。对此,法院认为,证券投资的因果

关系本就十分复杂,任何计算方法都不可能绝对反映客观事实,采取任何一种计算方法都可能出现对某部分人有利而对其他人不利的情形,只有在符合索赔条件的同批次案件中采取统一的计算方法,才能达到对各方相对公平的效果。

考虑到本案实施日至基准日时间较长,期间证券市场波动较大,法院委托中证资本市场法律服务中心有限公司在扣除系统性风险的同时,按照移动加权平均法核定投资差额损失。联建光电认为中证资本市场法律服务中心有限公司与支持诉讼的中证小投资者服务中心有限责任公司为关联方,应另行委托第三方进行核定。法院认为,中证资本市场法律服务中心有限公司作为公益机构,其地位相对独立,而有关的比对指标均为客观事实,不存在主观改变的可能,故法院对联建光电的主张不予采纳。

在"联建光电证券虚假陈述系列案"中,法院统一采用中证资本市场法律服务中心有限公司所核定的数据。对于交易手续费损失,为计算方便及统一,法院酌定以投资差额损失的 0.3% 标准计算,印花税损失按法定标准 1‰ 计算,资金利率为银行同期活期存款利率 0.35%(资金利息天数自第一笔有效买入日计算至揭露后最后一笔有效卖出日或基准日)。

六、何吉伦、刘虎军是否应当承担赔偿责任

投服中心公益律师于 2019 年 3 月开展诉讼准备工作时就注意到,将何吉伦列为被告是否有法律依据。根据 2014 年《证券法》的规定,虚假陈述的责任主体包括了:① 发行人、上市公司;② 发行人、上市公司的董事、监事、高级管理人员和其他直接责任人员;③ 保荐人、承销的证券公司;④ 发行人、上市公司的股东、实际控制人;⑤ 国家工作人员、传播媒介的从业人员;⑥ 证券交易所、证券公司、证券登记结算机构、证券服务机构及其从业人员,证券业协会、证券监督管理机构及其工作人员。2003 年《虚假陈述规定》也列举了以下人员属于虚假陈述的责任主体:① 发起人、控股股东等实际控制人;② 发行人或者上市公司;③ 证券承销商;④ 证券上市推荐人;⑤ 会计师事务所、律师事务所、资产评估机构等专业中介服务机构;⑥ 上述第 2—4 项所涉单位中负有责任的董事、监事和经理等高级管理人员以及第

5项中直接责任人;⑦ 其他作出虚假陈述的机构或者自然人。因何吉伦并非联建光电的实际控制人,也非联建光电的董事、监事和经理等高级管理人员,可以适用的只有上述第7项的兜底条款:"其他作出虚假陈述的机构或者自然人"。

根据当时的法律规定,何吉伦并没有被明确列为虚假陈述的民事责任主体,但律师认为,何吉伦是直接责任人,应当追究其民事责任。根据2014年《证券法》第5条①的规定,证券的发行、交易活动,必须遵守法律、行政法规;禁止欺诈、内幕交易和操纵证券市场的行为。很明显,虚增利润属于欺诈行为,违反了《证券法》第5条关于禁止欺诈的规定。另外,根据2003年《虚假陈述规定》第25条规定:"依据本规定第7条第(七)项规定的其他作出虚假陈述行为的机构或者自然人,违反证券法第5条、第72条、第188条和第189条规定,给投资人造成损失的,应当承担赔偿责任。"因为何吉伦的行为属于欺诈行为,若对投资者造成损失,则应当依据2003年《虚假陈述规定》第25条的规定,列为"其他作出虚假陈述的自然人"。原告认为何吉伦实际作出了虚假陈述行为,属于2003年《虚假陈述规定》中的虚假陈述行为人,是本案的适格被告,应当对原告造成的损失承担民事赔偿责任。

由于《证券法》在2019年12月28日进行了修改,直接在第85条中规定了信息披露义务人存在虚假记载、误导性陈述,致使投资者在证券交易中遭受损失的,信息披露义务人应当承担赔偿责任。实际上,该条款也完全吸收了2003年《虚假陈述规定》里的相关内容。因此,深圳中院在判决中直接依据2019年《证券法》第85条规定,判令何吉伦承担连带赔偿责任。法院认为,何吉伦为分时传媒公司原实际控制人、业绩承诺补偿义务人。案涉期间,何吉伦实际承担分时传媒公司管理职责,并安排对有关广告业务进行回款,应对案涉违法行为承担主要责任,系对违法行为直接负责的主管人员。刘虎军系联建光电公司实际控制人、法定代表人、董事长兼总经理、分时传媒公司董事,全面负责公司工作,在2014—2017年年报或半年报上签字,应

---

① 该条在2019年新《证券法》中无变化。

保证公司信息披露真实、准确、完整，但未能勤勉尽责，系对违法行为直接负责的主管人员。何吉伦、刘虎军应当保证公司信息披露真实、准确、完整，但未能勤勉尽责，系对违法行为负责的直接责任人员。何吉伦、刘虎军不能证明其不存在过错，依法应当与联建光电公司对原告的损失承担连带赔偿责任。

参考文献

1. 2021 年 8 月 13 日《深圳市联建光电股份有限公司关于诉讼事项进展的公告》，http://www.cninfo.com.cn/new/disclosure/detail? stockCode＝300269 & announcementId＝1210747312 & orgId＝9900021097 & announcementTime＝2021－08－13，最后访问日期：2022 年 9 月 27 日。

2. 林文学、付金联、周伦军：《〈关于审理证券市场虚假陈述侵权民事赔偿案件的若干规定〉的理解与适用》，《人民司法》2022 年第 7 期。

作者：中证中小投资者服务中心有限责任公司维权事务部　苟晨露

案例 20　特别代表人诉讼制度的创新与实践

——中证中小投资者服务中心有限责任公司与康美药业股份有限公司证券虚假陈述责任纠纷案

广东省深圳市中级人民法院(2020)粤 01 民初 2171 号民事判决

【事实概要】

康美药业股份有限公司(以下简称康美药业)系在上海证券交易所主板上市的公司。2017 年 4 月—2018 年 8 月,康美药业先后披露多份(半)年度报告。2018 年 10 月 15 日晚,互联网上陆续出现自媒体文章,质疑康美药业披露的报告存在财务造假。文章被广泛转载,引起强烈反响,导致康美药业股票连续多日大幅下跌。

2020 年 5 月 15 日,康美药业公告称收到中国证券监督管理委员会(以下简称证监会)〔2020〕24 号《行政处罚决定书》,决定书认定康美药业《2016 年年度报告》《2017 年年度报告》《2018 年半年度报告》存在虚假记载和重大遗漏,并对康美药业和相关董事、监事及高级管理人员作出行政处罚。2021 年 2 月 18 日,证监会作出〔2021〕11 号《行政处罚决定书》,对为康美药业提供审计服务的广东正中珠江会计师事务所(以下简称正中珠江)及相关责任人员作出行政处罚。

2020 年 12 月,顾华骏等 11 名投资者起诉康美药业、马兴田等证券虚假陈述责任纠纷一案在广州市中级人民法院立案。2021 年 4 月,中证中小投资者服务中心有限责任公司(以下简称投服中心)接受了 56 名投资者的特别授权,向广州市中级人民法院申请作为代表人参加诉讼,代表 5 万余名投资者请求判令董事马兴田、许冬瑾赔偿案涉投资者的投资差额损失,康美药业、公司部分董事、监事及高管、正中珠江及其合伙人等承担连带赔偿责任。经最高人民法院指定管辖,广州市中级人民法院适用特别代表人诉讼程序审理本案。

2021年11月12日,广州市中级人民法院对本案作出一审判决,康美药业因虚假陈述侵权承担24.59亿元的赔偿责任,其余被告依照各自的过错程度承担相应的连带赔偿责任。

【裁判要旨】

根据广州市中级人民法院的一审判决书,本案争议焦点包括:① 案涉虚假陈述行为的认定;② 原告投资损失与案涉虚假陈述行为之间有无因果关系;③ 各被告赔偿责任的认定。

一、案涉虚假陈述行为的认定

法院认为,结合证监会出具的《行政处罚决定书》,康美药业披露的三份(半)年度报告中,"存在虚增营业收入、利息收入及营业利润,虚增货币资金和未按规定披露控股股东及其关联方非经营性占用资金的关联交易情况",且正中珠江出具的两份年度财务报表审计报告存在虚假记载,故可以认定本案存在证券虚假陈述行为。其中,① 关于案涉虚假陈述行为的实施日,法院认为,应以康美药业披露《2016年年度报告》的2017年4月20日为实施日。② 关于案涉虚假陈述行为的揭露日,法院认为,"应以自媒体质疑康美药业财务造假的2018年10月16日为揭露日"。首先,"自媒体质疑报道的主要内容,与证监会行政处罚认定的财务造假性质、类型基本相同……满足揭露行为的一致性要件"。其次,"康美药业股价在被自媒体质疑后短期内急速下挫……自媒体揭露内容引发了巨大的市场反应……满足揭露行为的警示性要件"。再次,"文章被多家媒体转载,并直接导致康美药业的百度搜索指数和资讯指数暴增,成为舆论关注重心,满足揭露行为的广泛性要求"。③ 关于基准日和基准价,法院认为,"本案投资差额损失计算的基准日为康美药业上市可流通股票换手率达到100%的2018年12月4日,基准价为 12.7 元"。

二、原告投资损失与案涉虚假陈述行为之间有无因果关系

法院从交易因果关系与损失因果关系两个层面分别论证原告投资损失与案涉虚假陈述行为之间的因果关系。其中，① 关于交易因果关系，法院认为，结合 2003 年《虚假陈述规定》第 18 条规定，"符合条件的投资者的交易行为与被告虚假陈述行为之间应被推定认为存在交易因果关系"，故本案"2017 年 4 月 20 日（含）起至 2018 年 10 月 15 日（含）期间以公开竞价方式买入，并于 2018 年 10 月 15 日闭市后仍持有康美药业股票"的投资者的交易行为均与被告虚假陈述行为之间存在交易因果关系。② 关于损失因果关系，法院认为，首先，本案应采用移动加权平均法的计算方法，该方法"考虑了从实施日到揭露日整个期间，投资者每次买入股票的价格和数量，同时也剔除了卖出证券导致的盈亏……更为符合实际情况，对从实施日到揭露日期间多次进行交易的投资者的成本认定更合理"。其次，本案中由于证券市场系统因素造成的损失应予剔除，具体扣除方式是以"投保基金选取医药生物（申万）指数作为比对指数，并采用'个体相对比例法'测算投资者证券市场系统风险扣除比例"。再次，本案"缺乏扣除非系统风险导致的损失的法律与事实依据"，法院对于扣除非系统风险的主张不予支持。最终法院认定，"案涉虚假陈述行为所导致的 52 037 名投资者损失为 2 458 928 544元"，"超出上述金额之外的损失，以及损失金额在扣除系统风险后为 0 或者负数的 3 289 名投资者所主张的损失，与案涉虚假陈述行为之间不具有因果关系"。

三、各被告赔偿责任的认定

法院认定各被告赔偿责任如下：康美药业对投资者损失共计2 458 928 544 元承担赔偿责任；马兴田等 4 名董事、高级管理人员温少生、监事马焕洲承担连带赔偿责任；马汉耀等 3 名董事、林国雄等 4 名高级管理人员、监事罗家谦在 20% 范围内承担连带赔偿责任；江镇平等 3 名董事在

10%范围内承担连带赔偿责任;郭崇慧等 2 名董事在 5%范围内承担连带赔偿责任;正中珠江及其合伙人杨文蔚承担连带赔偿责任;唐煦等 2 名康美药业高级管理人员、张静璃等 3 名正中珠江员工在本案中不承担赔偿责任。

【解　析】

一、本判决的意义

本案是迄今为止法院审理的原告人数最多、赔偿金额最高的上市公司虚假陈述民事赔偿案件,开启了一个"刑法、行政法、民法、民事诉讼法、金融法、破产法"六类型多重交叉的罕见案件类型,也是第一个重罚上市公司独立董事与会计师事务所等中介机构的虚假陈述案件,在司法实践中具有里程碑式的意义(李曙光,120 页)。

虽然判决书主要聚焦实体问题,[①]仅在案件事实部分对特别代表人诉讼的基本流程进行了简单提及,但作为新《证券法》确立特别代表人诉讼制度后的第一案,本案的成功落地,为检验"特别代表人诉讼"的司法实践效果提供了最新样本,因此本案的诉讼程序也是一大亮点。本案例评析将以独具价值的程序问题为切入点,分别从特别代表人诉讼的制度设计、创新优势与理论纷争等方面探析中国特色证券集团诉讼制度的本土化现状。[②]

二、特别代表人诉讼的制度设计

(一) 证券群体纠纷现状与司法实践探索

不同于一般的民商事纠纷,我国证券市场群体纠纷的原告以中小散户

---

①　本案涉及的实体问题有:虚假陈述行为揭露日的选取、独立董事的合规义务与责任承担、中介机构虚假陈述的法律责任、投资者损失的计算方式、大规模证券侵权案件与破产法的衔接等。

②　对于本书案例 17 中已经涉及的权利人范围认定、既判力、诉讼代表人的权限以及被代表人的权利保护等与特别代表人诉讼相关的程序问题,本案例评析将不再展开。

为主,人数众多且分散在全国各地,案件整体标的额虽较大但单个投资者的损失却有限,在现行民事诉讼法框架下,个体通过诉讼行权的成本与诉讼可能的结果之间不成比例,导致广大投资者在维权时面临集体行动的困境。因此,近年来司法一直致力于探索低成本、高效率的证券群体纠纷解决方案,希望能为受害的中小投资者提供便利司法救济的同时,也能够对证券市场的违法者产生足够的震慑作用。

继"先单独立案或共同立案,后分批合并审理"的传统共同诉讼模式与"代表性个案先行示范处理以带动批量平行案件"的示范性诉讼模式后,新《证券法》在第95条第3款构建了"特别代表人诉讼"这一全新的投资者保护制度,以"默示加入,明示退出"的诉讼规则开启了证券群体诉讼制度的新篇章。2020年7月,随着最高人民法院发布《代表人诉讼规定》、证监会发布《中国证监会关于做好投资者保护机构参加证券纠纷特别代表人诉讼相关工作的通知》(以下简称《通知》),以及投服中心发布《中证中小投资者服务中心特别代表人诉讼业务规则(试行)》(以下简称《投服中心业务规则》)等文件,特别代表人诉讼相关的立案与权利登记、代表人的确定、代表人权限、诉讼审理、判决与执行以及专业支持等配套业务操作规范得到完善(崔香梅、李新放,5页),推动了制度的实践落地。

(二) 特别代表人诉讼的基本流程

根据《代表人诉讼规定》,特别代表人诉讼的基本流程如图1所示。

三、特别代表人诉讼的创新优势

我国特别代表人诉讼在诉讼参加方式和诉讼代表人的确定方面均有重大创新。

一是以"退出制"替代传统的"加入制",默认符合权利人范围的投资者当然参加诉讼。"退出制"的运用使原告方人数激增,极大扩张了裁判的约束范围,不仅降低了单个投资者承担的诉讼成本,有效应对了投资者在集体行动中的"理性冷漠"问题,而且可以避免同案重复判决,有助于实现诉讼经济。此外,"退出制"还能够凝聚投资者的力量,以"天价赔偿额"的判决结果迫使上市公司、中介机构合规经营。

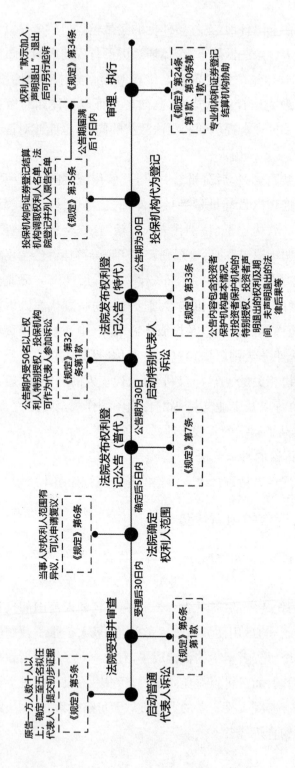

图 1   特别代表人诉讼的基本流程

注：《规定》指《代表人诉讼规定》
"普代"指"普通代表人诉讼"
"特代"指"特别代表人诉讼"

二是由投服中心作为诉讼代表人参与诉讼,在一定程度上突破了传统民事诉讼中"代表人必须同时是案件当事人"的理论。一方面,作为"公益性维权组织",投服中心选择案件时能够不以案件胜诉后的经济收益为衡量标准,选择既有益于改善公司治理,又能维护证券市场秩序的案件(罗培新,110 页)。相较于美国集团诉讼制度中选任"首席原告"背后可能存在的复杂利益动机与律师"胜诉酬金制"而引发的过度激励,由投服中心担任诉讼代表人负责案件的推进,能够防止滥诉或者仅选择性起诉能获得高额收益的大公司的现象,实现惩治和威慑违法行为的初衷。另一方面,作为监管机关直接设立的机构,投服中心具有较强的专业实力与资源整合能力。相较于中小投资者,投服中心有能力在诉讼时与上市公司展开积极的对抗,确保投资者利益的最大化。

四、特别代表人诉讼启动的理论纷争

(一) 特别代表人诉讼的启动条件

本案中,顾华骏、刘淑君等原告以证监会对康美药业的行政处罚为初步证据启动了普通代表人诉讼,后又以证监会对正中珠江的行政处罚追加正中珠江为共同被告,该起诉符合 2003 年《虚假陈述规定》中关于前置程序的规定。

前置程序肇始于 2002 年发布的《最高人民法院关于受理证券市场因虚假陈述引发的民事侵权纠纷案件有关问题的通知》,并在 2003 年《虚假陈述规定》中得以正式确立。在之后很长一段时间内,前置程序发挥了维护证券市场稳定、减轻原告举证责任、节约司法成本的显著作用(黄韬,120 页),但随着证券市场日臻完善、审判经验不断积累,相应弊端也逐渐暴露。前置程序不当限制了当事人的诉权,与立案登记制相冲突,违背了民事赔偿优先的法理;同时,它也容易形成司法对行政监管的过度依赖,影响民事审判的独立性,增加了行政部门规范证券市场的监管成本(易楚钧、吴学斌,85 页)。随着 2022 年《虚假陈述规定》的出台,其中第 2 条规定:"人民法院不得仅以虚假陈述未经监管部门行政处罚或者人民法院生效刑事判决的认定为由裁定不予受理",前置程序被正式废止。

另一方面,2020 年最高人民法院发布的《代表人诉讼规定》第 5 条,^①从原告举证的角度规定了普通代表人诉讼中初步证据的范围,除了包括行政处罚决定、刑事裁判文书之外,还包括被告自认材料、证券交易所等给予的纪律处分或者采取的自律管理措施等证明证券侵权事实的初步证据。2020年投服中心发布的《投服中心业务规则》第 16 条^②将"行政处罚或刑事裁判等"作为投服中心参加特别代表人诉讼的必要条件之一。但是,《代表人诉讼规定》与《投服中心业务规则》均未直接从法院受案的角度规定前置程序,而是将行政处罚决定、刑事裁判文书等表述为原告起诉的证据要件和投服中心的参诉要件,与 2022 年《虚假陈述规定》并未产生直接的冲突。^③但是,鉴于投服中心目前仍是启动特别代表人诉讼的唯一适格主体,^④将"有关机关作出行政处罚或刑事裁判等"列为投服中心的参诉要件,无异于在事实上提高了特别代表人诉讼的启动条件,发挥了与"前置程序"相类似的功能。

---

① 《代表人诉讼规定》第 5 条:"符合以下条件的,人民法院应当适用普通代表人诉讼程序进行审理:(一)原告一方人数十人以上,起诉符合民事诉讼法第一百一十九条规定和共同诉讼条件;(二)起诉书中确定二至五名拟任代表人且符合本规定第十二条规定的代表人条件;(三)原告提交有关行政处罚决定、刑事裁判文书、被告自认材料、证券交易所和国务院批准的其他全国性证券交易场所等给予的纪律处分或者采取的自律管理措施等证明证券侵权事实的初步证据。不符合前款规定的,人民法院应当适用非代表人诉讼程序进行审理。"

② 《投服中心业务规则》第 16 条:"对法院根据《民事诉讼法》第五十四条第一款、《证券法》第九十五条第二款的规定发布登记公告,且符合下列情形的案件,投服中心可以参加特别代表人诉讼:(一)有关机关作出行政处罚或刑事裁判等;(二)案件典型重大、社会影响恶劣、具有示范意义;(三)被告具有一定偿付能力;(四)投服中心认为必要的其他情形。"

③ 此外,与证据类型仅局限于"行政处罚或刑事裁判"的前置程序相比,《代表人诉讼规定》第 5 条与《投服中心业务规则》第 16 条在列举证据类型时,末尾均采用了"等"字的表述,为投资者提供列举类型之外的证据留下了一定的法解释空间,但实际效果仍有待司法实践加以检验。

④ 根据《证券法》第 95 条规定,可以提起特别代表人诉讼的主体为投资者保护机构。中国证监会官方公众号于 2020 年 9 月 18 日发布的"新闻发布会问答环节"(证监会发布 * 尾注 25)以及投服中心官方公众号于 2021 年 4 月 6 日发布的"特别代表人诉讼 30 问"(投服中心 * 尾注 26)中提到:投资者保护机构包括投服中心和投保基金,目前在试点阶段,二者有各自的角色分工,投服中心作为诉讼主体,接受投资者委托,具体参加特别代表人诉讼,投保基金从事数据分析、损失计算、协助分配等工作。此外,目前关于投保机构参与特别代表人诉讼的法律文件,只有投服中心发布的《投服中心业务规则》。

　　值得探讨的是,《投服中心业务规则》第 16 条规定的"有关机关作出行政处罚或刑事裁判等",作为投服中心的参诉要件(也称选案标准),在特别代表人诉讼中是否仍有存在的必要。从保护当事人诉权角度看,该选案标准增加了案件的受理门槛,背离了保护中小投资者的制度初衷。然而,保留该选案标准有其合理性。首先,该选案标准符合《通知》①中试点诉讼的精神。其次,投保机构作为非营利性机构,缺少合适的途径和能力开展调查取证工作,取消前置程序后,完全脱离行政处罚和刑事裁判文书等证据的支持,不利于投服中心对"重大性"、"因果关系"等要件进行举证(郭雳,83 页)。再次,前置程序为违法事实提供诉讼基础,有助于筛选证据较完备、质量较高的案件,提高特别代表人诉讼案件的胜诉概率,确保特别代表人诉讼"示范目的"的实现,维护投保机构的声誉(郭文旭,98 页;李雪纯,82 页)。

　　笔者认为,当下将"有关机关作出行政处罚或刑事裁判等"列为投服中心选案标准之一具有现实合理性。鉴于投服中心资源的有限性,从根本上决定了其无法提供普适性的司法救济,更多的是发挥"惩治首恶"功能,从而对市场形成强大的震慑力,故该选案标准可以作为一种案件筛选机制予以保留。但是,从长远考虑,投服中心在客观条件成熟之后应逐步弱化该选案标准。理由如下:首先,为有效应对取消前置程序后的举证、认证难题,2022 年《虚假陈述规定》在重大性认定标准、因果关系判定、诉讼时效起算点等问题上均已作出了细化规定,另外我国也在逐步探索建立法院与证监会之间常态化的协作机制(乔翔,A05 版),故投保机构所担忧的"举证难"问题未来会逐步得到缓解。其次,该选案标准存在虽有助于解决上市公司违法行为被监管部门揭露后的民事赔偿问题,但不利于发挥特别代表人诉讼"预防违法行为"的功能。具言之,该选案标准要求投服中心参与的每个案件都必须存在行政处罚或刑事裁判文书,但并非所有证券市场的违法行为都能够被监管部门及时发现,"全能型监管"的错误假设会导致很多案件无法被纳入特别代表人诉讼的受案范围。相比较而言,不存在此类选案标准

---

　　① 《通知》第 4 条第 2 款:"投资者保护机构应当按照相关司法解释的规定参加诉讼,可以先行在被告具有一定偿付能力、已被有关机关作出行政处罚或者刑事裁判等案件上进行试点诉讼,积累经验,主动探索引领证券纠纷代表人诉讼。"

的美国式集团诉讼能够起到预先的"价格发现"的作用,发挥"私人检察官"的功能,补充公共执法的不足(蔡伟、黄韬、冷静、缪因知,4页;毛立琦,152页),值得我国借鉴。

（二）投服中心选案标准的合理性考察

《投服中心业务规则》第16条规定法院发布登记公告后,符合以下四种情形,即有关机关作出行政处罚或刑事裁判等、案件具有重大性、被告具有一定偿付能力以及"投服中心认为必要的其他情形"时,投服中心参加特别代表人诉讼。

上述选案标准存在不确定性,只有诸如"具有示范意义""具有一定偿付能力"等表述,并未明确具体的衡量标准,为投服中心的自由裁量留下了较大空间。因此,在实操中判断案件是否符合选案标准有一定的难度。为避免疑义,投服中心必然会选择高度契合选案标准的案件作为特别代表人诉讼的第一案。

本案是经谨慎预研与评估后被认为最符合选案标准的案件。一是证监会已对康美药业作出行政处罚,符合"初步证据"要件。二是根据证监会调查结果,康美药业连续三年数百亿计的造假,使其成为A股史上最大规模的财务造假案,[1]加之在互联网被曝出造假新闻的传播效应,其社会影响之重大与恶劣程度不言而喻,符合"重大性"要件。三是虽然康美药业深陷财务困境,但稳定的中药材交易业务量与国资的鼎力支持使得康美药业仍具备一定的偿付能力。[2] 此外,本案被告众多,包括大量康美药业的高级管理人员以及作为中介机构的会计师事务所,由多个主体共同承担本案的巨额赔偿,使得被告的整体偿付能力得到了提高,符合具有一定"偿付能力"要

---

[1] 证监会调查结果显示,康美药业2016年年报虚增货币资金225.8亿元;2017年年报虚增货币资金299.4亿元;2018年半年报虚增货币资金361.9亿元。

[2] 2021年4月22日,债权人广东揭东农村商业银行股份有限公司申请对康美药业进行破产重整。2021年12月22日,投服中心公告称,根据重整计划,康美药业的52 037名投资者将以现金、债转股、信托收益权等方式获偿约24.59亿元,且金额在50万元以下的投资者债权将获全额现金清偿。同年12月29日,广东省揭阳市中级人民法院裁定康美药业重整计划执行完毕。本案判决的成功执行表明了"被告偿付能力"这一选案标准对实现投资者权益保护的重要现实价值。

件。综上,本案完全符合《投服中心业务规则》第 16 条规定。

但是,针对《投服中心业务规则》的选案标准,有学者指出,作为被法律赋予权力的公益性机构,投服中心应公平行使权力,平等对待所有投资者,不能选择性执法(彭冰 * 尾注 12)。而多数学者则认为,现阶段投服中心必须审慎选择启动特别代表人诉讼的案件。理由是:首先,作为公益性非营利机构,投服中心必须将有限的资源投入到最有效的公共服务中去。证券市场纠纷案件数量庞大,社会影响力大小各不相同,为发挥制度的示范效应,投服中心理应有选择性地介入最具影响力的案件(郭雳,83 页)。其次,较之普通代表人诉讼,特别代表人诉讼因原告数量之庞大而具有“核弹级”的杀伤力,虽能起到一次性解决纠纷的作用,但它也使责任主体面临巨额赔偿,增加了公司破产风险,破坏了市场稳定性,因此必须确保特别代表人诉讼的精准适用。而选案环节恰好可以起到过滤案件、控制权力的作用(黄江东、施蕾,113 页)。笔者认为,投服中心只有秉持“震慑”目的,审慎选取少数具有示范价值的案件后启动特别代表人诉讼,方能以有限资源实现投资者利益的最大化。

那么,目前的选案标准还有哪些改进空间?首先,投服中心可以将“胜诉概率”以及“是否有更好的替代性救济途径”纳入选案考量因素(叶林,78 页;郭雳,85 页)。如果案件胜诉可能性极低,或可通过示范诉讼等替代性途径获得救济,从而将该类案件排除在特别代表人诉讼的选案范围之外,投服中心应将有限的资源投入到其他案件中。其次,应重新理解案件的示范价值。所谓示范价值并不意味着案件必须像本案一样在市场中产生巨大影响力,它也可以是一些并未引起市场关注但具有重大隐患的案件。换言之,投服中心选案时,不应受到“社会影响力”指标的过度干预,而是可以利用信息优势精准打击隐秘的证券市场违法行为(张巍,88 页)。当然,如此选案的背后也要求投服中心有足够的精力去关注市场,不断提高对违法行为的洞察能力,并非一朝一夕可完成。目前投服中心仍应重点关注具有示范价值的案件。再次,应适度放宽“被告具有一定偿付能力”的标准。特别代表人诉讼所产生的巨额赔偿金,任何一家上市公司或个人均难以全额支付,过度恪守“偿付能力”要件反而会掣肘案件的选取。我国应当参照域外做法,尽快推动投资者专项赔偿基金的设立（傅浩，4页；刘洁，10页），利用行政罚没款、诉讼追偿款、行政和解金、上市公司初始上市与再融资的风险金、交易经手费等作为资金来源（孟珂＊尾注18），在上市公司等责任主体无法赔偿时确保投资者可以获得一定的补偿。目前证监会已经在研究设立投资者保护专项赔偿基金（证监会＊尾注19）。这一举措的稳步推进，将有助于改进选案标准，使其适用更加灵活。

（三）特别代表人诉讼与普通代表人诉讼的衔接与协调

1. 两种代表人诉讼衔接时的实践困境

根据现行规定，投服中心启动特别代表人诉讼必须以普通代表人诉讼的启动为前提，投服中心并无主动发起特别代表人诉讼的权限。普通代表人诉讼与特别代表人诉讼之间的"递进关系"主要是出于审慎探索新制度、尊重《民事诉讼法》现有的代表人诉讼框架的考虑（李伟＊尾注20），但它却引发了特别代表人诉讼与普通代表人诉讼在衔接时的冲突问题（毛立琦，151页；陈洁，52页）。

例如，前期介入的律师该如何安排、律师费由谁承担便是一个棘手的问题。[①] 一是在特别代表人诉讼真正启动之前，已经历了普通代表人诉讼权利人范围的确定及权利登记公告的发布等步骤，在此过程中，投资者原先聘请的律师实际已完成了大量工作。但在特别代表人诉讼启动后，后续案件的处理将由公益律师全面接手，使前期介入的律师陷入窘迫的境地。二是由于后续加入特别代表人诉讼的投资者并未直接通过普通代表人诉讼的方式实现自身利益保护，他们往往并不愿支付前期的律师费，使得该笔费用不得不由最初提起普通代表人诉讼的投资者负担。长此以往，律师出于收益考虑，可能会倾向于选择不易引起投服中心注意的案件，以确保自己对案件全程的代理权，而本具有维权意图的投资者也可能因为担心承担前期律师费而丧失提起普通代表人诉讼的动力。律师与投资者维权积极性的降低将会导致某些可能转化为特别代表人诉讼的重大、典型案件，因无法满足开始

---

① 此外，特别代表人诉讼与普通代表人诉讼对权利人范围的认定不一致亦是司法实践中的难点。该问题在本书"证券纠纷代表人诉讼程序的适用"案例评析中已有详细论述。

的普通代表人诉讼的起诉条件而被搁置。

诚然,前述问题可通过法律解释或完善规则的方式予以解决。具言之,由于证券群体性纠纷案件往往会引起社会的广泛关注,对于潜在的特别代表人诉讼案件,投服中心在实际启动选案程序之前就可以有所预判。因此,可由投服中心的公益律师提前介入,承担启动阶段的组织功能,直接指导投资者提起普通代表人诉讼,从而在根本上避免前期律师费的产生。亦有观点认为,可规定投服中心必须在普通代表人诉讼的律师中,选定适格的律师作为特别代表人诉讼中的律师,相应的律师费可以参照《代表人诉讼规定》第 25条,由败诉方承担(沈伟、林大山,384 页)。如此,既可以解决前期律师的归属问题,也避免了由最初提起诉讼的投资者独立承担律师费的不公结果。

但是,如果直接赋予投服中心启动特别代表人诉讼的权利,将特别代表人诉讼与普通代表人诉讼理解为相互独立并行的两个制度,则可以从根本上杜绝两种诉讼的衔接难题,对此可借鉴我国台湾地区的证券团体诉讼经验。[①] 此外,"并行关系"的设计还具有以下优势:一是相较于"递进关系","并行关系"无需设计两种诉讼转化时的程序,可以大大简化诉讼规则,降低诉讼成本,提升诉讼效率。二是不同于美国集团诉讼的泛滥,长期以来我国法院对证券群体性诉讼采消极态度,故我国目前面对的主要问题是诉讼动力不足,而非诉讼滥用(吴泽勇,110 页)。"递进关系"增加了特别代表人诉讼的启动障碍,有过度限制投服中心权力之嫌,而采用"并行关系"可以鼓励投资者保护机构提起诉讼,有助于实现震慑证券市场违法违规行为的制度目的。三是相较于迂回保守的"递进关系","并行关系"可以提升两种诉讼的区分度,突出特别代表人诉讼独特的制度价值。

2. 数个代表人诉讼并存时的协调问题

仅从规则层面而言,特别代表人诉讼的救济范围可以覆盖所有投资者,但是部分投资者极可能不信任带有"准官方"性质的投服中心,希望亲自参

[①] 我国台湾地区"证券投资人及期货交易人保护法"第 28 条规定,为保护公益之目的,针对造成多数证券投资人或期货交易人受损害的同一原因所引起的证券、期货事件,只需由 20 名以上的投资者授予投保中心以诉讼实施权,投保中心即可选择发起团体诉讼,无需额外提起前置性诉讼。

与诉讼进程。《代表人诉讼规定》对该诉求亦予以认可,并在第 32 条第 2 款中规定了适格原告的"退出权",即"不同意加入特别代表人诉讼的权利人可以提交退出声明,原诉讼继续进行"。本案中,梅毅勇等 9 名投资者就以该规定为依据,向法院提交书面声明表示退出特别代表人诉讼。实践中,若大量投资者选择另行起诉,则完全可能出现两种诉讼并存的情形,即"投服中心提起特别代表人诉讼,声明退出的投资者另行提起普通代表人诉讼"。此时数个代表人诉讼之间应如何协调,是一个值得探讨的问题。

根据《代表人诉讼规定》第 2 条规定,特别代表人诉讼的管辖权由涉诉证券集中交易的证券交易所、国务院批准的其他全国性证券交易场所所在地的中级人民法院或者专门人民法院管辖,普通代表人诉讼由发行人住所地或由被告住所地有管辖权的中级人民法院或者专门人民法院管辖,因此数个代表人诉讼并存时,存在不同法院分别对个案享有管辖权的可能性。此时,若任由各个法院自主管辖,单独审理、单独判决的方式不仅会造成司法资源的浪费,而且还潜藏着同案不同判的诉讼风险。针对该问题,有学者提出了以下解决方案:如果两所法院均已或者均未受理案件,法院可以先行调解,调解不成则建议由共同上级法院指定管辖;如果其中一案已经受理,另一案还未受理,法院可以询问另一案的当事人是否加入前一案的诉讼,当事人不同意加入的,则需等待前一案审理完毕后再行审理(唐豪、朱琳,96 页)。该方案虽具有可行性,但若在先受理的是普通代表人诉讼,按此规则,特别代表人诉讼只能待普通代表人诉讼审理完毕后方能再行审理,那么,将无法发挥投服中心拥有高度专业化维权团队的优势,也限制了特别代表人诉讼高效解决群体性纠纷的制度功能。相反,若先行审理特别代表人诉讼,那么后审理的普通代表人诉讼可以将具备"示范效应"的特别代表人诉讼的判决作为参照,法院仅需依据当事人的主张,对个别争议点进行重点审理即可,①如此能够有效节约司法资源,无疑是更好的选择。

---

① 关于"先行审理的特别代表人诉讼的判决既判力能否扩张至并行的普通代表人诉讼"问题,笔者认为既判力扩张至案外人时应持谨慎态度。对于明示退出特别代表人诉讼的投资者,法院应充分保障其程序选择权,即法院应按照单独诉讼模式予以开庭审理,给予其提出诉讼主张、提交证据材料、进行法庭辩论等行使诉讼权利的机会。

参考文献

1. 李曙光:《康美药业案综论》,《法律适用》2022 年第 2 期。

2. 崔香梅、李新放:《证券群体性纠纷多元化解决机制研究——以证券特别代表人诉讼制度和示范判决机制的联动为视角》,《投资者》2021 年第 1 期。

3. 罗培新:《赋予投服中心特殊权利的法理基础及制度设计》,《投资者》2019 年第 2 期。

4. 黄韬:《中国法院受理金融争议案件的筛选机制评析》,《法学家》2011 年第 1 期。

5. 易楚钧、吴学斌:《我国证券纠纷代表人诉讼制度的滥觞与完善》,《南方金融》2020 年第 6 期。

6. 郭雳:《投服中心参加特别代表人诉讼的选案标准:学理视角与参考建议》,《投资者》2020 年第 4 期。

7. 郭文旭:《新〈证券法〉实施下特别代表人诉讼的启动程序》,《南方金融》2020 年第 6 期。

8. 李雪纯:《我国证券诉讼特别代表人制度的司法困境及解决对策》,《中国证券期货》2021 年第 4 期。

9. 乔翔:《上海高院与上海证监局加强协作 持续优化证券市场法治化治理手段》,《中国证券报》2022 年 6 月 7 日,第 A05 版。

10. 蔡伟、黄韬、冷静、缪因知:《新〈证券法〉投资者保护机制实施的"中国问题"》,《地方立法》2021 年第 4 期。

11. 毛立琦:《论中国式证券集体诉讼的功能定位》,《南京大学学报》(哲学·人文科学·社会科学)2022 年第 1 期。

12. 彭冰:"关于证券特别代表人诉讼发动机制的三个问题",https://mp.weixin.qq.com/s/ScqFvJE0wq5 - FC4dq8e - iQ,最后访问日期:2022 年 7 月 6 日。

13. 黄江东、施蕾:《证券特别代表人诉讼中投资者保护机构的法律定位和职责研究》,《投资者》2020 年第 4 期。

14. 叶林:《试点期间特别代表人诉讼案件选取应考量的因素》,《投资者》2020 年第 4 期。

15. 张巍:《特别代表人诉讼案件选取的考量》,《投资者》2020 年第 4 期。

16. 傅浩:《证券投资者赔偿制度国际比较研究》,《证券市场导报》2002 年第 1 期。

17. 刘洁:《海外投资者保护基金制度及借鉴》,《证券市场导报》2005 年第 8 期。

18. 孟珂:"专家:建立投资者保护专项赔偿基金意义重大",http://www.zqrb.cn/stock/gupiaoyaowen/2021 - 05 - 17/A1621168596532.html,最后访问日期:2022 年 8 月 27 日。

19. 证监会:"研究建立投资者保护专项赔偿基金",http://www.gov.cn/xinwen/2021 - 05/15/content_5606704.htm,最后访问日期:2022 年 7 月 6 日。

20. 李伟:"《最高人民法院关于证券纠纷代表人诉讼若干问题的规定》的价值导向及几个重要问题",http://www.xinhuanet.com/2020-09/04/c_1126452945.htm,最后访问日期:2022 年 7 月 6 日。

21. 陈洁:《证券纠纷代表人诉讼制度的立法理念与制度创新》,《人民司法》2020 年第 28 期。

22. 沈伟、林大山:《激励约束视角下的特别代表人诉讼制度——以新〈证券法〉为背景》,《证券法苑》2021 年第 1 期。

23. 吴泽勇:《建构中国的群体诉讼程序:评论与展望》,《当代法学》2012 年第 3 期。

24. 唐豪、朱琳:《我国证券纠纷代表人诉讼的程序解构及其重塑》,《南方金融》2021 年第 3 期。

25. 证监会:"新闻发布会问答环节",https://mp.weixin.qq.com/s/R_jlimVfjhquUdt8vnu26g,最后访问日期:2022 年 11 月 18 日。

26. 投服中心:"特别代表人诉讼 30 问",https://mp.weixin.qq.com/s/jXYekEW28k_IN5wePHqdgg,最后访问日期:2022 年 11 月 18 日。

作者:上海交通大学凯原法学院副教授　崔香梅
上海交通大学凯原法学院硕士研究生　余阳岚

法律文件缩略语表

全　　　　称	简　　　称
《中华人民共和国民法典》	《民法典》
《中华人民共和国民法总则》（失效）	《民法总则》
《中华人民共和国民法通则》（失效）	《民法通则》
《最高人民法院关于适用〈中华人民共和国民法典〉有关担保制度的解释》	《民法典担保制度司法解释》
《中华人民共和国合同法》（失效）	《合同法》
《中华人民共和国民事诉讼法》	《民事诉讼法》
《最高人民法院关于适用〈中华人民共和国民事诉讼法〉的解释》	《民诉解释》
《最高人民法院关于民事执行中变更、追加当事人若干问题的规定》	《变更追加规定》
《中华人民共和国公司法》	《公司法》
《中华人民共和国公司法（修订草案）》	《公司法（修订草案）》
《最高人民法院关于适用〈中华人民共和国公司法〉若干问题的规定（二）》	《公司法司法解释（二）》
《最高人民法院关于适用〈中华人民共和国公司法〉若干问题的规定（三）》	《公司法司法解释（三）》
《最高人民法院关于适用〈中华人民共和国公司法〉若干问题的规定（四）》	《公司法司法解释（四）》
《最高人民法院关于适用〈中华人民共和国公司法〉若干问题的规定（五）》	《公司法司法解释（五）》
《中华人民共和国证券法》	《证券法》
《中华人民共和国证券法（修订草案）》	《证券法（修订草案）》

全　　称	简　　称
《最高人民法院关于审理证券市场因虚假陈述引发的民事赔偿案件的若干规定》(法释〔2003〕2 号)(失效)	2003 年《虚假陈述规定》
《最高人民法院关于审理证券市场虚假陈述侵权民事赔偿案件的若干规定》(法释〔2022〕2 号)	2022 年《虚假陈述规定》
《最高人民法院关于审理涉及会计师事务所在审计业务活动中民事侵权赔偿案件的若干规定》	《审计侵权规定》
《最高人民法院关于证券纠纷代表人诉讼若干问题的规定》	《代表人诉讼规定》
《全国法院民商事审判工作会议纪要》	《九民纪要》
《全国法院审理债券纠纷案件座谈会纪要》	《债券座谈会纪要》
《中华人民共和国企业破产法》	《破产法》
《中华人民共和国刑法》	《刑法》